河北方言与普通话

协同发展研究

马美茹　著

NORTHEAST NORMAL UNIVERSITY PRESS
WWW.NENUP.COM

东北师范大学出版社

图书在版编目（CIP）数据

河北方言与普通话协同发展研究 / 马美茹著 . —长春：
东北师范大学出版社，2017.3
ISBN 978-7-5681-2881-0

Ⅰ.①河… Ⅱ.①马… Ⅲ.①北方方言－方言研究－
河北 ②普通话－研究 Ⅳ.① H172.1 ② H102

中国版本图书馆 CIP 数据核字（2017）第 054846 号

□ 策划编辑：王春彦

□ 责任编辑：张　琪　张辛元 □ 封面设计：优盛文化

□ 责任校对：王中韩　王春林 □ 责任印制：张允豪

东北师范大学出版社出版发行
长春市净月经济开发区金宝街 118 号（邮政编码：130117）
销售热线：0431-84568036
传真：0431-84568036
网址：http://www.nenup.com
电子函件：sdcbs@mail.jl.cn
河北优盛文化传播有限公司装帧排版
北京一鑫印务有限责任公司
2018 年 1 月第 1 版　2021 年 1 月第 2 次印刷
幅画尺寸：170mm×240mm　印张：12　字数：197 千

定价：42.00 元

　　语言是人类最重要的交际工具和思维工具，又是文化的载体和重要组成部分。方言和普通话都是语言的重要组成，方言是语言的变体，而普通话是一个国家的主流语言。方言和普通话是因社会的需要而产生的，又随着社会的发展而不断地发展，二者长期共存并相互影响，形成一种互动的关系。随着一些主客观因素的影响，方言和普通话二者之间的接触情况变得异常复杂。如何促进二者协同发展，逐渐成为学术界比较关心和重视的课题。世界各民族的语言在其历史发展过程中，时而分化，时而统一，方言就是在分化和统一的复杂过程中形成的。

　　自我国 1986 年把推广普通话作为国家语言工作的首要任务以来，推广普通话和保护方言的关系就一直是语言学者们普遍关注的问题。我国方言分歧严重，在一定程度上阻碍了社会的发展，推广普通话这一政策符合国家区域经济发展与文化交流的要求，只有以共同的语言为基础，国家的政治、经济和文化才有可能全面发展，做到全国一盘棋。但是，方言可以说是地方文化和风俗的活化石，任何一种方言的消失对全世界来说都是一种损失，也就意味着我们了解这一地区文化的最有效的途径消失了。推广普通话势在必行，保护和发展方言也责无旁贷。推广普通话和保护方言二者之间的关系并不是水火不容的，而是协同发展的关系，我们要客观对待二者的关系，尊重规律，顺应发展。

　　推广普通话是我国新时期的一项国策，需要不断努力，但是，方言的发展和保护也必须得到重视。如何达到二者之间的动态平衡，双语双方言问题也引发了学者们的思考。有学者认为双语双方言能够使我国的语言生活达到和谐的状态，但也有部分学者认为双语双方言会加快弱势语言的消失速度。保护方言也要分轻重缓急，使资源的利用达到最大化，集中力量，应该像对待中国少数民族语言一样，先做好方言活力排序工作，对其中的濒危方言更要高度重视。方言保护最有效的途径是继续通行，要让人们看到方言使用的利益和价值，把方言保护与地方经济发展建设结合起来，这才是方言保护的根本途径。除此之外，还要保障方言的使用领域。

河北方言属于北方方言中的一类，是典型的北方话，虽然在词汇方面与普通话很接近，但大部分地区的方言在发音方面与普通话比较还是存在较大差异。河北方言在声母、韵母及声调方面都有自己独特的发音方法。语言与当地人性格、习俗等基本生活有密切关系。河北虽然靠近京津，但语言方面的差异还是比较大的，尤其是在调子上。河北话发音较平，而且一般句子的结尾多用去声。这样的发音模式就会显得缺乏韵味儿，也可以说比较平实，这在某种程度上反映了河北人的性格特点。当代的影视作品和出版刊物对河北方言的使用少之又少，平常生活中也不多见，即使河北省是一个人口大省，漂泊在外的人也不在少数。究其原因就在于，河北方言与普通话发音比较接近，所以河北人学起普通话来都比较容易，且接近标准。于是出门在外的河北人大都操着一口较标准的普通话，就连河北老乡在别地遇到也基本以普通话作为交流语言。所以，对河北方言与普通话的协同发展研究很有必要。

我们结合汉语方言学和应用语言学多年来的研究成果，再结合作者多年来的研究心得，采用综合理论分析法、实地调查法、案例分析法等多种研究方法，对河北方言与普通话协同发展这一课题进行了系统的分析，主要分为普通话的语音问题，河北方言与普通话的结构差异，语言接触对河北方言的影响，促进二者协同发展的策略等内容。本研究基本相当于区域性的方言与普通话发展的调查研究，有一定的学术价值，也有实用价值，对河北方言的发展与保护，普通话的推广与普及有重要意义。

第一章 绪 论

第一节 汉语方言的研究情况

方言是语言的支派和变体。方言又称作"土语、土话、一白",旧时也称作"乡音、乡谈、乡语"等。中国古代很早就有了"方言"这个词,指的是各地用语。两千多年前,西汉扬雄就著有《𫐐轩使者绝代语释别国方言》,东汉应劭将该书简称为"方言",进而又在《风俗通义序》中将"方言"作为一个特定的词语来使用:"周、秦常以岁八月遣𫐐轩之使求异代方言,还奏籍之,藏于密室。"方言可以分为地域方言(regionaldialect)和社会方言(socialdialect)两大类。方言学对地域方言的研究历史较长,成果较多,对社会方言的研究历史较短,成果较少。古希腊也有dialektos(διαλεκτος)一词,指一个地方的居民所说的话。英语 dialect 一词本义也指地域方言。可见,"方言"的本义是与地域联系在一起的。

方言是语言的变体。语言和语言变体的关系是一般与个别、共性与个性的关系。这是一种共时关系,而不是历时性的衍生关系。一般是抽象的,它不能脱离个别而独自存在,只能存在于个别之中。个别才是具体的、现实的。人们日常使用的语言都是具体的,因而都是语言的变体。平常说中国人使用汉语,但汉语是一般意义上的语言,而不是具体的语言变体。因此,从学理上分析,上述说法并不准确。准确地说,每一个中国人日常使用的并非抽象的汉语,而是具体的汉语方言,例如北京话、上海话、广州话等。所以,对于汉语方言的研究从古至今一直没有断过,具体来说,可以分为以下几个阶段。

一、古代汉语方言研究阶段

中国古代对汉语方言的研究可以称为传统汉语方言研究时期。传统汉语方言学是传统中国语言学的组成部分,不过它在传统语言学中并不占显著的地位。传统的中国语言学大致相当于所谓的"小学",由音韵、训诂、文字三大部分组成。小学是经学的附庸,方言学则是训诂学的附庸。在体现中国古代学术分类思想的《四库全书》中,方言学著作只收扬雄《方言》一种,它是附在小学的训诂之属中的。

1. 古代汉语方言研究的兴起时期

古代调查和记录方言的工作早在周代就形成高潮。从这个意义上说,传统方言学是在距今 2500 年前的周代兴起的。附在《方言》书末的扬雄《答刘歆书》说:"尝闻先代辎轩之使,奏籍之书,皆藏于周秦之室。"汉代应劭《风俗通义序》说:"周秦常以岁八月,遣辎轩之使,求异代方言。"从这两段记载可知:周代政府已设有调查方言的专职官员,他们每年秋收后乘着轻车到各地采集民歌、童谣和方言异语等,并将调查记录的方言材料收藏保存,以供朝廷作为考察民情的依据。可惜周室东迁之后,这个制度便废止了。周秦时代语言与方言颇多分歧。周朝统治者因政治的需要,很重视语言交际,所以专门组织调查方言工作。再者,调查方言也是统治者观风问俗,了解民情的一条途径。不过汉代的学者关心这些调查所得的材料却只是为了研究训诂,并不是为了研究语言或方言本身。《答刘歆书》说,严君平、林闾翁孺"深好训诂,犹见辎轩之使所奏言"。

传统方言学的第一部专著是西汉末扬雄所撰的《方言》。此书原名《辎轩使者绝代语释别国方言》,《旧唐书·经籍志》略作"别国方言",又称"殊言",从汉末应劭开始,简称为"方言"。南宋庆元六年(公元 1200 年)浔阳太守李孟传刻本是现存最早的版本。《方言》旧题汉扬雄撰,但《汉书·扬雄传》和《汉书·艺文志》皆无关于扬雄编《方言》的记载。汉末应劭在《风俗通义序》中首次提出为扬雄所撰。宋人洪迈曾怀疑《方言》非扬雄所作,清人戴震则认为出于扬雄之手。后来卢文弨、钱绎、王先谦、王国维、罗常培等都认为应劭所说是真实可信的。《方言》是中国第一部比较方言词汇的重要著作,也是中国第一部方言词典。此书涉及的地域,东起东齐海岱,西至秦陇凉州,北起燕赵,南至沅湘九嶷,东北至北燕朝鲜,西北至秦晋北鄙,东南至吴越东瓯,西南至梁益蜀汉。书中所收不仅包含长江流域和黄河流域各地区的汉语方言词汇,还有少数民族语言词汇。《方言》是一部方言词汇集(其中可能包括了某些非汉族语言),作者通过面询方式进行方言调查,全面记录各地的口语词,然后加以条分缕析,纵横比较,将所记词语按通行的地域范围分别标注为凡语,通语,凡通语,四方之通语,某地与某地之间语,某地语,以及转语、代语、古今语、古雅之别语等类型。但是,《方言》的最大缺陷是仅释义,不注音。

晋朝郭璞为《方言》作注。晋惠、怀二帝时，河东骚乱，他为避乱长途跋涉一年多，定居江东，途中调查搜集到不少方言材料。他继承和发扬扬雄调查研究口语词汇的传统，用晋代活的口语词汇与汉代词汇作比较，不仅对原书作了注解，并且从多方面扩充了原书的内容，特别是注明原书词条在晋代通行区域扩大和词义伸缩的情况，并用晋代反切或同音字注音。所以，郭璞《方言注》可以说是《方言》的续编。

在魏晋南北朝时期，除了郭璞《方言注》是一部杰出的方言学著作外，还产生了许多反映方言的韵书、韵图，例如李登的《声类》、吕静的《韵集》、夏侯咏的《韵略》、阳沐之的《韵略》、周思言的《音韵》、李季节的《音谱》、仕台卿的《韵略》等。这些著作中"各有土风"的韵图大致相当于方言同音字表。作为中国，也许是世界上最早的同音字表，它们在方言学史上应占很重要的地位，可惜它们早已亡佚不存。

2. 古代汉语方言研究的衰落时期

随着时代的发展，隋、唐、宋、元是方言研究的衰落时期。主要表现在：一是抛弃了调查记录方言口语的优良传统；二是没有真正意义的方言学著作诞生。

隋、唐、宋、元也有些韵书和笔记杂谈类著作涉及方言，前者如元代周德清的《中原音韵》原为北曲的用韵而作，但客观上描写了当时以大都为代表的北方方言口语语音系统；后者如唐代颜师古的《匡谬正俗》、宋代王应麟的《困学纪闻》等。到了明代，此类笔记杂谈著作就更多了，如陶宗仪的《辍耕录》、郎瑛的《七修类稿》、岳元声的《方言据》等等。严格地说，这两类著作都不能算作方言学专著。

3. 古代汉语方言研究的鼎盛时期

古代对方言的研究在明清时期达到了鼎盛。在明代近 300 年间，值得一提的方言学专著是李实的《蜀语》。《蜀语》是中国现存最早的研究地区方言的著作，此书一改晋代郭璞之后知识界轻视方言的错误倾向，重新恢复调查、记录和研究方言口语的优良传统。全书收录考证四川方言词汇 600 多条，所收条目前后连贯，不分卷，也不分类，内容包括名词、动词、形容词等。书首有自序一篇，批评"学士家竟避俗撼雅，故残今而贵古"，认为字无俗雅，方言皆有"典据"，说明本书编写目的是就其所知指出方言的典据。但是实际上引经据典考证的条目不多，而以记录口语为主。

清代是传统方言学的全盛时期。清代的方言学专著大致可以分为四类。

第一类：疏证校勘扬雄《方言》的著作。重要的有戴震的《方言疏证》、钱绎的《方言笺疏》、王念孙的《方言疏证补》。这些著作对《方言》有订讹补漏、校正阐发之功。

第二类：沿袭《方言》体例，比较研究方言词汇的著作。重要的有杭世骏的《续方言》、程际盛的《续方言补》、程先甲的《广续方言》、张慎仪的《续方言新校朴》等。这些著作只是搜集和载录古文献所见的古代书面方言词汇，并没有继承发扬扬雄调查记录活的方言口语词汇的长处。

第三类：分地研究方言词语著作。此类著作是由上述《蜀语》开风气之先，后继者有清代范寅的《越谚》、毛奇龄的《越语肯綮录》、胡文英的《吴下方言考》等。明末清初张慎仪的《蜀方言》也是仿《蜀语》之作，作者在凡例中说："扬子《方言》兼采异国殊语，不限一域。断域为书，始于李实《蜀语》。而清毛奇龄《越语肯綮录》、胡文英《吴下方言考》……皆胜于李。予撰《蜀方言》二卷，窃欲步其后尘。"所评甚是，不过张书侧重引经据典，考证本字，未得《蜀语》注重记录方言口语词汇之旨。体例参照翟灏《通俗编》，一般每条先注明本字，再引其字在字书、韵书或其他文献中的出处。例如："船尾曰艄。《集韵》：艄，师交切。音梢。船尾。"

第四类：地方韵书。清代的地方韵书很多，尤以闽语区的地方韵书为最盛，如《戚林八音》（福州）、《汇音妙悟》（泉州）、《拍掌知音》（泉州）、《雅俗通十五音》（漳州、厦门）、《潮汕十五音》（潮州、汕头）。其他方言区也有地方韵书，如《千字同音》（广州）、《五方元音》（河北）等。这些著作除了分析方言的声韵调系统，解释方言词汇的词义外，还收录很多方言本字和方言俗字。

二、近代西方传教士和汉学家对汉语方言的研究阶段

1. 近代西方传教士对汉语方言的研究

明清以来，西洋传教士纷纷来华，他们为了传教而研习汉语方言，编写方言课本和方言词典，用方言翻译《圣经》，有的还撰写方言论著、绘制方言地图。例如，利玛窦（MatteoRicci）的《西字奇迹》（1605）、《利玛窦中国札记》（1615），金尼阁（Nicolas Trigault）《西儒耳目资》（1626），万济国（Francisco caro）的《华语官话语法》（1703），马礼逊（R. Morrison）的《通用汉言之法》（1815）、《广东土话字汇》（1828），麦都思（W. H. Medhurst）的《福建方言词典》，裨治文（E. C. Bridgman）的《广东话汉语读本》（1839），艾约瑟（J. Edkins）的《上海方言语法》（1853）、《汉语官话口语语法》（1864）和《北京话语法》（1871），湛约翰（J. Chalmers）的《英粤字典》（1859），白德温（R. S. malay）的《福州话

音序词典》（1870），杜嘉德（C. Douglas）的《厦门话汉英口语大词典》（1873），睦礼逊（W. T. monson）的《宁波话英汉词典》（1876），帕克（E. H. Parker）的《广东话音节表》（1880）、《新广东词汇》（1880）、《客家话音节表》（1880）、《福州话音节表》（1881）、《温州方言》（1884）、《新福州口语词汇》（1897），卜舫济（F. L. H. Pott）的《上海话课本》（1907），穆麟德（P. Mollend）的《宁波方言便览》（1899），何美龄（K. Hcmeling）的《南京官话》（1902）以及上海、苏州、杭州、金华、宁波、台州、温州、福州、厦门、莆田、汕头、海口、广州、嘉应州等方言的《圣经》译本，《中华归主——中国基督教事业统计（1901—1902）》在介绍中国的语言和方言时还绘制了一幅汉语方言分布图。西洋传教士对汉语方言的此类描述对汉语方言研究不乏参考价值，可惜长期以来鲜为人知，因而对汉语方言学几乎没有产生影响。不少重要资料和成果至今尚未引起足够重视。

2. 汉学家对汉语方言的研究

一些西方学者也对汉语方言作过研究。德国语言学家洪堡（Wilhelm von Humboldt）从通用语言学的角度写过《论汉语的语法结构》和《论语法形式的通性以及汉语的特性》（1826）。另有一些西方汉学家则对汉语方言作了较为深入的研究，其中有些论著对汉语方言学具有重要价值。英国汉学家、驻华公使威妥玛（Thomas Francis Wade）根据教西方人学汉语的多年经验，于1867—1902年编著并两度修订再版北京话口语课本《语言自迩集》，首创威妥玛式拼音，并全面记录了19世纪中叶的北京话，保存了一份宝贵的北京方言历史档案。瑞典语言学家高本汉（K. B. J. Karlgren）调查了广州、汕头、福州、温州、上海、北京、开封、怀庆（今河南沁阳）、归化（今呼和浩特）、大同、太原、兴县、太谷、文水、凤台（今山西晋城）、兰州、平凉、西安、三水、南京等20多处方音，并引用客家、四川方音和日本汉音、吴音、高丽音、安南音的材料，于1915—1926年陆续写成四卷本法文巨著《中国音韵学研究》，其中第二卷为"现代方言的描写语音学"，第四卷为"方言字汇"。1940年，商务印书馆出版了由赵元任、李方桂、罗常培三位中国语言学家花费近10年工夫悉心翻译并多有修正的中译本。高本汉是用现代语言学方法系统地调查汉语方言的第一位学者，对汉语方言学的发展起了重要作用。此外，辅仁大学教授比利时学者贺登崧（W. A. Grootacrs）在20世纪40年代后期关于方言地理学方法的介绍和示范性调查研究也富有启发性，但由于某种原因，在很长时间内并未产生重大影响，半个世纪之后，才出版了他的《汉语方言地理学》中文版。

三、现代汉语方言的研究阶段

1. 开始阶段

1918 年，在"五四"新文化运动的热潮中，北京大学以蔡元培校长的名义号召全校师生广泛收集全国近世歌谣，在预科教授刘复主持下，由《北京大学日刊》每天发表一首。1920 年，北京大学国文系教授沈兼士、钱玄同、周作人等发起成立"歌谣研究会"。1922 年，作为北大校庆 25 周年的一项重要学术活动，《歌谣》周刊创刊。在采集民间歌谣的过程中，一些学者逐渐认识到方言研究的重要性。1923 年，《歌谣》周刊发表一组倡议建立汉语方言学科的论文，从而将方言调查和研究纳入了科学的轨道，并加以明确的学科定位。中国的现代方言学是在 1923 年揭开序幕的。

1924 年 1 月，北京大学国学研究所成立了"方言调查会"，同年该会发表方言调查宣言书，提倡调查研究活的方言口语。林语堂等人还设计了以国际音标为基础的方音字母草案，并且用这套字母标注了北京、苏州、厦门等 14 种方音作为实例，不过没有见到他们继而发表过什么实际的方音调查报告。以方言调查会为中心的学者可以称为歌谣派。歌谣派的历史虽然很短，只有三年（1923—1925），实际工作也做得不多，但是它的诞生却是中国方言学研究的历史转折点，标志着以今方言和古文献互相证合为目的的中国传统方言学的结束，同时也是注重调查研究活的方言口语的现代方言学的滥觞。

在此阶段，歌谣派以他们的远见卓识指明汉语方言研究的新方向，刘半农则做了一项实际的专题研究工作，即以语音实验仪器研究汉语方言声调，写成《四声实验录》一书，于 1924 年在上海出版。此书包括 12 个汉语方言声调的实验报告，实验所用的仪器是浪纹计（kymography）。刘半农 1919 年就读于伦敦大学，并在该校语音实验室工作，后改入巴黎大学攻读博士。此书即是他的博士学位论文，也是中国第一部实验语音学专著。不过从今天的眼光来看，当时的实验结果与方言声调音高的实际曲线相差甚远，也许是仪器不够精密之故。

2. 发展阶段

发展阶段是以赵元任的两项重要研究揭开序幕的。1926 年，与刘复同年回国任清华学校研究院导师的赵元任发表了他的第一篇方言学论文《北京苏州常州语助词的研究》。1927 年，他率杨时逢实地调查了 33 处吴方言，内容包括音系、字音、常用词、语助词和成篇语料。1928 年写成《现代吴语的研究》，作为清华学校研究院丛书（第四种）出版。这部著作对汉语方言学的建立和发展产生了重要而深远的影响，是汉语方言学最终确立的重要标志。

1928年，国立中央研究院成立。翌年，历史语言研究所挂牌，赵元任担任第二组（语言组）主任，罗常培、李方桂为研究员。汉语方言调查研究由此进入了第一个10年黄金时期。赵元任设计了一套科学而便捷有效的汉语方言调查程序，他撰写的《钟祥方言记》（1939）成为当时方言调查研究报告的样本。从1928年到1936年，历史语言研究所组织了6次大范围的方言调查，先后调查了两广（包括海南）、陕南、皖南、江西、湖南、湖北等地方言。但是，日本方面侵华战争阻滞了正趋高潮的方言调查及其成果的整理出版，8年抗战期间仅调查了云南、四川两省方言，迟至1948年才出版了《湖北方言调查报告》。多年以后，才在台湾陆续整理出版了《绩溪岭北方言》、《湖南方言调查报告》、《四川方言调查报告》、《云南方言调查报告》。这一时期汉语方言（主要是方音）调查研究的重要成果还有陶燠民的《闽音研究》（1930）、黄锡凌的《粤音韵汇》（1941）、董同龢的《华阳凉水井客家话记音》（1948）。

3. 普查阶段

1954年，中国科学院语言研究所设立以丁声树、李荣为正副组长的方言组。1956年2月6日，国务院在《关于推广普通话的指示》中提出："为了帮助普通话的教学，中国科学院语言研究所应该会同教育部和高等教育部，组织各地师范学院和大学语文系的力量，在1956年和1957年完成全国每一个县的方言初步调查工作。各省教育厅应该在1956年内根据各省方言的特点，编出指导本省人学习普通话的小册子。"同年2月16日，教育部和语言研究所共同举办的第一期普通话语音研究班开学。3月20日，教育部和高等教育部联合发出《关于汉语方言普查工作的通知》。汉语方言调查研究由此进入了大丰收的第二个黄金10年。普通话语音研究班的主要课程，除了徐世荣的"普通话语音"外。还有李荣的"方言调查"，前三期还有周殿福的"语音学"、丁声树的"汉语音韵学"等配套课程。丁声树、李荣为此编写了《汉语方言调查手册》、《汉语方查简表》、《汉语音韵讲义》，以及《古今字音对照手册》，语言研究所编制了《方言调查字表》、《方言调查词汇手册》。马学良、岑麒祥也分别编写了《语言调查常识》和《方言调查方法》。1956—1959年的大规模方言普查共调查了当时全国2298个县市中1822个县市的方言，覆盖面高达80%。调查成果共编成各省区方言概况20种。各地学习普通话手册320多种。其中正式出版的，前者有《江苏省和上海市方言概况》（1960）、

《四川方言音系》（1960）、《河北方言概况》（1961）等 3 种；后者有 70 余种。这次规模空前的方言普查积累了丰富的方言资料，对推广普通话起了重要作用，并为汉语方言学日后的发展积累了经验，锻炼了队伍。1960 年，中国科学院语言研究所和河北省昌黎县志编纂委员会编著的《昌黎方言志》记音准确，分析细致，内容全面，体例完备，成为方言调查报告新的样本。

与此同时，北京大学 1952 年设立二年制语言专修科，专门培养汉语方言和少数民族语言调查研究方面急需的专门人才。1955 年开始为汉语专业本科开设"汉语方言学"基础课程。1960 年，袁家骅为此主编了第一部汉语方言学教材《汉语方言概要》，开始了汉语方言的综合性研究和方言研究人才的科班培养。不久又陆续配套出版了《汉语方音字汇》（1962）和《汉语方言词汇》（1964），成为现代汉语方言比较研究的重要著作。这套著作为培养新一代高层次汉语方言学人才发挥了重要作用，受到国内外学术界的重视。

四、新时期汉语方言的研究阶段

1979 年，中国社会科学院语言研究所创办《方言》季刊。1981 年 11 月 23 日，全国汉语方言学会成立，汉语方言学从此进入了一个蓬勃发展的新时期，成果不断涌现，大大超过了前 50 年的发展，其中仅《方言》季刊发表的论文就达一千篇以上。其他重要研究成果也纷纷问世，例如，温端政主编的《山西方言志丛书》，周振鹤、游汝杰共同编著的《方言与中国文化》，中国社会科学院与澳大利亚人文科学院共同完成的《中国语言地图集》，许宝华主编的《上海市区方言志》，詹伯慧主编的《珠江三角洲方言调查报告》、《汉语方言和方言调查》和《广东粤方言概要》，钱曾怡主编的《山东方言志丛书》和《山东方言研究》，陈章太、李如龙共同编著的《闽语研究》，钱乃荣编写的《当代吴语研究》，李如龙、张双庆共同主编的《客赣方言调查报告》和《中国东南部方言比较研究丛书》，游汝杰编写的《汉语方言学导论》和《汉语方言学教程》，侯精一、温端政共同编写的《山西方言调查研究报告》，李荣主编的《现代汉语方言大词典》，侯精一主编的《现代晋语的研究》、《现代汉语方言音库》和《现代汉语方言概论》，陈章太、李行健主编的《普通话基础方言基本词汇集》，吴启主主编的《湖南方言研究丛书》，王福堂编写的《汉语方言语音的演变和层次》，刘纶鑫主编的《客赣方言比较研究》，李如龙编写的《汉语方言的比较研究》，华学诚编写的《周秦汉晋方言研究》以及各省区地方志编撰委员会编写的省区方言志。

汉语方言学在内地蓬勃发展的同时，在港澳台及海外也有长是的进展。重要论著如，赵元任、杨时逢共同编写的《绩溪岭北方言》，董同龢等编著的《记台湾的一种闽南话》，杨时逢编写的《云南方言调查报告》、《湖南方言调查报告》和《四川方言调查报告》，丁邦新编写的《台湾语言源流》，罗杰瑞（Jerry Norman）编写的《汉语概说》，桥本万太郎编写的《客家方言》和《语言地理类型学》，雅洪托夫编写的《汉语方言的分类及地理分布》，何大安编写的《论赣方言》，沙加尔编写的《客方言与赣方言的关系》，张琨编写的《论比较闽方言》、《论吴语方言》和《再论比较闽方言》，余霭芹编写的《汉语方言语法比较研究》，张光宇编写的《闽客方言史稿》，平田昌司编写的《徽州方言研究》等。

第二节　河北方言概况

"方言"是一个专门的术语，指同一种语言因语音、词汇和语法等方面的差异而在不同的地区形成的地域变体。一种语言根据内部差异可以分成不同方言，同一个方言内部，不同地区的人所说的话仍有差异，可以在这种方言的下面再分出"次方言"，次方言的下面还可以再分出"土语片"，土语片的下面还可以再分出"土语小片"，直到一个个方言点。同一种方言、次方言或土语，既有共同的特点，又存在差异，形成不同的层次，对外有差异性，对内有一致性。

河北方言属于普通话的基础方言北方话。北方话的代表是北京话，由于北京地处河北腹地，所以，河北方言又是基础方言的核心方言。

在漫长的历史长河中，河北方言也形成了自己的地域差异。在西汉扬雄所作我国历史上第一部方言研究专著——《輶轩使者绝代语释别国方言》（简称《方言》）中，就有多处提到当时河北的"燕赵"、"燕代"、"燕之北鄙"、"燕之外鄙"等等不同方言区，并列举出各地在某些词语上的异同。例如：

谩台、脅阅，惧也。燕代之间曰谩台，齐楚之间曰脅阅。宋卫之间凡怒而噎噫谓之脅阅。（《方言》卷一）

朦、庬，丰也。自关而西秦晋之间凡大貌谓之朦或谓之庬；丰，其通语也。赵魏之郊，燕之北鄙，凡大人谓之丰人。燕记曰：丰人杼首。杼首，长首也。楚谓之仔，燕谓之杼。燕赵之间言围大谓之丰。（《方言》卷二）

一、河北方言分区及标准

（一）河北方言分区

河北方言不是一个学术名词，应该理解为河北省的方言。因此，我们根据河北省方言的实际情况，采用《中国语言地图集》的分区方法描述河北方言。河北省的方言主要是官话和晋语。河北方言的内部差异明显，这些差异突出表现在语音方面，据此，我们将河北方言划分为北京官话、冀鲁官话、中原官话和晋语四区。河北省承德、廊坊两市的13个市县和保定的涿州市为河北境内的北京官话区；其余多数市县属冀鲁官话区，其中与东北接壤的秦皇岛、唐山一带方言，有东北方言的某些特征，东南部与山东德州一带毗邻地区的方言又带有山东方言的特征，靠近天津一带地区的方言表现出天津方言的影响。河北南部与河南省中原官话区相连的大名、魏县东部为中原官话区；河北省西部毗邻山西的35个县市为河北境内的晋语区。

有些区内部差异也十分明显，我们又将其分为不同的方言片。

1. 北京官话区（14个县市）

（1）承德市8个县市：承德市区、平泉、滦平、隆化、承德县、宽城、围场、丰宁。

（2）廊坊市5个县市：廊坊市区、三河、固安、香河、大厂。

（3）保定市1市：涿州。

2. 冀鲁官话区（101个县市）

（1）秦唐片17个县市：1）秦皇岛市所属之秦皇岛市区、昌黎、抚宁、卢龙、青龙；2）承德市所属之兴隆；3）唐山市所属之唐山市区、遵化、丰南、丰润、滦县、滦南、乐亭、迁安、迁西、唐海、玉田。

（2）保霸片27个县市：1）保定市所属之保定市区、定州、高碑店、安国、易县、徐水、涞源、定兴、顺平、唐县、望都、涞水、高阳、安新、雄县、容城、曲阳、阜平、博野、蠡县、满城、清苑；2）张家口市所属之蔚县；3）廊坊市所属之霸州、永清、文安、大城。

（3）沧州片7个县市：沧州市、黄骅、盐山、海兴、沧县、青县、孟村。

（4）石衡片50个县市：1）石家庄市所属之石家庄市区、辛集、藁城、晋州、新乐、井陉、栾城、正定、深泽、无极、赵县、高邑、行唐；2）邢台市所属之邢台市区、邢台、临城、内丘、南宫、柏乡、隆尧、任县、宁晋、巨鹿、新河、广宗、平乡、威县、清河、临西；3）邯郸市所属之馆陶、邱县；4）衡水市所属之衡水市区、冀州、深州、安平、枣强、武邑、武强、饶阳、故城、景县、阜城；5）沧州市所属之任丘、河间、肃宁、献县、吴桥、东光、南皮、泊头。

3.中原官话区（2个县）

邯郸市所属之大名、魏县（部分地区）。

4.晋语区（32个县市）

（1）张宣片13个县市，均属张家口市：张家口市、张北、康保、沽源、宣化、崇礼、尚义、阳原、怀安、万全、怀来、涿鹿、赤城。

（2）鹿元片5个县市，均属石家庄市：鹿泉、灵寿、元氏、赞皇、平山。

（3）邯邢片14个县市：1）邯郸市所属之邯郸市区、邯郸、武安、曲周、鸡泽、肥乡、广平、成安、临漳、磁县、涉县、永年；2）邢台市所属之沙河、南和。

5.关于邢台、魏县、涞源、安国等12县市方言情况还需补充说明的五点

（1）邢台市、邢台县、临城、内丘、沙河、南和等市县的方言均有晋语、冀鲁官话两种，均是东部为冀鲁官话区，西部为晋语区，根据城区的语言、晋语和官话通行的范围等方面的情况，我们把沙河、南和归入了晋语，其余几县归入冀鲁官话。曲周县东里町以西为晋语区。

（2）鹿泉市南、北、西部都属晋语区，只有东部属冀鲁官话区，形成本市方言晋语到官话过渡的特点。其突出表现是：单字调有入声的晋语，通行面积和使用人口占全市85%左右，以市区方言为代表；单字调没有入声，但在某些两字组连读中可以把部分古清入字区分出来，这种方言通行于毗连冀鲁官话区的黄壁庄、秦庄、李村三个乡和市南端的山南张庄、底下园两村。

（3）井陉、阜平、涞源三县西部属晋语区，其中井陉晋语区面积更大些，但三县城关及绝大部分地区的方言都属冀鲁官话，所以将其划入冀鲁官话区。

（4）魏县处于冀鲁豫三省毗连地区，又是晋语、中原官话、冀鲁官话的交界地带，所以一县之内既有晋语区（主要在棘针寨、台头、冯庄一带），又有官话区（城关及境内大部分地区），且官话区的方言兼有中原官话与冀鲁官话两种官话的特性，本书将魏县划入中原官话区。

（5）安国市城关及绝大部分地区属冀鲁官话区保霸片，但是，市南以伍仁桥乡政府驻地为中心的小范围内，古入声大部分字，特别是古清入字今自成调类，其语音特点与晋语有共同性，但它在地域上不与晋语区毗连，而是处于早已没有入声的官话区腹地。据安国地名资料汇编载，伍仁桥乡西半部的寺下、流托、中

送 3 个村庄均为明代山西移民所建。能否据此说明此地方言源流，还有待于进一步研究。本书把安国划入冀鲁官话区。

（二）划分标准

1. 划分四区具体标准。第一，有无入声。有入声的方言属晋语区，据此划出晋语区 32 个市县。第二，古清入、次浊入的今调类。古清入、次浊入今多归阴平的，为中原官话，据此，划出中原官话区 2 个县。第三，古今调类关系，今各调类调值与北京话的异同。同北京话者为北京官话，否则为冀鲁官话。据此，划出北京官话区 14 个县市，冀鲁官话区 101 个县市。

2. 划分方言区内方言片标准。晋语区分片具体根据有三：第一，古平声今是否分阴阳；第二，古入声今是否分阴阳；第三，今入声字有无喉塞尾。

根据这三个标准，把晋语区分为张宣、鹿元、邯邢三片。

3. 冀鲁官话区分片根据主要有：第一，古清入字的今调类念阴平还是阴阳上去；第二，古浊平与清上、次浊上今是否同调；第三，今去声有无阴去阳去之分；第四，今阴平是否念降升调或升调，上声是否念高平调；第五，是否有儿尾韵；第六，语调上是否逢句中或句末停顿处无论哪种语气通常都上扬。

根据这六条标准，把冀鲁官话区分为秦唐、保霸、沧州、石衡四片。

4. 河北方言中的北京官话区主要分布在承德、廊坊一带，内部差别主要是承德一带有 [ŋ] 声母，廊坊一带则没有，此外无明显不同，因此不再分片。

5. 中原官话区只有大名、魏县两个县，且魏县的西部又属晋语区，也不再分片。

二、河北方言特点

（一）河北方言的语音、词汇和语法都保留了一部分近代汉语的内容

1. 语　音

河北许多地区的方言与普通话声韵母的差别都可以从《中原音韵》中找到根据。如，中古假摄开口三等的"麻"、"妈"三韵的"章"、"昌"、"船"、"书"、"禅"、"日"诸母字，魏县方言今读 [ɛ] 韵母，如"车 [tʂʰɛ]"、社 [ʂɛᶜ]、蛇 [ʂɛ]"。在《中原音韵》里，这些字与魏县今读 [ɛ] 韵母的古入声字"浙"、"辙"、"裂"、"热"等同属"车遮"韵部。

2. 词　汇

期程：时间、日程。现流行于唐山市。元剧《盆儿鬼》："辞别了父亲，出来做买卖不觉三月期程。"

情受：继承遗产。今流行于邯郸、邢台一带。《窦娥冤》："婆婆也你岂不知羞。俺公公撞府冲州，阒阆的铜斗儿家缘百事有，想俺公公置就，怎忍叫张驴儿情受。"

精：魏县方言里用于"光"、"裸"义时仍可独立成词：那疯子精着身子跑到大街上了。元杂剧《黑旋风双献功》："还有精着腿，没个裤儿穿的。"

3. 语　法

河北方言中保留的近代汉语语法的内容虽没有语音、词汇那么多，但在许多地区的方言中却都是可以找到例证的。如普通话用"来着"的地方某些地方用"来"；"们"用于非指人的名词后等便都是近代汉语语法内容的保留。

（二）河北方言内部有较明显的差异

河北方言跨晋语、中原官话、冀鲁官话和北京官话四区，内部有较明显的差异。这在语音、词汇、语法方面都有表现。

1. 语　音

声母中有舌前音与舌后音不分的地区，有区分情况与普通话完全相同的地区，有虽区分但与普通话区分情况不同的地区。有的地区分尖团，有的地区不分尖团。有些地方韵母中前鼻音韵尾脱落，有些地方前鼻音韵尾弱化，有些地方前鼻音韵尾脱落后韵母中的元音鼻化。有些地方只有三个声调，有些地方则有四个声调，还有的地方有五个声调。

2. 词　汇

词汇方面的内部差异虽没有语音那么明显，但只在某一个小的范围内使用的词语并不少见。如"夜几个（昨天）"只出现在河北南部，"蚍蜉（蚂蚁）"只出现在保定一带，"圪垅道儿（胡同）"只出现在河北的最南端，"锅头儿（锅台）"只出现在张北一带。

3. 语　法

语法的内部差异主要表现在词语重叠、程度表示的方法、补语、词缀及一些较特殊的句式等方面。比如，晋语区的一般名词可以重叠，而其他各区一般的名词很少能有重叠的。再比如，廊坊市及其周围各县的形容词有 AAA 重叠式，这在其他地区是没有的。

（三）河北境内许多地区方言带有过渡性

这里所说的过渡性主要有两种含义：一是指河北方言中的许多方言点儿同时带有两个或几个方言区的特点，有的甚至既可以划归这一区，又可以划归那一区；二是指一些方言的某些特征正处在消失之中。

河北省与河南、山东、山西、辽宁、北京、天津、内蒙古七省（区）市相连，与这些省（区）市接壤的地方，方言不能不受其影响，而影响的结果就是使这些地方的方言带有过渡性。河北方言分属四区，区与区之间不可能不互相影响，这种影响也必然会导致某些方言的过渡性。

魏县方言跨晋语和官话两区，它的县城以东（包括县城）是官话区，县城以西是晋语区，这是魏县方言过渡性的一个方面。魏县方言的古清入和次浊入归阴平和去声的几乎各占一半，这就使它具有了从中原官话向冀鲁官话过渡的特性。

河北方言中属于晋语区的一些地方，由于靠近官话或受其他因素的影响，其入声已处在消失的过程中，鹿泉方言就是这样。鹿泉方言入声的消失表现在两个方面：一是古次浊入、古全浊入的字绝大部分今天已读舒声，古清入也有一部分已经舒化；二是有一部分古入声字有舒入两读。

第三节　河北方言研究现状

方言是语言研究的活化石，许多语言成分的发展演变都可以从方言中找到证明。方言调查研究发现的许多生动的语言材料和有趣的语言现象，或许就是某些语言成分发展演变过程中的痕迹。这些材料和现象为汉语史研究提供了活的素材，对研究古今汉语及汉藏语系诸语言具有重要意义，对建立有民族特色的语言学理论，对汉语规范化工作，对社会学、民俗学、历史学、考古学的研究都有参考价值。有关河北方言的历史文献资料，元代以前较为少见。扬雄的《方言》中涉及了河北方言的词语及词汇方面的内部差异。元代以后，反映、记录或涉及河北方言的文献材料很多，如：成书于1398—1460年之间的《中原雅音》，邵荣芬先生就认为其基础方言大致是当时井陉一带的方言；成书于1611年前后的《元韵谱》，为内丘人乔中和所著，其音系基础是当时的河北内丘方言；成书于1654—1664年之间的《五方元音》，为隆尧人樊腾凤所著，反映的是17世纪河北南部方言的语音状况。另外，学者们也比较一致地认为《蒙古字韵》是反映北方方言音系的。对于《古今韵会举要》、《中原音韵》、《韵略易通》等韵书的音系基础，学者们尽管意见不一，但大多数人认为反映的是北方话的音系，甚至有的学者认为《中原音韵》反映的就是河北顺平一带的方言。汉语方言的田野调查始自高本汉，他把现代西方语言学的理论方法应用到清儒们搜集的材料和汉语方言研究上，足迹遍及整个华北。他的调查研究开了中国方言科学调查研究的先河，对后来的方言研究产生了深远的影响。比利时学者贺登崧于 1947 年、1948 年两次到河北的北部进行方言调查。第一次调查了张家口、万全县城和周围的 93 个村庄，第二次的调查范围扩大到了宣化县。他用地图加简要解释的方法讨论宣化地区方言的内容，为中国语言学开辟了另一条崭新的路子。1950 年，王辅世的硕士学位论文《宣化方言地图》是中国人在方言地理学领域的第一项成果。

1956 年，为配合推广普通话，在全国开展了汉语方言调查工作，河北方言的调查研究取得了丰硕的成果，由丁声树、李荣两位先生主持，河北省昌黎县县志编纂委员会和中国科学院语言研究所合编了《昌黎方言志》。该书是 1956 年方言调查工作开始以来第一个县级方言调查研究成果，具有样板作用。1961 年出版的《河北方言概况》，分"绪言"、"河北方言的声母"、"河北方言的韵母"、"河北方言的声调"等四个部分，记录了全省 155 个方言点的语音情况。方言词汇调查整理工作也很有收获。20 世纪 50 年代的方言调查工作主要以语音为主，当时参与方言调查工作的人已经认识到河北方言词汇的调查研究有它不同于一般方言调查的重要意义，特别是对汉语规范化有重大意义。

20 世纪 70 年代末至今，河北方言的调查研究又有了新的发展。从事方言研究的队伍壮大了，研究面更为广泛，成果不仅数量多，质量也有了一定的提高，如：陈章太、李行健主编的《普通话基础方言基本词汇集》收录了河北的承德、唐山、平山、阳原等 9 个方言点的音系和词汇；陈淑静编写的《获鹿方言志》，陈椒静、许建中编写的《定兴方言志》，盖林海编写的《平山方言志》都对相关方言点的语音、词汇和语法特点作了较为详细的描写；康迈迁编写的《河北土语浅释》对土语词作了搜集整理。另外，还有相当数量的推广普通话教材也有值得重视的方言材料。近十年间，研究河北方言的文章共有 100 多篇，其中研究语音的近 40 篇，研究词汇的 15 篇，研究语法的 30 篇左右，另有其他方面内容的数十篇。从 20 世纪 80 年代开始，河北省各市县陆续出版了自己的市志或县志，这些市县志中都设专门章节写方言。大部分志书中的方言内容比较准确，有参考价值。随着教育的发展，一些研究生也加盟河北方言调查研究，他们的毕业论文发掘了不少有价值的河北方言材料。

毋庸置疑，"文革"结束以后重新开始的河北方言研究取得了显著的成就，但是与邻近的北京、山西、山东相比，河北的方言研究还相对薄弱。有些人把这种差距归因于方言本身，认为河北方言与普通话的差别太小，没有什么东西可以抓，实际情况并非如此。随着近代汉语研究的不断深入，河北方言中的一些现象及相关问题陆续被揭示出来，人们对河北方言调查研究作用的看法也在发生着变化。现在，人们越来越清楚地认识到，无论是从河北方言与其他方言的关系看，还是从河北方言内部不同方言点之间的关系看，河北方言在许多地方、许多方面都表现出了很突出的"过渡性"特点：从西向东、从北向南有晋语向官话区的过渡；从南向北是中原官话与冀鲁官话的过渡；从北京周围向四周又是北京官话向冀鲁官话或晋语的过渡。与天津、山东、辽宁等省市的交界处也都形成了具有各种特点的过渡区。袁家骅先生曾指出："方言的过渡地带，好像语言发展的过渡阶段，在描写研究和比较研究上都有特殊重要的意义。"改革开放以来，不同地区的人们之间交往范围不断扩大，交际形式日益多样，整个汉语方言的变化速度都明显加快了。由于河北环抱北京、天津，河北方言受普通话的影响大于其他方言，河北方言发展变化的速度也快于其他方言。例如河北方言尖团音问题，尽管从整体上看，河北方言尖团音合流的速度并不快，但仍然存在尖音逐渐消失的情况，如不及时记录，其消失过程的特点将不得而知。宁晋县的侯口乡，营台村保留着大致二十多个尖音字，而丘头、城北、侯口、香亭等村则只有"俊就全泉剿"五个字还读尖音。临西县的河西镇，只有"俊泉全"三个字还读尖音。这些材料如不及时记录，其消失过程的特点就不得而知。因此，开展方言调查研究，抢救那些珍贵的方言材料就显得刻不容缓。语言中的许多现象、许多问题都有待于它们在不同时间、不同地域存在的状况得到较全面的描写分析以后才能被彻底地认识清楚。河北方言是整个汉语方言尤其是北方方言中的一环，对它的调查研究成果具有弥补缺环的作用。另外，一些研究表明，河北方言中保留的"古代"语言现象大多与近代汉语相对应，随着近代汉语研究的日益深入，河北方言调查研究的意义会在越来越多的方面表现出来，会被越来越多的人认识到。

第二章　现代汉语方言概况

第一节　方言概念

一、方言概念

方言是语言的支派和变体。同属一种语言的方言是亲属方言，例如同属汉语的吴语和闽语。亲属方言有共同的历史来源、共同的词汇和语法结构，其现代的形式在语音上必定有互相对应的关系。方言又称作"土语"、"土话"、"土白"，旧时也称作"乡音"、"乡谈"、"乡语"等。研究方言的学问称为方言学。

任何以个性相区别的同类事物中总是贯穿着一般的共性，方言也不例外，它具备语言的一切基本要素，因此，每个方言都有自己的系统、词汇系统和语法系统。不同方言之间，这些系统分别存在着程度不同的差异。汉语方言之间最明显的差异是字音和词语，这种差异可以大到互相不能通话，这在世界语言中是不多见的。能不能通话是区分语言和方言的经验性标准，但并非本质性标准。同一个语言的方言之间即便不能直接通话，也还可以对应转换。一个流落他乡的人，在无法用母方言与当地人交际的情况下，迟早会无师自通地学会当地方言。这种对应转换与第二语言习得完全不同，它无须另起炉灶，从头学起。早期来华的西洋传教士在学习汉语的实践中已经认识到"中国的各种方言毫无疑问是同出一源的"，"人们熟悉一种陌生的方言比学习一种新的语言要容易得多"。汉语各方言虽不能直接通话，但自秦汉以来就有了统一的书面语。中古以后又有了作为"正音"的读书音，后来又有了言文合一的标准语——普通话，无疑是同一种语言。因此，判断是语言还是方言，不能光看能不能通话，还要进一步看有没有共同的标准语和统一的书面语。实际上，印欧语系的一些语言也不是根据能不能通话的标准确定的。其实，语言和方言的判断并不是单纯的语言学问题，也不完全取决于语言学家制定的纯粹语言学标准，最终往往根据国家、民族、族群意识来决定。语言与民族和国家虽然并非一一对应，但确有密切关系，采用上述标准本来无可非议，但对别的国家采用另一种标准则不合学理。

综上所述，汉语各方言有着公认的标准音、统一的书面语和潜在的对应转换关系，理应视为同一个语言的不同方言。正如赵元任所说的："在中国，全国方言都是同源的语言的分支，虽然有时候分歧很厉害，我们认为是一个语言的不同方言。"语言不仅是交际工具，而且是文化的载体和重要组成部分。方言也不仅是语言的地域变体，而且是地域文化和族群认同的标志。因此，区别语言与方言不仅要依据其语言学属性，同时也要尊重其历史文化传统和族群归属。这两种判断标准通常是一致的，但有时也有不一致的情况，当这种情况发生时，常常是历史文化和族群认同的标准更容易被政府和民众所接受，语言学标准只能服从族群和文化的标准。

二、方言的类别

方言可以分为地域方言（regionaldialect）和社会方言（socialdialect）两大类。方言学对地域方言的研究历史较长，成果较多，对社会方言的研究历史较短，成果较少。

1.地域方言

地域方言是语言在不同地域的变体。一般说来，同一种地域方言分布在同一个地区或同一个地点，如湘语主要分布在湖南，赣语主要分布在江西。也有在地域上不相连属的，从而形成方言岛（speechisland）或方言飞地（outlier）。移民也往往把他们的方言带到远离故乡的迁居地，例如流布在海外的粤语和闽语。远离故乡的方言久而久之有可能演变成新的地域方言。地域方言又可以分为地区方言和地点方言两大类。地区方言是指使用于较大区域的方言。例如粤语主要使用于广东和广西，是一种地区方言。一个地区方言包括许多大同小异的地点方言。例如闽语这个地区方言包括福州话、厦门话、潮州话等地点方言。地点方言是相对于地区方言而言的，它是指使用于某一个地点的方言，特别是指较大的城市使用的方言，如上海话、天津话。

西方的传统方言学是根植于历史比较语言学的。历史比较语言学认为，历史时期的某一种内部一致的原始语，因为人口迁徙等原因，散布到不同的地域，久而久之分化为不同的语言。各种不同的语言再次分化的结果，就产生同属一种语言的若干种不同的方言。这好像一棵树由树干分化成树枝，由树枝再分化成更细的枝条。这些有共同来源的方言称为亲属方言。

一种语言可以分化成若干种方言，一种方言又可以一而再，再而三地分化成越来越小的方言。所以一个较大的方言往往包括许多处在不同层级上的亲属方言。这些方言在系属上可以分为以下四个层次：方言——次方言——土语——腔。例如闽方言分为闽南、闽北、闽东、闽中、莆仙、琼文等六个次方言；闽南次方言又分为泉漳、大田、潮汕三种土语；泉漳土语又可分为若干更小的方言，如漳州腔、泉州腔等。

从语言地理的角度来看，地域方言可以分成地区方言和地点方言两类。一个地区方言可以包括若干个较小的地区方言和许多地点方言。地点方言是相对于地区方言而言的，是指使用于某一个城市、乡村或别的居民点的方言。在语言地理上，方言也是分层次的。汉语方言的地理层次一般可以分成以下四级：区——片——小片——点。方言系属上的层次和方言地理上的层次可以相对应，即方言——区，次方言——片，土语——小片，腔——点。不是每一大类方言或每一个方言区都必须分成上述四个层级。方言在系属或地理上分成几个层次为宜，应视方言事实和研究需要而定。

同一种语言的不同支派分化到什么样的程度才算是不同的方言，同一种方言分化到什么样的程度才算是不同的次方言，不仅决定于语言因素本身，而且与政治、民族、文化、地理等方面的复杂因素有关。所以，如果只是从语言本身的因素来观察，不同方言间的差异有可能大于不同语言之间的差异，例如汉语各大方言之间的差异大于法语和西班牙语，或者荷兰语和德语之间的差异。次方言之间的差异也可能大于方言之间的差异，例如闽语莆仙次方言和闽南次方言的差异大于官话的各种次方言之间的差异。

2.社会方言

社会方言是语言的社会变体。使用同一种地点方言的人，因职业、阶层、年龄、性别、语用环境、个人风格等等不同，语音、措辞、谈吐也会有不同。

现代语言学将方言定义为语言的变体，首先就是指地域变体。语言是为整个社会的全体成员服务的。作为语言的地域变体，方言则为该地域的所有社会成员服务。因此，方言和语言一样，具有全民性。同一地域的社会成员存在着职业、阶层、年龄、性别、文化教养等社会差异，这些语言社群往往会形成各具特色的语言变体。这些变体不是由地域而是由上述种种社会因素造成的，可以称为语言的社会变体。地域变体和社会变体都是语言长期在不同人群中通行而发生变异的产物。正是在这个意义上，地域方言的说法类推到语言的社会变体，后者也就被称为社会方言。其实，二者的性质并不相同，社会方言不具有全民性，也没有另外一套自是的语音、词汇、语法系统，因而只能依附于地域方言而存在。一个不会说某种地域方言的人，根本不可能掌握该地域的任何一种社会方言。社会方言之间的差异不在于语言系统，而在于某种可以标志阶层、职业、社团等不同社会群体的特别的口音、措辞、谈吐风格和某些数量有限的特殊用语。因此，社会方言实际上是地域方言的群体性语用变体。

因职业不同造成的社会方言最典型的是行业语。山西理发行业的行话是一种由职业因素而产生的社会方言。山西以长子县人为主体的理发行业作为一种传统的民间手艺已有几百年历史。地位低下的理发社群为了防备外人抢走自己谋生的饭碗，直到20世纪60年代"文化大革命"以前一直使用一种外人听不懂的行话。该行业的徒弟在学手艺的同时还要学行话，否则不能入行从业。山西理发社群行话的主要特征是采用二三百条浅显、形象的特殊词语，但语音上可以用各自不同的乡音，例如苗儿（头发）、条儿（毛巾）、顶盖儿（帽子）、气筒（鼻子）。

20世纪初，江苏常州方言的街谈和绅谈是因阶层不同而形成的社会方言。据赵元任研究，街谈为城里普通人所使用，绅谈则限于文人或官吏家庭，成为一种身份标志。二者的一项差异是连读变调有所不同。例如，"好佬"一词，绅谈读作 $[hau^{55}lau^{2}]$，街谈则为 $[hau^{35}lau^{5}]$，而本地人并不察觉这两种连读变调有什么不同。

各地的民间反切语种类很多，每一种大致只流行于某一个或某一些社会阶层，所以可以算是一种特殊的行业语。反切语又称倒语、切语、切脚、切口等，它是用改变正常的方言语音的方式构成。改变语音的方式主要是声韵分拆式，即把一个字拆成声母和韵母两部分，在声母后加一个韵母，在韵母前加一个声母，组成两个音节。

因年龄层次不同，方言特点也有不同，一般来说，老年人和青少年的差异较大，分属老派和新派两个层次。老派的特点是保守，稳定，新派的特点是多新生的方言成分。性别不同也能造成方言差异，主要表现在下述几个方面：男子说话比较关心内容，较少注意措辞，多平铺直叙，女子说话比较注意情感表达、措辞、语气和语调；在日常谈话中，女子比男子较多使用带征询口气的疑问句、感叹句和多种委婉的表达方式。

在不同的语用环境，方言也会有变异。语用环境的种类很多，例如方言新闻广播、方言广播讲话、课堂用语、办公室用语、家常谈话、与幼童谈话等。在不同环境所使用的方言会有不同的特点，例如广播语言，一是尽可能接近书面语或普通话，二是倾向于保留老派方言的特点。

各地方言包含的"文理"和"土白"两个层次是汉语特有的社会方言现象。文理和土白的对立有两层意思。一是指读书时用文读音读汉字，说话时则离开汉字使用方言口语。这种传统由来已久。明冯梦龙所撰福建《寿宁待志》说："寿虽多乡谈，而读书仍用本字，故语音可辨，不比漳泉，然村愚老幼及妇人语，非字字译之，不解。"据黄同龢20世纪40年代的调查，四川成都附近的凉水井客家人读书时用四川官话，说话时则用客家方言，这是一种特殊的文理和土白的对立现象。二是指在日常口语中，词汇和表达方式有文理和土白之分。文化程度较高的阶层多用"文理"，文化程度较低的阶层多用"土白"。或者在较庄重、客气、正式、文雅的场合多用文理成分。各方言中的文理成分与书面语相同或相近，文理成分在方言间的差别较小。

3.个人方言

方言不仅因人群不同而异，因语用环境不同而异，而且还因人而异。带有个人方言特征的方言称为"个人方言"，个人方言之间的差异主要表现在字音和词汇的选择习惯上。如影母合口字，今北京有人读零声母，有人读 v 声母，如"闻"uən/vən。

选择的方向不同是方言演变发展的动因之一。

在同一个地点，方言内部又有社会方言的差异，这些差异并不妨碍这个言语社团内部的相互交际。因为生活在这个言语社团里的人，对这些差异非常熟悉，甚至习焉不察。实际上，差异只是说话时才有，听话时并意识不到差异，或者虽然觉得有差异，但是并不妨碍理解。

4.优势方言

在地区方言中最有声望的地点方言称为"优势方言"、"强势方言"或"权威方言"。该地区方言的居民在语言心理上往往都看重这个优势方言，甚至努力学会它，将它作为公共场合交际的媒介。例如广州话在整个粤语区是优势方言，从吴语区北部各地来的人聚集在一起有可能以上海话作为公共交际的方言。在全国范围内最有声望的方言即是"基础方言"。与"优势方言"相对的是"弱势方言"。

5.过渡性方言

两个或多个地区方言交界地带的方言，往往兼有两种或多种方言的特征，这样的方言称为过渡性方言。例如福建省西北部的邵武、光泽、泰宁、建宁、将乐、顺昌六县市，南与客家话区接壤，东与闽语区接壤，西与赣语区接壤，这个地区的方言既有客家话和赣语的一些特点，又有一些特征与闽语相同，因此它是介于闽语和客家话这两个地区方言之间的过渡性方言。

三、总　结

随着城市方言学的兴起，西方一些国家方言研究的重点已经从传统的地域方言转向社会方言。而汉语方言的研究，目前仍以地域方言为主。这是因为汉语的地域方言极其丰富，蕴藏着大量尚待开发的宝贵的语言财富，这些财富对于认识汉语乃至世界语言的普遍规律具有重要意义。目前，不仅大量有价值的方言事实尚未发掘出来，而且许多已知的方言现象也还没有得到令人满意的理论解释。因此，汉语地域方言今天仍然是一个"富矿"，具有极大的开采价值。可以预料，地域方言今后一个时期仍将是汉语方言学的主要研究领域。同时，社会方言的研究也不应该被拒于门外。随着地域方言研究的不断深入，城市化进程的不断加速，社会方言的研究也将逐渐成熟并兴盛起来，成为汉语方言学新的广阔天地。

第二节　方言产生的原因

一、方言产生的基本原因

在很长一段时间里，许多语言学家相信："语言的亲属关系是以语言的分化为前提的。一种语言随着时间的推移而逐渐分化成不同的语言或方言。""可以根据语言亲属关系的远近而把有关的语言归入语系、语族、语支、语群、语言、方言、土语……这样一种分类的层级体系之中。"（《语言学概论》）19 世纪德国语言学家施莱歇尔（A. Schleicher）将这种层层分化的模式概括为"谱系树（familytree）"模型。后来，新语法学派（neogrammarians）在此基础上进一步提出了"音变无例外"的假说。

语言和世界上万事万物一样，在时空中永恒地运动着。语言运动的基本形式就是被众多社会成员所使用。语言在被使用的同时也在不断地被创造。假如没有人使用，语言根本就不会产生；语言产生以后，一旦无人使用，其生命也就结束了。语言每天都在不同地区被不同人群所使用，自然会不断产生差异。因此，从根本上说，语言的差异是语言运动，即语言被不同人群所使用的必然结果。这个道理同样适用于方言。

二、语言系统的内部演变与外部分化

语言系统的内部演变和外部接触是语言演变的两条基本途径。内部演变可以引起语言的分化，外部接触则导致语言混杂。分化和混杂同样都会造成语言差异，差异积累到一定程度就会发生质变，形成不同的语言或方言。从世界范围来看，语言的分化和语言的混杂同样普遍，后者甚至比前者更为复杂多样。通常认为印欧语各语言和方言是内部演变分化出来的。但即便在印欧语里也很难找到方言之间截然划一的分界线。例如，德国方言地理学家温克尔（G. wenke）依据谱系树模型和新语法学派音变无例外的假说试图找到高地德语与低地德语的分界线，对这两大方言交界处的杜塞尔多夫地区进行了 30 个语言项目的通信调查，但绘制成方言地图后却发现每一条同言线都不重合。汉语各方言互相接触，渗透，扩散，分界线难以确定的情况比印欧语更常见，更复杂。

1. 内部演变

内部演变是从旧的语言形式异化出新形式，造成语言系统内部新旧语言形式此消彼长的绝对差异，这种差异积累到一定程度就会发生语言的分化。例如，中古汉语里有一套浊塞音、擦音或塞擦音声母，后来这些浊声母不再带音，并入了发音部位相同的清塞音、擦音或擦音声母。这项内部演变使语音系统减少了一整套浊声母，并且在不同的地域按不同的规则并入清声母，从而造成了系统性的差异。

皖南一带的徽州方言在历史上曾经是吴方言的一部分，由于地处几大方言的包围之中，北与江淮官话相接触，南与赣方言相接触，在今天的共时语言系统中就出现了几大方言的特征混杂并存的局面：韵母系统有吴方言的特征，声母系统有赣方言的特征，同时又有江淮官话的若干语言特征。这就使得徽州方言的归属长期以来难以确定。《中国语言地图集》最终将其处理成一个独立的方言。不过，它并不是仅仅由吴方言内部的自然演变分化出来的，而是由若干方言互相接触、混杂而形成的。

2. 外部接触

外部接触并不从本系统内异化出新形式，而是从外系统吸纳新的语言形式，或填补本系统的空格，或形成不同系统的成分叠置并存的相对差异。外部接触造成的语言混杂积累到一定程度有可能形成与互相接触的系统都不相同的新的语言系统，从而使接触的一方甚或双方发生语言的分化；也有可能使互相接触的语言系统变得彼此相似，甚至最终消除系统之间的差异，从而达到语言的融合。

这又分两种情形：一是接触双方力量悬殊，强势方言向弱势方言渗透，弱势方言逐渐融入强势方言；二是接触双方力量相当，彼此你中有我，我中有你，逐渐合为一体。前者如普通话对各方言的渗透，从所渗透的语言特征之多、速度之快来看，不少弱势方言已呈现出融入普通话的趋势，以致近年来拯救濒危方言的呼声日益高涨。后者比如官话方言是以北京话为基础定义的北方部分语言统称，即广义的北方话（晋语等除外）。在汉语各大方言中，官话方言有它突出的地位和影响。以洛阳为中心的北方话通行地区一直是中国政治的心脏地带，因而有"官话"之称。现在全国推行的普通话，就是在"北京官话"的基础上发展起来的。汉族的先民开始时人数很少，使用的汉语也比较单纯。后来由于社会的发展，居民逐渐向四周扩展，或者集体向远方迁移，或者跟异族人发生接触，汉语就逐渐地发生分化，产生了分布在不同地域上的方言。汉语方言分布区域辽阔，使用人口在9亿以上。

3. 内部演变与外部接触的对立统一

语言的内部演变和外部接触并不截然对立，往往并行发生。例如，历史上北方汉人的南迁使北方汉语向南扩展，同时自身也不断地发生异化，闽人向潮汕、海南移民也使不同地域的闽语产生差异，这都属内部演变。但移民所到之地原先就有本地汉人和土著居民，移民的方言又与当地居民的方言甚至异族语言互相接触并发生混杂，这就属外部接触了。

系统内的异化和系统间的混杂有时甚至可以针对同一个语言项目。例如，清末吴方言小说《海上花列传》的语料表明，早期苏州方言选择问句的并列选择项之间使用语气词"呢"，如该书第四回的例句："包房间呢？做伙计？"这句话今天有两种说法：（1）"包房间勒做伙计？"（2）"包房间还是做伙计？"这两种说法都采用选择问句式，只是并列选择项之间的连词不同，前者为"勒"，后者为"还是"，它们都替换了早期苏州话并列选择项之间的语气词"呢"。显然，"勒"是苏州话内部演变的产物。以上内部演变和外部接触两条路线最终殊途同归，因此产生了"包房间勒还是做伙计"两个连词叠床架屋的说法，从而导致了更大的差异和混杂。

语言的分化和融合是对立统一的。就结局而言，分化与融合是对立的；就过程而言，异化和混杂都会造成差异，因此，二者又是一致的。在不同的历史时期，语言的分化与融合有主次之分。近半个世纪以来，随着普通话的推广普及，汉语进入了一个以融合为主的发展时期，方言差异正以空前的速度消失。但这并不意味着所有方言很快都会彻底消亡，也不意味着新的方言差异就不会再产生。

三、语言演变的社会条件

内部演变和外部接触，异化和渗透，分化和融合，这些都是语言系统的内在因素。内因决定了产生方言差异的可能性和必然性，而可能变成必然还需要作为外在因素的社会条件，如人口繁衍导致的社会拓展，居民迁移引起的社会分化，地理屏障造成的社会隔离，等等。语言作为社会的交际工具，产生于氏族社会。随着社会生产力的提高和人口的增长，先民的活动空间不断扩展，居住地区的范围日益扩张。距今 6000 年前氏族公社鼎盛时期的仰韶文化，分布范围已达 50 万平方公里，此后 1000 年左右的龙山文化更达到 150 万平方公里。这么遥远的空间距离，不要说远古时代，就是在交通发达、信息畅通的今天也不能不使人们之间的交往受到阻碍。语言在不同地区为不同人群所使用，自然会发生不同的变异。

在以农牧业自然经济为基础的奴隶社会和封建社会，大规模的自然灾害、社会动乱、战争，以及戍边、屯垦、迁都、流放等举措常常使大批居民从一个地区长途迁徙到另一个地区，使原先同一地域的统一社会分割成若干分离的社群。我国黄河中下游的中原地区，开发历史久，人口和耕地的压力随之增大，再加上自然灾害相对频繁，又是历代兵家争战之地，历史上西晋"永嘉丧乱"、中唐"安史之乱"、北宋"靖康之难"，以及汉末、明末的历次社会大动乱期间，这一带居民多次大规模南迁。移民运动造成的社会分化自然会导致方言的分化。

大山、大河、森林、沼泽作为地理障碍，可以阻断交通，阻隔社会交往，易于造成方言分歧。山西的太行、吕梁山区和陕北黄土高原海拔都在 1000—2000 米，通行的是北方话中最为保守的，因而与其他北方话有明显差异的一种方言；而紧挨黄土高原的关中平原和夹在太行山、吕梁山之间的临汾盆地、运城盆地，海拔都不足 500 米，与中原交通障碍较小，通行的便是中原官话。长江下游的开阔江面将现代吴语和官话分隔于大江南北。福建的山地占全省总面积 90% 以上，遂使闽语的内部分歧大于其他方言。"七山一水二分田"的浙江，"二分田"主要集中在与苏南太湖平原毗连的浙北杭嘉湖平原和宁绍平原，浙南则为山地，因此，南部吴语的内部分歧远远大于北部吴语。但是，分析地理因素对方言的影响不能绝对化，同一种地理因素对方言的影响可能很不相同，甚至截然相反。例如，大江大河在一定程度上会阻隔两岸的交通，同时又给上下游之间带来舟楫之便。因此，长江虽然分隔了官话和吴语，却又连接了江淮官话。

第三节　汉语方言分类情况

一、汉语方言分区的依据

方言分区最根本的依据是各地方言异同的语言事实。方言分区工作应该在调查和比较各地方言异同的基础上进行。方言分区工作对方言异同的调查材料有三个基本要求。

1. 项目和材料要求齐备

对所提供的调查材料，并不一定要求项目很多，而是要求每一项目的材料整齐，即每一个调查点的项目必须完全一样，每一个项目必须有每一个调查点的材料。如赵元任等人调查比较湖北全省 64 个县的方言，只选用声母发音部位、次浊声母及影响等 11 个项目。

2. 要求调查点尽可能密集

方言分区工作的目标之一是在地图上画出方言的分界线。调查点越密，最后画出的分界线也越精细。在方言复杂的地区，往往一县之内有几种方言并存，例如浙南的苍南县。在这样的地区，至少要把调查点下设到乡级，最后画出的方言分界线才会有足够的精密度。

3. 要求提供方言边界地区和混杂地区的详细材料

不同种类的方言交界的地方，方言现象往往比较复杂，如果没有详细材料，就难以确定分界线。这里有两方面的困难或问题：

一是方言地理学上的问题。不同的方言在交界地区往往犬牙交错，例如江淮官话和吴语在江苏南通地区的错杂现象。另外，有的地方有几种方言杂处，例如皖南的广德县一县之内有官话、吴语、闽语、湘语、赣语五大方言分布。

二是方言分类学上的问题。两种方言的边界地区也往往是两种方言的过渡地带。交界地区的方言常常兼有两种方言的特点，如果没有详细的调查材料，就难以确定方言的类属。例如江苏西南角的高淳县和溧水县（县城以南），浊塞音有清化的倾向，如果没有较为深入的调查材料，就很难确定这两地的方言应属吴语或徽语。

二、汉语方言分区的历史

1. 早在 19 世纪末，西方传教士出于传教的实际需要，就尝试给汉语方言进行分类。1896 年，穆麟德在《中国传教事工年报》上撰文将汉语分为 4 类：粤语、闽语、吴语、官话。1922 年，《中华归主——中国基督教事业统计（1901—1902）》绘制发表了第一幅《中国语言区域分划图》。该图将中国境内的语言分为 8 区，除了藏语、蒙语和黔桂滇一代的吐蕃语外，其他 5 区均为汉语方言：官话、吴语、闽语、粤语、客家话。

2. 最早进行方言分区的中国学者是章炳麟。1900 年，他在《訄书》中将汉语方言分为 10 区，1915 年又在《检论·方言》中改为 9 区。他的分区只是大略描述各类方言通行的省区范围，并未给各方言命名。1934 年，黎锦熙《国语运动史纲》将汉语方言分为 12 区，分别以江河水系命名：河北系、河南系、河西系、江淮系、江汉系、江湖系、金沙系、太湖系、浙源系、瓯海系、闽海系、粤海系。但是，以上几种早期的分区方案均未说明依据的标准是什么，所以对中国学者的研究影响不大。

3. 1936 年，王力的《中国音韵学》对汉语方音作了系统论述，实际上是用一组语音标准对汉语方言作了分区，这可以视为前一阶段汉语方言分区的总结。王力的 5 大音系与上述传教士的《中国语言区域分划图》的划分颇为相似。值得注意的是，王力不仅对各大音系的分布区域作了详细说明，而且逐一列举了各系的特征，并对每一系"择定一个都市的方音"作为代表详加描写。其论述如下：在全国方音未经科学的调查以前，我们不能断说汉语方言共有几种；然而大致看来，可以分为五大系：① 官话音系，包括河北、山西、陕西、甘肃、山东、河南、湖北、湖南、四川、云南、贵州、安徽，又江苏北部、江西北部、广西北部。② 吴音系，包括江苏之苏州、常州、无锡、常熟、昆山、上海、松江、宜兴、溧阳、金坛、丹阳、江阴等处，及浙江之宁波、嘉兴、湖州、杭州、诸暨、金华、衢州、温州等处。③ 闽音系，包括福建之大部分，及潮州、汕头、海南等处。其在国外最占势力的地方是马来半岛、新加坡、苏门答腊、暹罗、菲律宾等处。④ 粤音系，包括广东之大部分，及广西之南部。其在国外最占势力的地方是美洲（尤其是旧金山）。⑤ 客家话，包括广东之梅县、大埔、惠阳、兴宁等处，福建之汀州，江西之南部；又渗入广东高钦廉一带及广西南部。其在国外最占势力的地方是南洋印度尼西亚（尤其是邦加）。

4.《申报》为纪念创刊 60 周年，从 1930 年开始绘制《中华民国新地图》(其中有一幅《语言区域图》)，但因"其幅较巨，值较昂也"，印数较少，流行不广。1933 年 8 月，申报馆将其缩制成 16 开的《中国分省新图》以满足社会需求。1934 年、1936 年、1939 年、1948 年该图又多次再版，《语言区域图》也随之多次修订。与此同时，赵元任主持的中央研究院历史语言研究所于 1933—1948 年对若干省区进行了方言调查，在此基础上对汉语方言分区不断加以修订，其结果体现在《申报》地图《语言区域图》的修订版中。该《语言区域图》初版分 7 区：华北官话、华南官话、吴方言、闽方言、客家方言、粤方言、海南方言。1934 年版分 9 区：北方官话、上江官话、下江官话、吴、客、粤、闽、皖、潮汕。1948 年版分 11 区：北方官话、西南官话、下江官话、湘语、赣语、吴语、客家语、粤语、闽南语、闽北语、徽州方言。此版《语言区域图》在台湾 1962 年出版的《中华民国地图集》中仍沿用。但赵元任 1948 年的《国语入门》又将汉语方言分为 9 区：北方官话、西南官话、下江官话、粤、赣客、闽南、闽北、吴、湘。这一时期的汉语方言分区是对前一阶段所分 5 大区的进一步划分：先将官话分为华北、华南 2 区；继而将华南官话再分为上江、下江、皖方言 3 区，同时从闽方言中分出潮汕方言；然后又从上江官话中分出湘语，从下江官话中分出赣语，同时将闽方言分为闽北、闽南 2 区。其中，湘语的分立首先由苏联学者龙果娃和龙果夫提出，1932 年，他们调查了湘潭、湘乡等方言后认为不能归入已知的任何一种方言，故应独立。赣语从官话中分立的同时，罗常培就"颇疑心"临川赣语和梅县客家话是"同系异派"。关于客赣分合问题，至今仍有不同意见。海南方言和潮汕方言后来归入闽语，没有异议。皖方言后来改称徽州方言，但是否与其他几个大方言并立，意见也不一致。

5.1937 年，李方桂在英文《中国年鉴》上将汉语方言分为 8 区：北方官话、西南官话、下江官话、湘语、赣客家语、吴语、粤语、闽语。与赵元任 11 区的不同之处是：闽南闽北合一、客赣合一、徽语不独立。该文在海外影响较大。这一时期的方言分区都以语音特征为标准，这是符合汉语方言语音差异明显大于词汇和语法差异的实际情况的。

6.1955 年，丁声树、李荣将赵元任所分 11 区中的北方官话、西南官话、下江官话重新合并为统一的官话，同时取消徽语，将汉语方言分为以下 8 区：官话、吴语、湘语、赣语、客家话、闽南话、闽北话、粤语。

7.1960 年，袁家骅在《汉语方言概要》中考虑到"闽方言具有突出的异于其他方言的南北共同特点"，提出七大方言的划分方案：北方方言、吴方言、湘方言、赣方言、客家方言、粤方言、闽方言。同时考虑到"闽南和闽北之间又各有自己的特点"，故仍将闽南方言和闽北方言各立一章论述。1963 年，潘茂鼎等的《福建汉语方言分区略说》根据方言普查的材料将福建省内的闽方言分为闽东、闽南、闽中、闽北、莆仙五个小区，进一步论证了将闽南、闽北两大方言合并为一个大方言的合理性。此后，汉语七大方言的划分方案被学术界普遍接受，《中国大百科全书》和大多数教科书均用此说。

8. 1964 年，王力在《汉语浅谈》中根据"要确定方言分区，必须先定标准"的原则，仍然将赣方言和客家方言合在一起称为赣客方言，七大方言便成了六大方言。

9. 1987 年，李荣在《中国语言地图集》中采用新的分区标准，从官话中分出晋语、徽语，并将广西境内一些归属不明的方言划为平话，使汉语方言增为 10 区，与原来的 7 区方案并行。新方案引发了学术界对方言分区问题的热烈讨论，目前，讨论仍在不断深入，并逐渐集中到关于汉语方言分区的方法论上。2002 年，侯精一主编的《现代汉语方言概论》"考虑到对平话的研究还不够充分"，因而"没有列出平话区"。2009 年，《中国大百科辞典》"汉语"条目的方言部分既未列平话，也未列晋语。2010 年，钱曾怡主编的《汉语官话方言研究》将晋语列为官话的次方言。

综上所述，汉语方言分区的历史可以分为三个阶段。第一阶段是 20 世纪 50 年代以前，这一阶段的主要趋势是方言区由少而多：4 区——5 区——7 区——8 区——11 区。其中，官话方言先是一分为二，继而一分为三；闽方言和赣客方言也都一分为二。这反映了人们对汉语方言差异性的认识逐渐清晰的过程。第二阶段从 50 年代到 80 年代，趋势是由多而少：11 区——8 区——7 区。其中，官话方言合三为一，闽方言合二为一，似乎又回到了原先的出发点。但这绝不是简单的反复或后退，而是螺旋式上升，反映了人们在汉语方言分区问题上从重视差异性上升为同时也重视其共同性，这正是方言分区必须兼顾的两个方面。第三阶段是 1985 年以后，这一阶段 7 大方言和 10 大方言两种方案并行，讨论热烈而深入，反映了学术界对汉语方言分区方法和标准新的思考。

三、汉语方言分类与分区的区别

世界上万事万物都需要分类。不同事物分类的难易程度是不同的。一般说来，离散性事物既可以从属到种逐层划分，也可以从种到属逐层归类，连续性事物因其个体处于尚未切分、边界不明的连续状态，只能采取从属到种的划分。方言既是分布广袤的共时现象，又是绵延不绝的历时现象，在空间和时间上具有双重连续性，这就使其分类具有极大的难度。汉语方言分布区域广，历史发展长，其分区至今众说纷纭，争论不休，根本原因就在于此。

方言分类是一项语言学工作，必须依据语言学标准，按照分类的一般原则，从汉语整体出发划分出若干类特征鲜明的典型方言。方言区划界则是一项（语言）地理学工作，因此要综合考虑语言学和其他各种相关的人文地理因素，将每一个具体的方言点归入恰当的方言类别。分类必须先行，划界则以分类方案为出发点和归宿。分类是根据各方言的差异穷尽性地划分出汉语方言的类别，必须采用具有普遍性的统一的语言学标准。划界是根据各方言点的共同性，在分类框架中将它们一一对号入座，归入某类方言，不同方言的归类标准不必相同，可以包括语音、词汇、语法等语言学标准以及某些非语言学标准。分类标准应追求科学性和逻辑性，要力求反映本质；划界标准应讲究实用性，要力求方便有效。分类标准往往也能用来划界，那是最理想的，但应该允许划界标准并不总是与分类标准相一致。

方言分区是从方言的共时状况出发的，其分类标准应该从共时语言特征中选择。语言学家丁邦新曾主张采用"历史性条件"。语言学家朱德熙进一步表明："说是历史标准，是因为用了古音类的名目。其实我们可以完全不提古音类，直接选择某些字在现代方言里的实际读音作为分类标准。事实上历史标准是无法直接施之于现代语的，我们能够利用的只是它在现代方言上的投影。"方言现象表现为共时分布，实际上同时也反映了历时演变，因此，方言分区必须同时满足这两个方面，分区标准也必须兼顾这两个方面。在众多语言特征中，越是具有系统性、规律性的标准就越接近本质。系统性标准应该是在语言结构的共时构造控制面较广的语言条件，规律标准应该是在语言项目的历时演变中解释力较强的语言条件，系统性通常是规范性演变的结果，既具有系统性又具有规律性的标准显然最适合选作分类标准。

科学分类的基本要求是穷尽性和一致性，为了满足上述要求，分类的标准越少越好，最好只用一条标准，这样才能最大限度地避免兼类。语言学家朱德熙对此有精辟的论述："最好能只用一条同言线来规定方言之间的界限。有人觉得根据一条简单的标准划分方言太轻率。不知道标准多了，要是划出来的同言线完全重合，那么任选其中一条就够了，其余的都是多余的。要是不重合，那么根据不同的同言线划分出来的方言区就不相同，彼此打架。"汉语方言的分区历来采用语音标准，实践证明这是行之有效的。但是由于分区问题长期没有得到圆满的解决，近年来有些学者似乎对语音标准失去了信心，转而试图综合采用语音、词汇、语法三种不同质的标准，但这一思路与上述分类原则不符。分区标准数量的增加和性质的混杂，恐怕既无助于问题的解决，还会带来新的问题，对此要有清醒的认识。

目前汉语方言句法的研究水平还不足以提出有效的方言划类标准，而且深层标准主要适用于语言的分类而不一定适用于方言。汉语又没有形态，因此，可以用来划类的抽象程度最高的结构特征就是音位了。汉语方言语音的差异明显大于词汇和语法，方音调查研究的水平也高于词汇和语法，因此，采用语音标准给汉语方言分类是合理的，也是行之有效的。历来采用的语音标准大都属于音位层面，主要有：① 中古全浊声母在今方言中的映射：有无系统的清浊对立，全浊声母清化后的归派路径。② 中古精、知、章、庄四组声母以及见组细音声母在今方言中的映射：有几套塞擦音，尖音和团音是否合流。③ 中古入声韵在今方言中的映射：有无塞音韵尾，入声韵消亡后的归派路径。④ 中古阳声韵在今方言中的映射：有几类鼻音韵母，阳声韵合并或归入阴声韵的路径。以上 4 条标准都有系统性和规律性，其中第一条标准的系统性和规律性强。就系统性而言，辅音带音与不带音的对立涉及所有发音部位，管的字最多，控制面最广；就规律性而言，全浊声母的演变类型最丰富，演变历史最悠久，覆盖区域最广大。

将汉语方言分区分解为分类和划界两步性质不同的工作后，在第一步工作中可以采用上述第一条音韵标准来做整体划分，得到以下 6 类典型方言：

1. 系统地保留全浊声母——吴方言。

2. 全浊声母部分保留，部分清化。不同地点、不同声调的清化程度不一，塞音、塞擦音清化后送气与否也不一致：舒声较多地保留浊音，清化的多并入不送气清音：入声大都清化，多并入送气清音——湘方言。

3. 全浊声母全部清化，塞音、塞擦音全部并入送气清音——客赣方言。

4. 全浊声母全部清化，塞音、塞擦音多数并入不送气清音，少数并入送气清音——闽方言。

5. 全浊声母全部清化，塞音、塞擦音逢平声并入送气清音，逢去声和入声并入不送清音；若逢上声，保持阳上调的并入送气清音，归入阳去调的并入不送气清音——粤方言。

6.全浊声母全部清化，塞音、塞擦音逢平声并入送气清音，逢上去入三声并入不送气清音——官话方言。

方言是一个地区历史文化的标志，没有方言就没有独立的地域文化。反过来，一个地区如果没有自己的历史文化传统和特点，也就不会形成稳定的方言。因此，根据语言学特征划分出来的方言类别应该符合该地区的人文历史，还必须得到该方言大多数使用者的认同。根据这条原则，上述6类方言中的客赣方言还需要再分为客家方言和赣方言两类。因为客家人有较强的民系认同感和特定的风俗文化。客家方言还被社会各界视为客家民系的标志。

综上所述，现代汉语可以分为7大方言：官话方言、吴方言、湘方言、赣方言、客家方言、闽方言、粤方言。

在一个大方言区的内部仍然存在语言差异，这就需要在方言之下再分次方言。次方言内部还可以再分土语。土语包括若干地点方言，地点方言仍可能有内部分歧。因此，方言分区是多层次的，可以根据不同的需要来划分。《中国语言地图集》将汉语方言分为10区，而"有些区可以总括为一个大区"，"片有时分成若干小片"，这样就有了五个层次：大区——区——片——小片——点。"其中区、片和点是最基本的"，相当于方言、次方言和土语。

四、汉语方言分区概况

汉语方言在地理上的区划，至少可以分成三个层次，即区——片——点，例如官话区—西南官话片—成都话（点）。如果有必要，可以增加到四个层次，即区——片——小片——点。方言地理学上的层次跟方言分类学上的层次可以相对应，即区——方言，片——次方言，小片——土语群，点——土语，例如吴语片（方言）——太湖片（次方言）——苏沪嘉小片（土语群）——苏州话（点/土语）。汉语方言地理学和分类学上的层次及其名目是用于学术讨论的术语，一般人平常不一定使用这些术语，而另有惯用的名称，例如不说"吴语太湖次方言"，而只说"江浙话"或"江南话"。

接下来将结合之前介绍的我国方言分布情况和我国语言特征分布情况介绍汉语七大方言的概况。

（一）官　话

1.分布区域

官话方言，又叫官话、北方方言、北方话、北方官话，是汉民族共同语——普通话的基础方言，以北京话为代表，使用人口在 7 亿零 800 万以上，分布于以下 27 个省、直辖市、自治区的 500 多个市县：北京市、天津市、重庆市、河北省、山西省、辽宁省、吉林省、黑龙江省、江苏省、浙江省、安徽省、福建省、江西省、山东省、河南省、湖北省、湖南省、四川省、贵州省、云南省、陕西省、甘肃省、青海省、内蒙古自治区、广西壮族自治区、宁夏回族自治区、新疆维吾尔自治区。也就是说，除上海市、广东省、海南省、台湾省、西藏自治区（非汉语分布区）、香港特别行政区、澳门特别行政区以外，其他省、直辖市、自治区都有官话方言分布。在海外华人社区，虽然以官话方言为母语的人只占少数，但其影响却日趋重要。

对官话方言的分布来说，长江是一条很重要的地理参照线。官话方言主要分布在：（1）长江以北地区；（2）西南地区（包括大部分地区在长江以北的四川，长江以南的贵州、云南，以及地跨长江南北的重庆）和华中、华南地区的西部（包括湖北省除鄂东南一角外的长江南北大部分地区，湖南省的西北部、西部、南部，广西壮族自治区的西北部）。

除此之外，官话方言较少见于长江以南地区，除江苏、安徽、江西等省的长江以南部分沿江地带外，主要以方言岛的形式存在，如福建南平官话方言岛（被闽方言包围），江西赣州、信丰官话方言岛（被客家话包围），安徽，浙江的官话方言岛（被吴方言包围）。

2.语音特点

相对东南地区的吴方言、湘方言、赣方言、粤方言、客家方言、闽方言来说，官话方言的内部分歧是比较小的。汉语以方言复杂闻名于世，可是我们也要看到其一致性的一面：作为汉民族共同语基础方言的官话方言通行范围非常之大，几乎涵盖了大半个中国，使用人口占汉语人口的 70% 以上，而且官话方言本身的一致性又很高，说各种官话方言的人，比如黑龙江的哈尔滨人、新疆的乌鲁木齐人、云南的昆明人、江苏的南京人，他们之间可以随便谈话，各人用自己的方言，没有多大困难。这么多的人口，那么大的地域，语言如此一致，这在世界上同样也是很少见的。

官话方言的一致性体现在诸多方面。作为民族共同语的基础方言，官话在词汇和语法方面与普通话有着高度的一致性，这一点毫无疑问。下面着重用五项音韵表现从一个侧面来说明官话方言语音上的一致性。

（1）古微母字今不读双唇音声母 [m]。

（2）古日母字今不读鼻音声母 [l] 或 [n] 等。

（3）古浊上字一分为二，次浊上字随清上字走，全浊上字随去声字走。

（4）无 [m] 尾韵。

（5）"五"字读 [u] 或 [u] 的派生形式 [vu] 等。

3. 词汇语法特点

汉语方言词汇和语法的分歧小于语音分歧，但各大方言词汇语法上的内部一致性和外部区别性却不像语音特点那样明晰，那样严整。词汇语法特点的同言线不一定与语音同言线吻合，其分布地域常常大于根据语音特征划分的方言区，并常呈现不连续分布状态。下面举例列举几项较具可比性的官话方言词汇语法特点：

（1）人称代词：第三人称代词用"他"。复数人称代词在单数人称代词后面加词尾"们"。

（2）儿子的妻子称"媳妇"。

（3）表示"站立"的动词用"站"。表示"奔跑"的动调用"跑"。

（4）将固体咽入腹中用"吃"，咽入液体用"喝"，咽入气体用"吸"。

（5）指称作为话题的确定事物（定指）时在名词前由指示代词和量词组成的指量结构，也可以单独加指示代词，但不能单独加量词。例如北京话：这个人 = 这人，但不能说成"个人"。

（6）表否定用"不是"。表未然用"没（有）"。

（7）然否句不对称：未然句在谓词前加否定副词，已然句和疑问句在句末加语气词，疑问句也可以将谓词加以正反重叠。

（8）表示处置用介词"把"，表示被动用介词"被"。

（9）表示程度比较高在谓词前加副词"很"或"挺"。

（10）表示动态完成的动词间尾与事态已然的句末助词同形或同源。

4. 次方言划分

官话方言的次方言划分目前还没有一致的意见。我们是根据《汉语方言概要》一书的划分，《汉语方言概要》根据语音特征把官话方言划分为下面四个次方言：

（1）北方方言：即狭义的北方方言、北方话，又叫北方官话，分布于河北（包括京、津）、河南、山东、东北三省和内蒙古一部分。其中胶东半岛和辽东半岛的语音又有突出的特点。

（2）西北方言：即西北官话，分布于山西、陕西、甘肃、宁夏等地和河北、青海、内蒙古各一部分。内部方言分歧多一些，特别是山西中部北部和陕西北部。

（3）西南方言：即西南官话，或上江官话，分布于湖北（东南角除外）、四川、云南、贵州等省和广西西北部，湖南西北角，河南南缘，内部最为一致。

（4）江淮方言：即下江官话，分布于安徽、江苏两省的长江以北地区（徐州、蚌埠一带属北方方言区，除外）和长江以南九江以东镇江以西沿江地带。《汉语方言概要》的官话方言分区方案把徽州一带的方言归入江淮官话。

（二）湘方言

1．分布区域

湘方言也叫湘语，通常以是否保留古全浊声母分为老湘语和新湘语，分别以双峰话和长沙话为代表，使用人口约 3100 万。主要分布于湖南省的湘江、资江流域和沅江中游少数地区，以及广西北部的兴安、灌阳、全州、资源四县，四川省约 45 个县市的一些局部地区也使用湘语。

2．语音特点

（1）中古全浊声母日趋清化。

湘方言的主要特点是中古全浊声母日趋清化，但目前仍有不同程度的保留，清化的古全浊声母逢塞音、塞擦音多不送气。"程度不同"表现在两方面：一是地点清化程度不同，以长沙为代表的北片湘语古全浊声母基本上已全部清化，通常称为新湘语，较少清化的相应称为老湘语，不同地点的老湘语清化程度也不同。二是同一古全浊声母逢不同声调清化程度不同，平声保留浊声母较多，上声、去声相对较少，入声字除个别地方外，基本上已全部清化。

（2）古泥来母字逢洪音韵母（开口呼、合口呼）多数方言相混。

（3）多数方言不分尖团。

（4）多数方言古影母字逢开口呼韵母今读 [ŋ]。

（5）多数方言古去声字今分两类。去声分阴阳固然算分两类，但清去或浊去并入其他调也算分两类，因为并调前的格局大概也是去声分阴阳的。

（6）古晓匣母字逢合口有读唇齿音和非唇齿音两派。

（7）湘方言不仅在是否保留入声调上有明显的两派，而且没有入声调的方言其古入声字的归派方向也十分复杂，并无一致的规律。

3．词汇语法特点

（1）人称代词：第三人称代词不是都用"他"，也有用"其"或"佢"的。复数人称代词不都是在单数人称代词后面加词尾"们"，也有加"哩"或"侪"的。

（2）表示"站立"的动词用"企"。表示"奔跑"的动词用"跑"。

（3）将固体和液体咽入腹中都用"吃"，咽入气体用"噏"。

（4）可以在话题名词前单独加量词表示定指。例如，娄底：只杯子拿赐他打烂来。（这杯子被他打碎了。）

（5）表否定用"不是"，表未然用"冒"。

（6）表示处置用介词"把"。表示被动的介词多达数十个，分布较广的除了"被"之外，还有"着"、"拿赐"、"得"、"逗"等。

（7）表示程度比较高在谓词前加副词"蛮"。

（8）表示动态完成的动词词尾与表示事态已然的句末助词不同源。

4. 次方言划分

《汉语方言概要》把湘方言分为老湘语和新湘语之后，《中国语言地图集》把湘方言分为三片：长沙、益阳一带的长益片，娄底、邵阳一带的娄邵片，吉首、溆浦一带的吉溆片。《现代汉语方言概论》将吉溆片改称辰溆片。《湘方言概要》除以上三片外又增加了衡州片和永全片，共分为五片。其中，衡州片是从原长益片中分出来的，永全片则由一部分湘南土话和原娄邵片中的个别方言点构成。

（三）赣方言

1. 分布地域

赣方言，也叫赣语，以南昌话为代表，使用人口约有 3127 万，主要分布在江西省赣江中下游、抚河流域、鄱阳湖地区，湖南省东部及西南部，湖北省东南部，安徽省南部，福建省西部的建宁、泰宁。江西省境内的赣方言分布面积最大，人口最多。

2. 语音特点

（1）跟湘方言相比，赣方言的鲜明特色是古全浊声母和同组次清声母今读相同。

（2）多数赣方言古入声字今分两个调类。

（3）古泥来母字逢洪音韵母（开口呼、合口呼）多数方言相混。

（4）多数方言不分尖团。

（5）多数方言古影母字逢开口呼韵母今读 [ŋ]。

（6）多数方言古去声字今分两类。去声分阴阳固然算分两类，但清去或浊去并入其他调也算分两类，因为并调前的格局大概也是去声分阴阳的。

（7）赣方言今读擦音声母的古晓匣母合口字多数方言为唇齿音 [f]。

3. 词汇语法特点

（1）人称代词：第三人称代词用"渠"。复数人称代词在单数人称代同后面加词尾，但词尾的形式与官话不同，各地形式多样，例如，醴陵、新余、宜丰、修水用"哩"，南昌用"个里"，泰和用"禾"，安义用"伱"，弋阳、建宁、邵武用"多"，茶陵、阳新用"勒"。

（2）儿子称"崽"，儿子的妻子称"新妇"。

（3）表示"站立"的动词用"徛"。表示"奔跑"的动词用"跑"或"窜"。

（4）将固体、液体、气体咽入腹中都用"喫"，咽入液体另有专用的"欱"。

（5）表示否定用"不是"。表示未然用"冒"。

（6）表示处置多用介词"把"，也有用"畀"、"搦"的。

（7）表示程度比较高在谓词前加副词"蛮"。

4. 次方言划分

《中国语言地图集》把赣方言分为九片：昌靖片、宜浏片、吉茶片、抚广片、鹰弋片、大通片、耒资片、洞绥片、怀岳片。

（四）吴方言

1. 分布地域

吴方言又叫吴语，以上海话和苏州话为代表，人口约7010万，主要分布在江苏省南部，上海市，浙江省的大部分地区以及江西省、福建省、安徽省的小部分地区。明清以来，昆曲、弹词、小曲和小说等文学作品里有许多说白和描写是用苏州话写的，例如在文学史中被称为方言小说的《海上花列传》、《九尾龟》等。其实，《海上花列传》的描写部分还是采用了以北方话为基础的共同书面语，只有对白才是苏州话。

2. 语音特点

（1）塞音、塞擦音三分，即古"帮滂并"、"端透定"、"见溪群"等今读不同声母，同时，清浊声母与阴阳调互相匹配，全浊声母今读一律为阳调，清声母今读一律为阴调。

塞音、塞擦音三分在老湘语和个别赣方言中也有表现，而个别吴方言已丧失这一音韵特征。在南部方言里，就目前所知的语料大概只有吴方言有此特征。

（2）"打"字读德冷切，符合梗摄开口二等庚韵的今读条例。

（3）吴方言的入声通常依声母的清浊分化为阴阳两类，多数方言带喉塞尾，影母洪音字一般不读 [ŋ] 声母。

3. 词汇语法特点

吴方言作为南部方言，受官话方言的影响小于中部方言，在词汇语法方面也是这样，具体表现如下：

（1）人称代词：第三人称代词多为"渠"或同源形式"其"等，只有靠近六朝古都南京和南宋都城杭州的少数地区采用官话方言的"他"。吴方言的复数人称代词可以由单数人称代词加词尾构成，但词尾与官话不同，而且形式多样。

（2）儿子在北部多称为"儿子"，南部多称"儿"，儿子的妻子称"新妇"。

（3）表示"站立"的动词，北部多用"立"，南部多用"徛"。表示"奔跑"的动词多用"跑"，也有用"溜"、"逃"、"奔"的。

（4）将固体、液体、气体咽入腹中都用"吃"。

（5）在话题名词前加指量结构表定指，也可以单独用量词表定指，但不能单独用指示代词表定指。例如，苏州：该本书（这本书）＝本书，不能说"该书"。

（6）表示否定用"勿是"或"否是"。表示未曾，北部多用"勿曾"（多呈合音形式），南部多用"（呒）没"或"未"。

（7）然否句不对称：未然句在谓词前加否定副词和时间副词（多呈合音形式），已然句在句末加语气词，疑问句既可在谓词前加副词，也可在句末加否定同或语气词，杭州、绍兴、诸暨等地的疑问句则有类似官话的将谓词正反重叠的形式。

（8）表示处置多用介词"拿"，也有用"拨"、"把"、"逮"的。例如，上海：伊拿衣裳汰好了。（他把衣服洗好了。）

（9）表示程度比较高的在谓词前加副词"蛮"。

（10）表示动态完成的动词词尾与表示事态已然的句末助词一般不同源。

4.次方言划分

《中国语言地图集》将吴方言分为六片：太湖片、台州片、瓯江片、婺州片、处衢片、宣州片。太湖片最大，分为毗陵、苏沪嘉、苕溪、杭州、临绍、甬江等六个小片。处衢片次之，分为处州、龙衢两个小片。

（五）粤方言

1.分布地域

粤方言又叫粤语，本地人习惯上称之为"白话"，外地人则常常称为"广东话"。粤方言的分布范围并不限于广东一省，而广东省境内所分布的方言也不限于粤方言，还有客家方言、闽方言等其他方言。粤方言以广州话为代表，使用人口4000余万，主要分布在广东省、广西壮族自治区以及香港特别行政区和澳门特别行政区。海南省三亚市沿海渔村、岛屿，乐东莺歌海一带的水上渔民说迈话；儋州市大部分地区，昌江县等地说儋州话。迈话大概也是一种粤方言；儋州话据研究其文读音系统跟粤方言接近，白读音系统跟客赣方言接近。粤方言也是海外华人社区所使用的主要汉语方言之一，使用人口在 400 万以上。

2. 语音特点

粤方言属于南部方言，这里从南部方言的角度讨论其区别性的音韵表现。

（1）粤方言古非敷奉母字今一般不读双唇塞音声母。

（2）粤方言古微母字今读双唇鼻音声母 [m]。除了受官话方言影响较深的方言，南方方言古微母字都存在读 [m] 声母的现象，差别只在于程度上的不同。但古微母字以读 [m] 为主的方言却只有粤方言和部分闽方言。

（3）粤方言古全浊声母都已经清化。较普遍的清化模式以广州话为代表，古全浊声母清化，塞音、塞擦音逢平声送气，逢去声、入声不送气，逢上声时，不归阳去调的送气，归入阳去调的不送气。除此之外，还有一种以德庆为代表的古全浊声母清化类型：逢塞音、塞擦音一律不送气。

3. 词汇语法特点

对比官话方言的词汇语法特点，粤方言都有不同表现：

（1）人称代词：第三人称代词用"佢"。复数人称代词在单数人称代词后面加词尾，但词尾的形式与官话不同，广州等多数地方用"哋"，也有用其他词尾的，例如阳山、广宁用"呢"，从化用"哟"，新兴用"伲"，连州市用"类"，连山用"笠"，增城用"班人"。还有些地方不用词尾，而用音变方式构成复数人称代词。

（2）儿子称"仔"。儿子的妻子称"新妇"。

（3）表示"站立"的动词用"徛"。表示"奔跑"的动词用"走"。

（4）将固体和气体咽入腹中用"食"或"吃"，咽入液体用"饮"。

（5）量词可以单独加在话题名词前表示定指，指示代词则无此功能。例如广州话：呢张椅（这把椅子）＝张椅，但不能说成"呢椅"。

（6）表示否定用"唔系"。表示未然用"冇"或"未（曾）"。

（7）有对称性然否句，一律在谓词前加副词：未然句加"冇"，已然句加"有"，疑问句加"有"。例如广州话：

未然：佢冇返屋企。（他没回家。）/ 佢未返屋企。（他还没回家。）

已然：佢有返屋企。（他回家了。）/ 佢返屋企喇。（他已经回家了。）

疑问：佢有返屋企？（他回没回家？）/ 佢返屋企未？（他回家了吗？）

（8）表示处置用介词"将"，表示被动用介词"畀"。

（9）表示程度比较高在谓词前加副词"好"。

（10）表示动态完成的动词词尾与表示事态已然的句末助词不同源。

4.次方言划分

《中国语言地图集》把粤方言分为广府、邕浔、高阳、四邑、勾漏、吴化、钦廉七片，海南省的迈话和儋州话未分片。

《中国语言地图集》将平话自立一区，这主要是广西北部的平话和南部平话差异重大。

（六）客家话

1.分布区域

客家方言又叫客家话、客语、客方言，有些地区叫作"麻介话"，这个名称是从客家方言的代词来的。客家方言第一人称代词很多地区用的是 [ŋai] 一类的说法，声调各地往往不同，方言字通常写成"麻介"、"乜个"或"脉个"，本字需要研究。有些地区又把客家方言叫作"新民话"、"客籍话"、"河源声"等。"新民话"、"客籍话"是指新来的居民所说的话，"河源声"则是以新来居民的原住地来给他们的方言命名。此外，江西一些地区管客家人讲的话叫"广东话"，四川讲西南官话的居民称两三百年前迁徙到四川的客家人所说的话为"土广东话"。

客家方言是就汉语方言分类说的。严格地说，使用客家方言的未必是客家人，例如畲族所说的"畲话"就是一种融有畲语底层和现住地汉语方言表层的客家方言；而客家人也不一定说客家方言，例如广东一些地区的客家人改说优势方言粤语，台湾一些地区的客家人改说优势方言闽南话，这在年轻一代表现尤其明显。因此，判断某个方言是否属于客家方言，最终必须根据语言方面的标准。江西省上犹县的方言有"广东话"和"本地话"之分，"客家人"说的"广东话"是客家方言，而"本地人"说的"本地话"同样属于客家方言。《海康县志》上卷《民俗志·言语》"有东语，亦名客语，与漳、潮大类，三县九所乡落通谈此"的记载，这里说的"客语"是雷州话，属闽方言。

客家方言以梅州话为代表，使用人口约3500万，分布在福建、江西、广东、广西、台湾、海南、湖南、四川、重庆等省（自治区、直辖市）的两百多个市县。其中以福建省西部地区，江西省南部地区和广东省的中东部地区的客家人住得最为集中。

客家方言虽然分布于许多省份，但没有一个省是以客家方言为主的，也没有一个省级行政中心是以客家方言为主要语言的，这在汉语的七大方言中是绝无仅有的。客家方言也是海外华人社区使用的主要汉语方言之一，但使用人数不及闽南话和粤方言。

1. 语音特点

（1）客家方言全浊声母清化后一律读送气清音，虽然古全浊声母清化今读塞音塞擦音一律送气这一规律几乎遍及整个客家，但少数边际地区的客家话却是古全浊声母清化今读塞音塞擦音一律不送气。

（2）客家话古非敷奉母白读音有明显保留重唇读法的现象。

（3）客家方言古宕摄合口三等非组字白读 [i]。

（4）古晓匣母字逢合口今读 [f] 声母（匣母只是部分字）。

（5）古微母（文读）和匣影云三母的合口字今读 [v] 声母。

（6）分尖团（多数方言古见系三四等字不腭化）。

2. 词汇语法特点

对比官话方言词汇语法特点，客家方言也都有不同表现：

（1）人称代词：第三人称代词用“佢”。复数人称代词在单数人称代词后面加词尾，但词尾的形式多样，与官话不同，秀篆、西河、香港用“兜”，翁源用“等”，梅州用“等人”，揭西用“兜畲”，长汀用“侪们”，宁化用“多人”，陆川用“哩”。

（2）儿子称“子”或“䘥子”、“䘥儿”。儿子的妻子称“新妇”，

（3）表示“站立”的动词用“徛”。表示“奔跑”的动词用“走”，也有用“跑”的。

（4）将固体、液体、气体咽入腹中都用“食”，咽入液体另有专用的“啜”。

（5）指示代词可以单独加在话题名词前表示定指，量词则无此功能。例如连城话：解个人我识得（那个人我认识）= 解人我识得，但不能说成“个人我识得”。

（6）表否定用“唔系”。表未然用“唔曾”，也有用“无”或“盲”的。

（7）有对称性然否句，一律在谓词前加副词：未然句加“无”，已然句加“有”，疑问句在谓词前加“有”，同时在句末加“无”。有些地方疑问句可以将否定副词和时间副词加在谓词后面，也可以将时间副词正反重叠后加在谓词前面或后面，重叠式中的否定词还可以因合音而脱落，当合音重叠式位于谓词之前时，还会再次合音，形成在谓词前单独加时间副词的疑问句式。

（8）表示处置用介词“将”，也有用“拿”、“搭”、“捉”、“把”的。表示被动用介词“分”，也有用“得”、“等”、“挨”的。

（9）表示程度比较高在谓词前加副词“好”，也有用“蛮”、“顶”、“硬”的。

（10）表示动态完成的动词词尾与表示事态已然的句末助词不同源。

4.次方言划分

《中国语言地图集》将分布比较集中的客家话分为八片：粤台片（下分嘉应小片、兴华小片、新惠小片、韶南小片）、粤中片、惠州片、粤北片、汀州片、宁龙片、于桂片、铜鼓片。《现代汉语方言概论》又增设粤西片（原未分片）。

惠州片只分布在惠州市区。从音韵表现上看，它是一种粤化程度较深的客家方言。方言分区中如何处理类似惠州话这类大方言搭界地带的过渡方言，还需要进一步研究。

（七）闽方言

1.分布区域

闽方言也叫闽语，俗称"福佬话"。闽方言的分布范围并不限于福建一省，福建省境内所分布的方言也不限于闽方言，还有客家方言、赣方言、吴方言、官话方言等其他方言。

闽方言以厦门话和福州话为代表，使用人口约 5505 万人（不包括海外使用闽方言的人口，皖南、赣东北、珠江三角洲的闽方言移民也未计算在内），集中分布于福建、台湾、海南三省以及广东的潮汕地区和雷州半岛。浙江省（主要是南部）、广西壮族自治区、江苏省南部、安徽省南部、江西省东北部也有闽方言分布。有三个省级行政中心（福州、台北、海口）位于闽方言分布区。闽方言中的闽南语是海外华人社区使用的主要汉语方言之一，使用人口在 400 万以上。

2.语音特点

闽方言是汉语方言中内部分歧最大、语音现象最复杂的一个大方言，南北不能通话，东西又有差别。20 世纪 60 年代以前，通常是把闽方言分为闽南方言和闽北方言两个大方言。

（1）古知组字读如端组，且知二、知三不分化。就表面看，其他方言似乎也存在知组读如端组的现象，但性质跟闽方言不同，一是二等字、三等字表现不同，二是章组的表现跟知三组相同，而闽方言的特点是知组二三等不分化，章组表现不同。

（2）有少数章组字读舌根音。

（3）古全浊声母清化，今读塞音塞擦音者多数不送气，少数送气。哪些字送气，哪些字不送气，在闽语内部相当一致。

（4）古非敷奉母字白读为双唇塞音，中心区的闽语不读唇齿擦音。就非敷奉母字白读双唇塞音的字音数比例来说，闽方言是最高的，比较接近它的是客家话中心区，但客家话文读归 [f]，跟闽方言文读归 [h] 或 [x] 不同。

（5）古匣母字有明显读 k 的现象。

3. 词汇语法特点

闽方言在词汇语法上也是特点最鲜明的一个大方言，对比官话方言的词汇语法特点，闽方言表现如下：

（1）人称代词：第三人称代词多用"伊"，闽北、闽中则用"渠"。复数人称代词多在单数人称代词后面加词尾，但词尾的形式各地多有不同，闽东用"（各）农"，闽北用"（伙）人"，闽中用"侪"，莆田用"辈"。闽南则用音变方式构成人称代词复数，例如，厦门第一人称：我 [gua]——阮 [gun]，第二人称：你 [li]——恁 [lin]，第三人称：伊 [i]——因 [in]。

（2）儿子称"团"。儿子的妻子称"新妇"。

（3）表示"站立"的动词用"徛"。表示"奔跑"的动词用"走"。

（4）将固体、液体、气体咽入腹中都用"食"，闽南话咽入液体另有专用的"啉"。

（5）名词前加指量结构表定指。在闽东、闽北，指示代词和量词都不能单独表定指，但指示代词与通用量词构成的指量结构可以合音成一个专用于定指的词。

（6）表否定用"怀是"。表未然用"无"或"未"。

（7）然否句整齐对称：未然句和已然句都在谓词前加副词，未然句加否定副词"无"，已然句加肯定副词"有"，疑问句在谓词前加"有"，同时在句末加"无"。

（8）表示处置用介词"将"，也有用"共"、"搦"、"个"的。表示被动，闽南用介词"互"、"分"、"乞"，闽东用"乞"，闽北用"纳"。有的方言表被动和表处置的介词同形，例如大田都用"乞"：乞伊请来（把他请来），书乞侬借去（书被人借走）。

（9）表示程度比较高在谓词前加副词"野"或"尽"。

（10）表示动态完成的动词词尾与表示事态已然的句末助词不同源。例如，福州用"咯"表示完成，用"了"表示已然：饭食咯了。

4. 次方言划分

《中国语言地图集》将闽方言分为以下七个区：闽南、莆仙、闽东、闽北、闽中、琼文、邵将。在汉语方言分区的历史上，闽方言曾经被划分为闽南和闽北两个大方言区，后来将它们合并为一个大方言是合理的。我们也可以将今天的闽方言首先划分为闽南话和闽北话两个次方言，然后再依次往下划分。

第三章 普通话的语音知识

第一节 普通话的语音体系

一、关于语音的基本知识

1.音高、音强、音长、音色

语音是一种声音，从物理学的角度来看，语音和自然界其他声音一样，具有共同的物理基础。语音包括音高、音强、音长、音色四个要素。

（1）音高：指的是声音的高低，它决定于发音体振动的快慢。

在同一时间里，振动次数多（即频率高）的声音高，振动次数少（即频率低）的声音低。例如有 A 音和 B 音，在相同的时间里，A 音每秒振动 500 次，B 音每秒振动 300 次，那么 A 音的音高就比 B 音的高。一般地说，大的、粗的、厚的、长的、松的物体振动的频率低，音高也就低，反之则音高就高。语音的高低和人们的声带有关。通常情况下，女人的声带较男人短些、薄些，所以女人的音高一般比男人的高。小孩的音高高，老年人的音高低，也是同一道理。同一个人可以发出高低不同的声音，是由于人们能够控制自己声带的松紧。声带拉紧，音高就高；声带放松，音高就低。汉语各种声调的变化。主要就是由音高的高低升降的变化形成的。

（2）音强：指的是声音的强弱，它与发音体振动幅度的大小有关。

发音体振动的幅度叫作"振幅"。振幅大，声音就强；振幅小，声音就弱。音强可以构成语言中的轻重音。例如普通话里的"东西"，如果"西"读本调（阴平），是"东方和西方"的意思，"东西"就是一个短语（或词组）；如果"西"读轻声（即音强变弱），就是"物品"的意思，"东西"就是一个词。

须要注意的是，音强和音高之间没有对应关系，即音高高并不一定音强就强，反之亦然。音高和音强是从不同的角度来说明声音特征的：音高是从紧张度的角度来说明的，发音体越紧张，音高越高；而音强是从冲击力的角度来说明声音的，对发音体的冲击力越大，音强越强。打个比方说，人的声带就像一根橡皮筋，如果它的长度不变（即相同的紧张度），用不同的力去弹它（即不同的冲击力），那么它的振动幅度是不一样的；如果橡皮筋的力保持不变（即相同的冲击力），而改变它的长度（即不同的紧张度），那么它的振动频率也不一样。

（3）音长：指的是声音的长短，它决定于发音体振动时间的久暂。发音体振动时间持续久，声音就长，反之则短。英语的 sit[sit]（坐）和 seat[si：t]（座位），汉语广州话的"心"[sam] 和"三"[sa：m] 都是通过元音的长短来区分意义的。

（4）音色：又叫音质，指的是声音的个性、特色。音色的不同主要是由于音波振动的形式不同造成的。

造成音色不同的原因主要是以下三个：

第一，发音体不同。比如小提琴的发音体是琴弦，口琴的发音体是簧片，二者发音体不同，尽管演奏的是同一高度的曲调，但人们还是可以听出来哪是小提琴的声音，哪是口琴的声音。因为这两种发音体振动时发出的音波形式是不同的。每一个人的声带都有细微的差别，因此每个人的声音也就不同。

第二，发音方法不同。同样是小提琴，用弓拉和用手指弹拨，给人的音响感觉是不一样的，这是由于发音方法不同造成的。[p] 和 [p'] 是普通话中两个不同的声母，它们的不同是由于在发音时控制气流的强弱不同造成的（[p] 的气流弱，[p'] 的气流强）。

第三，共鸣器的形状不同。我们敲击一个空瓶子，然后在这个瓶子里装上水再敲击，那么听到的声音是不一样的，因为瓶子装了水以后，改变了瓶子的共鸣器形状而使瓶子发出不同的音来。普通话里的元音 i、ü 舌位的高低前后都相同，但发 i 时嘴唇是展平的，而发 ü 时嘴唇是拢圆的，从而造成不同的口腔形状，形成了不同形状的共鸣器，因而听上去就是两个不同的音。

2.音节、音素、音位

（1）音节：是最自然的语音单位。所谓"最自然"，是指一个没有经过语音训练的人能够听到的最小语音单位。例如我们说出"现代汉语"这个语言片段，我们都可以知道这个语言片段是由四个更小的语言片段"现、代、汉、语"构成，那么这个"更小的语言片段"就是最自然的语音单位——音节。从生理上看，每发一个音节，肌肉都会紧张一次，例如，"西安"[ɕian] 和"先"[ɕian] 的构成成分相同，但发"先"时肌肉只紧张一次，所以是一个音节，而发"西安"时肌肉紧张两次，所以是两个音节。一般来说，一个汉字就表示一个音节，只有儿化词，如"花儿"，是两个汉字表示一个音节。

（2）音素：是最小的语音单位。

如果我们把音节进一步分析，就可以得到更小的语音单位，如"先"[ɕian] 这个音节可以进一步分析为 [ɕ]、[i]、[a]、[n] 四个更小的单位，那么 [ɕ]、[i]、[a]、[n] 就是四个音素。有的音节是由多个音素构成的，如"先"[ɕian]；有的音节是由一个音素构成的，如"饿"[è]。

音素可以分为辅音和元音两大类。

气流在口腔或咽头受到阻碍而形成的音叫辅音，又叫子音，如 [b]、[m]、[f]、[t]、[l]、[tʂ]、[ts] 等。气流振动声带，在口腔、咽头不受阻碍而形成的音叫元音，又叫母音，如 [ɑ]、[o]、[y]、[i] 等。

元音和辅音最主要的区别首先在于，元音发音时气流不受阻碍。而辅音发音时气流受到阻碍。其次，辅音发音时发音器官的各个部位是局部紧张，而元音发音时发音器官的各个部位保持均衡紧张。这个差别是由发音时元音和辅音气流是否受到阻碍而造成的：发辅音时气流要受到阻碍，所以辅音发音时受阻碍的部位特别紧张，而发元音时气流不受阻碍，所以元音发音时各个发音器官保持均衡的紧张。再次，辅音发音时气流强，元音发音时气流弱。这个差别同样是由于发辅音和元音时气流是否受到阻碍而造成的。辅音发音时因为要克服阻碍，所以发辅音时气流较强，而元音不受阻碍，所以元音发音时气流较弱。此外，发元音时，声带振动，而发辅音时，在大多数情况下声带不振动。

（3）音位：是一个语音系统中能够区别意义的最小语音单位。

音位和音素都是最小的语音单位，但音素是从语音的自然属性划分出来的最小语音单位，具体地说，是从语音的物理属性来划分的最小语音单位。而音位则是从区别意义的角度划分出来的，即从语音的社会属性来划分的最小语音单位。比如"花"[xuɑ⁵⁵] 这个音节中包含"ɑ"这个音，不同的人发"ɑ"时会有细微的差别，从物理学的角度看，它们都是不同的音素，即 a_1、a_2、a_3、a_4、a_n……但从音位的角度来说，a_1、a_2、a_3、a_4、a_n……不具有区别意义的作用，它们在"花"[xuɑ⁵⁵] 这个音节中读成其中任何一个音都不会让听话人理解成别的意思，因此我们可以把"ɑ"看作一个音位，而把相互之间有细微差别而又没有区别意义作用的 a_1、a_2、a_3、a_4、a_n……看作是同一个音位"ɑ"的不同变体。

3.声母、韵母、声调

按照汉语传统的分析方法，汉语的一个音节可以分析成声母和韵母两部分，再加上一个贯穿整个音节的声调。声母、韵母、声调是汉语音节最基本的三个组成要素。

（1）声母：是指音节中位于元音前头的那部分，大多是音节开头的辅音。如"中" [tʂuŋ⁵⁵]、"国" [kuə³⁵] 的声母分别是 [tʂ]、[k]，它们都是音节开头的辅音。有的音节开头没有辅音，我们把它们叫作零声母音节，如"爱" [ai]。传统上把零声母也看作一个声母。

声母和辅音不是一个概念，虽然声母是由辅音充当的（零声母除外），但并不是所有的辅音都能充当声母。如普通话中的 [ŋ] 是一个辅音，但它只能出现在音节末尾充当韵尾，不能出现在音节开头做声母；有的辅音既可以做声母，也可以做韵尾，如"难" [nɑn³⁵] 中的两个辅音 [n]。所以辅音的范围比声母的范围大。

（2）韵母：是指音节中声母后面的部分。如"大" [tA³⁵]、"家" [tɕia⁵⁵] 里的[A]、[ia] 分别是这两个音节的韵母。韵母和元音也不是一个概念，韵母可以由一个元音构成，如"他" [t'A⁵⁵] 音节中的[A]，也可以由两个或三个元音构成，如"代" [tai⁵¹]、"怪" [k'uai⁵¹] 中的[ai]、[uai]，还有的韵母是由元音加辅音构成的，如"甘"[kan⁵⁵]、"更"[kəŋ⁵¹] 中的[an]、[əŋ]。

（3）声调：是指音节中具有区别意义作用的音高。例如"学" [ɕyɛ³⁵] 读起来音高是从低向高变化，"校" [ɕiau⁵¹]，读起来音高是高到低变化。声调具有区别意义的作用，如果韵母相同而声调不同，意义就会发生变化，如"妈" [mA⁵⁵]、"麻" [mA³⁵]、"马" [mA²¹⁴]、"骂" [mA⁵¹]。

4.记音符号

学习与研究语音必须有记音符号。常用的记录汉语语音的符号有汉语拼音字母和国际音标两种。

（1）汉语拼音方案：《汉语拼音方案》是 1958 年 2 月由第一届全国人民代表大会第五次会议批准，用来给普通话注音的一种法定方案。汉语拼音方案的主要用途是给汉字注音和作为推广普通话的工具。此外，还可以用来作为我国少数民族创制和改革文字的共同基础，用来帮助外国人学习汉语，用来音译人名、地名和科学术语，以及用来编制索引和代码，等等。《汉语拼音方案》由五个部分组成：一、字母表；二、声母表；三、韵母表；四、声调符号；五、隔音符号。

（2）国际音标：国际音标是国际语音学会制订的一套记音符号，是用来记录各民族语言的语音的。国际音标符合"一个音素一个符号，一个符号一个音素"的原则，共有一百多个符号，记音有严式和宽式之分。国际音标制订出来以后曾经多次修订。由于它对语音的区分比较科学，记音的符号比较简明，许多国家的语言学者都用它来记录和研究语音。我国开展少数民族语言和汉语方言的调查，也都采用国际音标记音。

二、普通话音系

普通话音系指的是普通话语音系统，它包括普通话的声母、韵母、声调以及普通话声调的配合关系等。

（一）声母表

普通话有 21 个辅音声母，另外还有一个零声母，一共是 22 个声母。下面是 21 个辅音声母及其例字：

[p] 包部	[p'] 抛平	[m] 梅忙	[f] 发愤
[t] 道当	[t'] 讨同	[n] 内南	[l] 累蓝
[k] 商感	[k'] 考刊	[x] 好汉	
[tɕ] 机江	[tɕ'] 奇强	[ɕ] 席祥	
[tʂ] 直张	[tʂ'] 翅唱	[ʂ'] 施赏	[ʐ] 日荣
[ts] 姿早	[ts'] 次灿	[s] 司松	

（二）韵母表

普通话韵母一共有 39 个：按结构分，单韵母 10 个，复韵母 13 个，鼻韵母 16 个；按口型分，开口呼 16 个，齐齿呼 10 个，合口呼 9 个，撮口呼 4 个。

下面是 39 个韵母：[ɿ]、[i]、[u]、[y]、[ʅ]、[A]、[ia]、[uɑ]、[o]、[uo]、[ɣ]、[iɛ]、[yɛ]、[ɚ]、[ai]、[uai]、[ei]、[uei]、[ɑu]、[iɑu]、[ou]、[iou]、[an]、[iɛn]、[yɛn]、[uan]、[ən]、[in]、[uən]、[yn]、[ɑŋ]、[iɑŋ]、[uɑŋ]、[əŋ]、[iŋ]、[uəŋ]、[uŋ]、[yŋ]。

（三）声调表

普通话有阴平、阳平、上声、去声 4 个声调，不包括轻声。下面是普通话四个声调的调类和调值：

阴平 55　　　阳平 35　　　　上声 214　　　　去声 51

（四）音节结构和声母韵母配合关系

1. 音节结构

汉语的音节是由声母和韵母构成的，再加上一个贯穿整个音节的声调。韵母可以继续分为韵头（介音）、韵腹（主要元音）、韵尾。所以一个完整的汉语音节有五个部分：声母、韵头、韵腹、韵尾、声调。但并不是所有的汉语音节都必须具备这五个部分，有的少其中的一项或两项，有的少其中的三项。

2.声母韵母配合关系

（1）四呼：为音韵学名词。汉语音韵学家依据口、唇的形态将韵母分为开口呼、齐齿呼、合口呼、撮口呼四类，用以指称近现代汉语的介音系统，合称"四呼"。"四呼"之名始见于清代潘耒的《类音》。现代汉语语音学则是依据韵母的韵头或韵腹来确定四呼的。

就普通话来说，韵母不是 [i]、[u]、[y] 又没有 [i]、[u]、[y] 介音的称为开口呼，[u] 或有 [u] 介音的韵母称为合口呼，[i] 或有 [i] 介音的韵母称为齐齿呼，[y] 或有 [y] 介音的韵母称为撮口呼。

（2）声韵配合关系

表 3-1　　　　　　　　　普通话音节结构表

结构方式　　例字	声母	韵　　母				声调
		韵头（介音）	韵腹（主要元音）	韵尾		
				（元音）	（辅音）	
窗	[tʂʻ]	[u]	[ɑ]		[ŋ]	阴平 55
花	[x]	[u]	[ɑ]			阴平 35
拜	[p]		[ɑ]	[i]		去声 51
久	[tɕ]	[i]	[ə]	[u]		上声 214
度	[t]		[u]			去声 51
游		[i]	[ə]	[u]		阳平 35
元		[y]	[ɑ]		[n]	阳平 35
雅		[i]	[ɑ]			上声 214
欧			[ə]	[u]		阴平 55
俄			[ə]			阳平 55

根据上表可以看出：

1）一个音节最多可以由四个音素构成。

2）元音占优势。每个音节都有元音，一个音节的元音最多可以有三个，而且元音必须连续排列，中间不能插入辅音。

3）一个音节可以没有辅音。辅音只能出现在音节的开头或末尾（出现在末尾的辅者有 [n] 和 [ŋ]）。没有两个辅音相连的情况。

4）一个音节中声调和韵腹绝不可少，但可以没有声母、韵头、韵尾。

普通话声母和韵母的拼合是有一定规律的。普通话声母和韵母配合的主要规律：

1）双唇音和舌尖中音 [t]、[t']能跟开口呼、齐齿呼、合口呼韵母相拼，不能和撮口呼ⅰ母相拼（双唇音和合口呼相拼时只限于 [u]）。

2）唇齿音、舌根音、舌尖前音、舌尖后音等组声母能和开口呼、合口呼韵母相拼，不能和齐齿呼、撮口呼韵母相拼（唇齿音与合口呼相拼时只限于 [u]）。

3）舌面音只能拼齐齿呼、撮口呼韵母，不能拼开口呼、合口呼韵母。

4）舌尖中音 [n]、[l] 可以和四呼韵母相拼。零声母音节在四呼中都有。

表 3-2　　　　　　　　　　普通话声韵配合简表

能否配合　　　　　　　　韵母　声母		开口呼	齐齿呼	合口呼	撮口呼
双唇音	[p]、[p']、[m]	+	+	只跟 [u] 相拼	
唇齿音	[f]	+		只跟 [u] 相拼	
舌尖中音	[d]、[t']	+	+	+	
	[n]、[l]				+
舌面音	[tɕ]、[tɕ']、[ɕ]		+		+
舌根音	[k]、[k']、[x]	+		+	
舌尖后音	[tʂ]、[tʂ']、[ʂ]、[ʐ]	+		+	
舌尖前音	[ts]、[ts']、[s]	+		+	
零声母		+	+	+	+

注："+"表示全部或局部声韵能相拼，空白表示不能相拼

上面只是普通话声母和韵母的一个配合简表，要全面了解普通话声韵调配合的情况，还必须察看普通话声母和韵母的配合总表。普通话22个声母（包括零声

母）与39个韵母相拼的基本音节约有400个，加上四声后，音节数目有1000多个。

3.汉语拼音拼写科学方案

《汉语拼音方案》主要用来给普通话注音，它是拼写普通话语音系统的一种科学方案。除汉语拼音方案外，前人创造出了给汉字注音的多种方法和方案，下面我们介绍几种。

（1）直音法，就是用一个同音字来给另外一个字注音。例如，"之，音枝"。直音法的优点是直截了当，容易掌握；缺点是有时候找不到同音字或同音字很冷僻，便不能帮助读准字音。

（2）反切法，就是用两个汉字给另一个汉字注音。例如，"东，德红切""东"是被注音的字，"德"叫反切上字，"红"叫反切下字，"切"是拼合的意思。其基本原理是，反切上字取其声母，反切下字取其韵母和声调，两者拼合就是被注音字的读音。反切法比直音法进步，因为它对汉语音节有了初步的分析。反切法的缺点是，由于古今音的演变和方言之间的差别，很多古代的反切注音今天已经不能拼出正确的读音了。

（3）注音字母（后来改称注音符号），也是一种比较有影响的给汉字注音的方案。它采用简单的汉字笔画式符号，不仅把汉语音节分为声母和韵母，而且在韵母中分出了韵头，因此注音字母给汉字注音最多可以用三个符号，例如，"现"ㄒㄧㄢ（阴平不标调，阳平、上声、去声、入声分别在注音字母的左下、左上、右上、右下用小圆圈标注）。注音字母在韵母中分出了韵头，音节的分析比反切注音更进一步。但注音字母仍然不是一种音素化的注音方案，因而还不是一种科学的注音方案。

此外，还有威妥玛式方案（1867）、国语罗马字拼音法式（简称"国罗"，1928）、北方话拉二化新文字（简称"北拉"，1929）等。也都是影响比较大的汉字注音方案。

第二节　普通话的声母系统

一、声母的发音情况

1.双唇音与唇齿音

双唇音包括 [p]、[pʻ]、[m] 三个，唇齿音只有一个 [f]，它们的发音与训练如下：

[p] 发音时双唇闭合，同时软腭上升，关闭鼻腔通路，气流到达双唇后蓄气，然后凭借积蓄在口腔中的气流突然打开双唇，使气流冲破阻碍爆破成声，声带不振动。例如下列词语的声母：

| 颁布 | 辨别 | 卑鄙 | 褒贬 | 奔波 | 宝贝 |

兵变　摆布　版本　包办

[p‘] 发音时在成阻与持阻阶段与 [p] 相同，只是除阻时，声门大开，从肺部呼出一股较强的气流成声，不振动声带。例如下列词语的声母：

批评　批判　偏僻　澎湃　乒乓　琵琶

偏旁　瓢泼　品评　拼盘

[m] 发音时双唇闭合，软腭下垂，鼻腔畅通，声带振动，气流在口腔的双唇后受到阻碍，便从鼻腔通过成声。例如下列词语的声母：

妈妈　买卖　秘密　美满　面貌　盲目

弥漫　眉毛　美妙　麻木

[f] 发音时下齿向上门齿靠拢。形成间隙，软腭上升，关闭鼻腔通道，气流从唇齿的间隙中摩擦通过而成声，声带不振动。例如下列词语的声母：

方法　仿佛　反复　丰富　非法　夫妇

发放　发愤　纷繁

2. 舌尖中音

[t] 发音时舌尖抵住上齿龈，形成阻塞，关闭鼻腔通路，气流到达口腔后蓄气，然后突然解除阻碍成声，声带不振动。例如下列词语的声母：

达到　等待　地点　弟弟　懂得　大胆　道德　电灯

[t‘] 发音时成阻、持阻阶段与 [t] 相同，除阻阶段声门大开，从肺部呼出一股较强的气流成声。例如下列词语的声母：

疼痛　团体　探讨　淘汰　谈吐　体贴

体态　体坛　挑剔

[n] 发音时舌尖抵住上齿龈，形成阻塞，软腭下垂，打开鼻腔通路，气流在口腔受到阻碍，从鼻腔透出，声带振动。例如下列词语的声母：

男女　恼怒　南宁　能耐　拿捏　奶娘　泥泞　牛脯

[l] 发音时舌尖抵住上齿龈的后部，阻塞气流从口腔中路通过的通道，软腭上升，关闭鼻腔通路，声带振动，气流到达口腔后从舌头与两颊内侧形成的空隙通过而成声。例如下列词语的声母：

力量　　理论　　浏览　　联络　　淋漓　　流露　　玲珑　　磊落

3. 舌根音

[k] 发音时舌面后部隆起抵住硬腭和软腭交界处，形成阻塞，软腭上升，关闭鼻腔通路，气流在受阻的部位蓄积，然后突然解除阻塞而成声，不振动声带。例如下列词语的声母：

各个　　改革　　公共　　规格

[k'] 发音时成阻与除阻阶段与[k]相同，不同的是除阻时声门打开，从肺部呼出一股较强气流成声。例如下列词语的声母：

可靠　　宽阔　　刻苦　　开垦

[x] 发音时舌面后部隆起接近硬腭和软腭的交界处，形成间隙，软腭上升，关闭鼻腔通道，使气流从间隙中摩擦通过而成声。例如下列词语的声母：

辉煌　　后悔　　缓和　　欢呼

4. 舌面音

[tɕ] 发音时舌尖抵住下齿背，舌面拱起，使舌面前部贴紧硬腭前部，软腭上升，关闭鼻腔通路，在阻塞的部位后面积蓄气流，然后突然解除阻塞，在阻塞部位之间保持适度间隙，使气流从间隙透出而成声。例如下列词语的声母：

经济　　解决　　积极　　坚决　　季节　　将军
接近　　阶级　　究竟　　拒绝　　家具　　焦急

[tɕ'] 发音时成阻阶段与[tɕ]相同，不同的是当舌面前部与硬腭前部分离并形成适度间隙时，声门开启，同时伴有一股较强的气流而成声。例如下列词语的声母：

亲切　　请求　　确切　　情理　　崎岖　　恰巧
气球　　齐全　　前期　　轻巧　　乞求　　凄清

[ɕ] 发音时候舌尖抵住下齿背，使前舌面接近硬腭前部，形成适度间隙，使气流从间隙摩擦通过成声。例如下列词语的声母：

学习　　现象　　相信　　消息　　虚心　　详细
小心　　新鲜　　想象　　休息　　鲜血　　形象

5. 舌尖前音

[ts] 发音时舌尖抵住上齿背形成阻塞，在阻塞的部位后积蓄气流，同时软腭上升，关闭鼻腔通道，然后突然解除阻塞，在原形成阻塞的部位之间保持适度的间隙，使气流从间隙透出而成声。例如下列词语的声母：

栽赃　　总则　　咂嘴　　宗族　　自尊　　做作

走卒　　凿子　　自在　　祖宗

[ts'] 发音时成阻阶段与 [ts] 相同，然后突然解除阻塞，声门开启，同时伴有一股较强的气流成声。例如下列词语的声母：

从此　　层次　　粗糙　　草丛　　猜测　　仓促

残存　　参差　　苍翠　　措辞

[s] 发音时舌尖接近上齿背，形成间隙，同时软腭上升，关闭鼻腔通路，使气流从间隙摩擦通过成声。例如下列词语的声母：

思索　　诉讼　　色素　　送死　　缲丝　　琐碎

松散　　洒扫　　搜索　　四散

6.舌尖后音

[tʂ] 发音时舌尖前部上举，舌尖抵住硬腭前端，同时软腭上升，关闭鼻腔通道，在形成阻塞的部位后蓄积气流，突然解除阻塞时，在原形成阻塞的部位之间保持适度的间隙，使气流从间隙透出而成声。例如下列词语的声母：

政治　　战争　　真正　　主张　　抓住　　挣扎

指正　　住宅　　着重　　专著　　执照　　正中

[tʂ'] 发音时成阻阶段与 [tʂ] 相同。不同的是在突然解除阻塞时，声带开启，同时伴有一股较强的气流成声。例如下列词语的声母：

长城　　出差　　惆怅　　超产　　踌躇　　铲除

臭虫　　唇齿　　乘除　　长处　　抽查　　充斥

[ʂ] 发音时舌尖前部上举，接近硬腭前端，形成适度的间隙，同时软腭上升，关闭鼻腔通路，使气流从间隙摩擦通过而成声。例如下列词语的声母：

事实　　少数　　实施　　山水　　手术　　上升

收拾　　神圣　　舒适　　省事

[ʐ] 发音时舌尖接近硬腭前端，形成间隙，同时软腭上升，关闭鼻腔通道，振动声带，气流从间隙中摩擦通过而成声。例如下列词语的声母：

仍然　　软弱　　仁人　　忍让　　荣辱　　荏苒

如若　　闰日　　溽热　　嚷嚷

7.零声母

普通话中没有辅音声母的音节，其声母等于零，所以叫零声母。下列词语中每个语素的声母都是零声母：

傲岸　　唯物　　恩爱　　偶尔　　外文　　威望　　玩物

由于	一样	永远	音乐	应用	友谊	语言
愿意	演员	医院	英语	委婉	忘我	无畏
运用	优越	游泳	遥远	俄语	抑郁	谚语
暗暗	医药	引诱	营养	怨言		

二、声母辨证

1. [ts]、[ts']、[s] 与 [tʂ]、[tʂ']、[ʂ]、[ʐ] 的分辨

现代汉语的许多方言都存在舌尖前音（平舌音）和舌尖后音（翘舌音）不分的情况，常常将普通话中的翘舌音发成了平舌音，如武汉话、成都话、苏州话、南昌话等。有的方言没有平舌音和翘舌音，如广州话、客家话等。翘舌音使用频率很高。据统计，在 3500 个常用字中，翘舌音字就有 602 个，占常用字的 17%。

湖北省的武汉、宜昌、襄樊、荆州、郧阳、咸宁等大片地区，四川省除自贡、内江、巴中、南江等地区外的大部分地区，重庆市，湖南邵阳、安乡、江永、益阳、娄底、城步等地，都只有舌尖前音，没有舌尖后音；湖北荆门、钟祥、宜城等县市不少乡镇只有舌尖后音，没有舌尖前音；湖北崧鱼、赤壁以及黄冈市、孝感市的大部分县市，四川自贡、内江、巴中、南江等地区虽有舌尖前音和舌尖后音，但与普通话中常用字的舌尖前音和舌尖后音的区分不一致。这两组声母的音节大约占普通话音节的 10%，出现的频率高，在普通话测试中所占的比重也较大，是学习普通话的难点和重点。分辨这两类声音的方法是：

（1）找准发音部位，正确地发音

[ts]、[ts']、[s] 的发音部位是舌尖抵住或接近上齿背（或下齿背）。湖北、四川有些地方的人发这组音时发音部位比普通话靠后，听起来有点带舌尖后音的色彩，纠正的方法是找准部位，控制舌尖不要抬起。

[tʂ]、[tʂ']、[ʂ] 的发音部位是舌尖接触或靠近硬腭前端。西南官话区、湘方言区大部分地区没有这组声母，这些地区的人受方音影响，发音时主要存在以下问题：一是发音部位靠前，舌尖对着上齿龈发音；二是发音部位靠后，舌尖对着硬腭中部发音；三是舌头有摆动或者舌面有裹卷动作，加入了其他音；四是发音部位虽对，但舌尖接触硬腭时用力过大，舌头肌肉过于紧张，听起来声音生硬、不自然。正确的发音方法是，舌头稍稍向后缩，舌尖轻巧地接触或接近硬腭前端，注意舌肌要放松，不能紧张。

（2）记字音的方法

第一，利用形声字声旁进行类推。汉字的形声字声旁相同，读音大多相同或相近，这为我们记忆字音提供了一定的线索。如"主"的声母是舌尖后音 [tʂ]，由此推知，"住、拄、柱、蛀、注、驻"等字的声母都是舌尖后音 [tʂ]；"兹"的声母是舌尖前音 [ts]，以它作声旁的"滋、孳、磁、慈"等字的声母都是舌尖前音。不过，这种方法也有一定的局限性，有时会遇到一些读音例外的字。例如："叟"的声母是舌尖前音 [s]，以它作声旁的"艘、搜、馊、嗖"等字的声母是舌尖前音 [s]，但"瘦"的声母却是舌尖后音 [ʂ]。我们在运用声旁类推的方法时，一定要注意个别的例外字的读音。

第二，采用记少不记多的方法。从舌尖前音 [ts]、[tsʻ]、[s] 和舌尖后音 [tʂ]、[tʂʻ]、[ʂ] 字数的对比来看，舌尖后音的字约占二者总数的 70%，舌尖前音约占 30%，方言区的人学习普通话时可以根据舌尖前音字数少的特点，采用记少不记多的办法来记音。

普通话里有些韵母既跟舌尖前音相拼，也跟舌尖后音相拼，但是与舌尖前音相拼的字很少。因此，可以采用"只记少数，根据少数来推知多数"的方法记忆。舌尖前音的音节只包含少量的常用字，记住这些舌尖前音的常用字可以帮助分辨大量的舌尖后音。

第三，利用声韵的拼合规律进行类推。普通话中舌尖前音 [ts]、[tsʻ]、[s] 不跟韵母 [uɑ]、[uai]、[uɑŋ] 相拼，由此推知，"抓、刷、拽、揣、率、帅、装、窗、霜、双"等字的声母都是舌尖后音。舌尖后音 [ʂ] 不跟韵母 [uŋ] 相拼，由此推知，"嵩、松、耸、怂、宋、送、颂、诵、讼、淞"等字的声母是舌尖前音。

2. 鼻音 [n] 与边音 [l] 的分辨

[n] 和 [l] 在普通话里有严格的区分，但是不少方言中 [n] 和 [l] 都存在不同程度的混淆。有的是 [n] 和 [l] 完全混淆，随便使用，有的是有 [n] 无 [l]，有的是有 [l] 无 [n]（如武汉话、成都话、重庆话、长沙话、南昌话、南京话、厦门话等）。[n] 和 [l] 的使用频率没有平翘舌音的使用频率那么高，但是，[n] 和 [l] 在普通话里有区分意义的作用，须要从语音上加以区分。例如"女客" [ny²¹⁴kʻɤ⁵¹] 与"旅客" [ly²¹⁴kʻɤ⁵¹]，"浓重" [nuŋ³⁵tʂuŋ⁵¹] 和"隆重" [luŋ³⁵tʂuŋ⁵¹]，[n] 和 [l] 不同，词义也就不同。

[n] 和 [l] 是学习普通话的一个难点，难在既辨不清音，也发不准音。在训练时，首先要训练听辨能力，然后练习发音，掌握了它们的发音方法以后，再去记哪些字是 [n] 声母，哪些字是 [l] 声母。

（1）发音训练

受方音的影响，很多人在初学普通话时，发的 [n] 往往不是纯正的鼻音，带有边音的色彩。正确的发音是，舌尖抵住上齿龈，舌的两侧跟上腭的两侧形成弧形闭合，软腭下降，封闭口腔的通道，让气流完全从鼻腔中出来。鼻音 [n] 是一个全浊音，可以发得重一点，浊一点。我们可以利用前一个音节末尾是 [n] 的双音节词语引导练习发鼻音。

受方音的影响，很多人在发边音 [l] 时，发的不是纯正的边音，往往带有鼻音的色彩，尤其表现在边音 [l] 与齐齿呼、撮口呼韵母相拼时。正确的发音方法是，舌尖抵住上齿龈，舌的两侧跟上腭两侧保持适度的距离，软腭上升，封闭鼻腔的通道，让气流完全从口腔中出来。开始练习发边音，须要体会软腭的提升，可以借助加衬音的办法来体会软腭的提升发边音时，舌尖抵的部位可以比发鼻音稍靠上一点。另外，边音是次浊音，与鼻音比较，可以发得轻一点。须要注意的是，开始练习发边音时要避免用韵尾是鼻音的音节。

（2）记字方法

第一，采用"记少不记多"的方法。鼻音音节与边音音节相比，鼻音音节少，边音音节多。我们可以采用"记少不记多"的方法，记住鼻音字的音节，帮助分辨相对应的边音字。

第二，利用形声字的声旁进行类推。

第三，根据声韵拼合规律分辨。普通话中韵母 [ou]、[ia]、[uən] 一般与 [l] 相拼，不与 [n] 相拼（"耨 [nou⁵¹]"例外），因此，可以推知，"楼、俩、论"等常用字的声母是边音。

3.[tɕ]、[tɕ']、[ɕ] 与 [ts]、[ts']、[s] 的分辨

湖北黄冈、孝感地区的大部分县市将普通话中的一部分舌尖前音混入舌面音之中，如"醉"念 [tɕi⁵¹]，"脆"念 [tɕ'i⁵¹]，"岁"念 [ɕi⁵¹]。

（1）发音训练

发舌面音 [tɕ]、[tɕ']、[ɕ] 时，舌面前部隆起，抵住或接近硬腭最前端，让舌尖垂到下门齿背后。发音时，一定不能使舌尖或舌叶与硬腭接触，否则，就会带有尖音色彩。

（2）记字方法

在普通话里，舌尖前音 [ts]、[ts']、[s] 不能和韵母 [i]、[y] 或以 [i]、[y] 开头的韵母相拼，凡遇到方言里的此类音节，应念成 [tɕ]、[tɕ']、[ɕ]。

湖北黄冈、孝感地区的人可以采用个别记音的方法，单独记那些混入 [tɕ]、

[tɕ']、[ɕ] 的词语，弄清普通话舌面音的范围。

4. [tɕ]、[tɕ']、[ɕ] 与 [tʂ]、[tʂ']、[ʂ] 的分辨

（1）发音训练

广州话通常将 [tʂ]、[tʂ']、[ʂ] 读得接近 [tɕ]、[tɕ']、[ɕ] 声母，这是广州人学习普通话的一大难点。所以，广州人首先要掌握 zh、ch、sh 的正确发音，同时要知道普通话中哪些字该念 [tʂ]、[tʂ']、[ʂ] 声母，哪些字该念 [tɕ]、[tɕ']、[ɕ] 声母。

湖北武汉市城区，黄冈、孝感的大部分市县，以及汉川、天门、大冶、嘉鱼等地，将普通话中舌尖后音与部分合口呼韵母相拼的字念成 [tɕ]、[tɕ']、[ɕ] 声母，韵母也相应变成了 [y]，如"猪"读成"[tɕy⁵⁵]"，"除"读成"[tɕ'y³⁵]"，"书"读成"[ɕy⁵¹]"，等等。

（2）记字方法

在普通话中，舌尖后音 [tʂ]、[tʂ']、[ʂ] 不能与韵母 [y] 和 [y] 起头的韵母相拼，同时舌面音 [tɕ]、[tɕ']、[ɕ] 也不能与韵母 [u] 和 [u] 起头的韵母相拼。

湖北武汉、黄冈、孝感等地混入舌面音的是一些舌尖后音与合口呼韵母 [u]、[uan]、[uən] 相拼的音节，如"主、住、注、主、猪、竹、出、处、初、锄、书、树、数、熟、输、束、枢、专、川、拴、春、唇、纯"等字，应将这些字改念成 [tʂ]、[tʂ']、[ʂ] 一类的声母。

5. [k]、[k']、[x] 与 [tɕ]、[tɕ']、[ɕ] 的分辨

（1）发音训练

湖北、湖南大部分地区将普通话声母为 [tɕ]、[tɕ']、[ɕ] 的一些字读成 [k]、[k']、[x]，韵母也与普通话不一样，如："街"念"[kai⁵⁵]"，"敲"念"[k'ɑu⁵⁵]"，"鞋"念"[xai³⁵]"。湖北崇阳话里则是互混，既有一部分应读 [tɕ]、[tɕ']、[ɕ] 声母而混入 [k]、[k']、[x] 的，也有 [k]、[k']、[x] 混入 [tɕ]、[tɕ']、[ɕ] 的。

（2）记字方法

湖北崇阳人需要采用声旁类推、声韵拼合规律类推、记少不记多等方法综合记字。其他地方 [tɕ]、[tɕ']、[ɕ] 混入 [k]、[k']、[x] 之中的字数量不多，都是普通话齐齿呼韵母的字，可以采用个别记字的方法记音

6. 唇齿擦音 [f] 与舌根擦音 [h] 的分辨

[f] 和 [h] 在许多方言里都有混淆。厦门话里没有 [f]，只有 [h]，苏州话则把部分 [f] 声母字读成 [h] 声母字。成都话、长沙话、南昌话、梅州话、广州话等把部分 [h] 声母字读成了 [f] 声母字。在湖北境内，巴东没有唇齿音 [f]，红安、麻城、

黄陂等地 [h] 与 [f] 相混，主要是韵母为合口呼的音节，大多是 [h] 声母混入 [f] 声母之中，也有 [f] 声母混入 [h] 声母的，同时，互混的现象也存在。要分辨这两个音，主要是要掌握好正确的发音方法，还要分别记住普通话中常用的 [f] 声母字和 [h] 声母字。

（1）发音训练

[f] 和 [h] 都是清擦音，发音方法相同，发音部位不一样。发 [f] 时，下唇内缘接近上齿，口形是闭拢的，嘴角向左右两边略微展开，舌面后部不能抬高；发 [h] 时，舌面后部接近软腭与硬腭的交界处，要注意唇齿部位不能接触。

（2）记字方法

第一，利用形声字声旁进行类推。

[f] 声母　伐——筏阀垡　番——翻藩幡燔蕃　凡——帆矾钒梵　反——返饭贩皈

[h] 声母　化——花华哗骅桦铧货　黄——簧磺潢璜癀　回——蛔徊茴洄

第二，利用普通话的声韵拼合规律分辨。在普通话中，除了 [u] 以外，其他合口呼韵母都不与 [f] 相拼，因此可以推知，"化、灰、活、换、混、黄"等字的声母都是 [h]。[f] 不与 ong 相拼，因此可以推知，"红、轰、哄、宏、烘、鸿"等字的声母都是 [h]。

第三，采用"记少不记多"的方法。[f] 声母音节的字少，[h] 声母音节的字多，我们可以着重记那些 [f] 声母的代表字，剩下的就是 [h] 声母音节的字了。

7.送气音与不送气音的分辨

送气音与不送气音指的是塞音和塞擦音中气流的强弱。气流强的称为送气音，气流弱的称为不送气音。普通话中的送气音有 6 个：[p']、[t']、[k']、[tɕ']、[tʂ']、[ts']，不送气音也有 6 个：[p]、[t]、[k]、[tɕ]、[tʂ]、[ts]。在有的方言中，送气音、不送气音的字与普通话不同，例如广州话，将普通话里的不送气音字"倍、代、柜、坐"等念成送气音；客家方言里也有把普通话里相当一部分的不送气音字读成了送气音。又如晋南地区把"拔草"读成了"爬草"，"鼻子"念成了"皮子"，也就是把不送气音的字读成了送气音的字。与此相反，晋中地区把"葡萄"念成了"[pu35] 萄"，"铜钱"读成了"[tuŋ35] 钱"，这又是把送气音读成了不送气音。

在湖北大多数地区能分辨送气音和不送气音，只有潜江、天门和鄂东南的几个县市有相混的现象。天门、潜江、监利、咸宁、阳新、嘉鱼、大冶等地将有些不送气声母发成送气声母，如将"鼻、避、道、自、巨、共、坐"等字的声母读成了相应的送气声母。

鄂东南地区有的方言把普通话的送气清音念成对应的不送气浊辅音，如"慈、磁、词、次，痴、池、尺，批、皮、辟，梯、提、蹄"等字的声母分别念成 [dz]、[dz]、[b]、[d]。

要分辨送气音和不送气音，关键在于掌握二者的发音要领，还要注意掌握普通话的声韵拼合规律来记住属于送气音和不送气音的字。

（1）发音训练

发送气音时，吐出的气流较强；发不送气音时，吐出的气流较弱。训练送气音的发音，可以像吹蜡烛那样，吐出一口气，"噗—"；训练送气音 [tsʻ] 的发音，可以模仿车胎漏气的声音；还可以模仿火车开动时的放气声，qiɑ，qiɑ……

（2）记字方法

要利用声韵拼合规律分辨字的读音。

第一，韵母 [ei] 能与不送气音 [t]、[k]、[tʂ]、[ts] 相拼，如"得 [tei²¹⁴]，给[kei²¹⁴]，这 [tʂei⁵¹]，贼 [tsei³⁵]"，而不能与送气音 [tʻ]、[kʻ]、[tʂʻ]、[tsʻ] 相拼。

第二，韵母 [ou] 能与送气音 [pʻ] 相拼，如"剖 [pʻou⁵⁵]"，而不能与不送气音 [p] 相拼。

第三，韵母 [iou] 能与不送气音 [t] 相拼，如"丢 [tiou⁵⁵]"，而不能与送气音 [tʻ] 相拼。

第四，韵母 [uɑ] 能与不送气音 [tʂ] 相拼，如"抓 [tʂuɑ⁵⁵]"，不能与送气音 [tʂʻ] 相拼。

8. 清音与浊音的分辨

普通话里只有 4 个浊音声母，它们是 [m]、[n]、[l]、[ʐ]，其他都是清音声母。湖北蒲圻、通城等地有一套跟普通话声母 [p]、[t]、[k]、[tɕ]、[tʂ]、[ts] 发音部位相同的浊音；崇阳有与 [tsʻ]、[tʂʻ]、[tɕʻ]、[tɕ] 对应的浊音。湖南的大部分地区也有浊音存在，如湖南的临湘话把 [p]、[tʻ]、[kʻ]、[tɕʻ]、[tsʻ] 等送气清音都发成对应的不送气浊辅音。古全浊声母 [b] 还保留在湖南的部分方言当中。这些地区的人应该注意将浊音改为相应的清音。可以用记字的方法来分辨：

一是把方言中浊塞音和浊塞擦音声母改为同部位的清声母。

二是把方言中念浊声母的平声字改念为送气音，并念阳平，如"赔 [pʻei³⁵]"；把念浊声母的仄声字改念为不送气音，并念去声，如"倍 [pei⁵¹]"。这两点记字方法可以概括为：浊音变清音，平送仄不送。

9. 零声母和辅音声母

普通话零声母字与许多方言如武汉话、成都话、长沙话、广州话等，零声母音节的范围不一致，主要表现为以下几种情况：

（1）普通话由 [A]、[o]、[ɣ] 开头的零声母字，许多方言都加上了辅音声母 ng [ŋ]。

（2）普通话由 [z] 开头的零声母字，许多方言都念成了 [n] 或 [l] 做声母。

（3）普通话以 [w] 开头的零声母字，在许多方言里普遍念成 [v] 声母。在湖北的天门等地念成 [m] 声母。

（4）普通话中有声母的音节在许多方言中丢掉了声母，念成了零声母，如湖北宜都、当阳等地将普通话的 n 声母字"牛、虑、女、凝"等念成零声母；四川、重庆等地将普通话辅音声母念为零声母字，如将"容、绒、融、荣、戎"（[ʐuŋ³⁵]）等字念成 [yŋ³⁵]。因此，要学好普通话，方言区的人应该熟读零声母音节的词语，弄清零声母音节的范围，注意发音时不要带上辅音声母。

第三节　普通话的韵母系统

一、韵母的分类与发音

（一）按韵母结构分类

韵母可以由一个元音充当（如"巴"、"玻"的韵母是 [A]、[o]），也可以由两个元音或三个元音充当（如"刀"、"挑"的韵母是 [ɑu]、[iɑu]），还可以由元音加上鼻辅音构成（如"安"、"东"的韵母是 [an]、[uŋ]）。因此，韵母可以按内部结构的繁简分为三类：单韵母、复韵母、鼻韵母。

1.单韵母

由一个元音充当的韵母叫单韵母（也叫单元音韵母）。根据发音时舌头的部位和状态，单韵母可以分为舌面元音韵母、舌尖元音韵母和卷舌元音韵母。

（1）舌面元音韵母 [A]、[o]、[ɣ]、[ɛ]、[i]、[u]、[y]

舌面元音是发音时舌面起主要作用的元音。舌面元音的不同音色是由口腔的开合、舌位的前后高低、唇形的圆与不圆决定的。

舌面元音韵母的发音情况如下：

[A]：舌面、央、低、不圆唇元音。

发 ɑ 时，口大开，嘴唇形状自然，舌面在口腔内最低处；软腭上升，关闭鼻腔通道，声带振动。

a 做韵母的例子：巴、杷、玛、跋、獭、邋、垃、捺、尬、靫、纱、渣、插、匝、杂。

[o]：舌面、后、半高、圆唇元音。

发 o 时，舌头后缩，舌后部隆起，口半开，嘴唇收拢，略呈圆形；软腭上升，关闭鼻腔通道，声带振动。

o 做韵母的例子：波、菠、帛、勃、钹、箔、坡、颇、泼、婆、摸、膜、墨、沫、佛。

[ɤ]：舌面、后、半高、不圆唇元音。

发 e 时，舌头的位置，软腭和声带的活动与 [o] 一样，只是嘴唇形状是扁的。

e 做韵母的例子：戈、隔、疴、恪、刻、鹤、壑、褐、讷、热、猲、慑、遮、蛰、撤。

[ɛ]：舌面、前、半低、不圆唇元音。

发 ê 时，舌尖抵下齿背，舌面在口腔内处于半低的位置，口半开，嘴角向两边自然展开，唇形不圆；声带振动。

ê 做韵母的例子：诶。

普通话中，ê 不跟声母相拼，只出现在 i 和 ü 后，省去头上的"^"构成复韵母 ie 和 üe。

[i]：舌面、前、高、不圆唇元音。

发 i 时，舌尖下垂在下门齿背后，舌的前部隆起，口腔开口度很小，唇成扁形；声带振动。

i 做韵母的例子：鄙、庇、密、裨、堤、谛、圾、戟、汲、棘、妮、僻、蹊、畦、企。

[u]：舌面、后、高、圆唇元音。

发 u 时，舌头后缩，舌的后部隆起，口腔合拢，嘴唇收圆；声带振动。

u 做韵母的例子：不、埠、储、绌、搐、浮、甫、缚、锢、囫、掳、扑、蹼、祖。

[y]：舌面、前、高、圆唇元音。

发 ü 时，除了嘴唇向前撮成小圆孔形外，其他都跟发 [i] 相同。

ü 做韵母的例子：鞠、举、巨、桐、缕、女、去、渠、龋、许、煦、愉、伛、屿。

根据舌面元音发音时舌面隆起的最高点的位置，可将单元音韵母的发音情况画成一个舌面元音舌位图（图中的竖线表示舌位的前后，横线表示舌位的高低和口腔的开闭：从上到下，舌位由高到低，口腔由闭到开。每条竖线的右边表示圆唇，左边表示不圆唇。因此我们可以根据此舌位图发准每一个单韵母）。

（2）舌尖元音韵母 [ɿ]（前）、[ʅ]（后）

舌尖元音是发音时舌尖起主要作用的元音。舌尖元音韵母的发音情况如下：

[ɿ]（前）[ɿ]：舌尖、前、高、不圆唇元音。

发 [ɿ]（前）时，舌尖前伸靠近上齿背，气流通过狭窄的通路，但不发生摩擦，唇形不圆，声带振动。

[ɿ]（前）即舌尖前元音，是音节 [tsɿ]、[ts'ɿ]、[sɿ] 中的韵母。如果把"思"字拉长，取其后半，就是这个音。它很像 [tз]（[s] 的浊音），但是弱化了。

[ɿ]（前）做韵母的例子：孜、咨、孳、呲、梓、渍、疵、雌、茨、祠、嘶、巳、驷、寺、饲。

[ʅ]：舌尖、后、高、不圆唇元音。

发 [ʅ]（后）时，舌尖翘起靠近硬腭前部，中有通道，气流通过时不发生摩擦，唇形不圆，声带振动。

[ʅ]（后）即舌尖后元音，是音节 [tʂʅ]、[tʂ'ʅ]、[ʂʅ]、[ʐʅ] 中的韵母。如果把"知"字拉长取其后半，就是这个音。它很像 [ʐ] 的发音，但是弱化了。

[ʅ]（后）做韵母的例子：支、知、脂、执、纸、质、秩、吃、池、豉、炽、虱、矢、是、逝。

（3）卷舌元音韵母 [ɚ]

卷舌元音是发音时带有卷舌动作的元音。

[ɚ]：卷舌、央、中、不圆唇元音。

发 er 时，舌面中央升高到央元音 [ə] 的位置，口半开半闭，唇形不圆，声带振动；在发央元音 [ə] 的同时，轻巧地把舌尖向上一卷。

er 是用两个字母表示的特殊单韵母，其中 [ʴ] 是卷舌符号，不要混同于声母 [ʐ]。

er 自成音节的例子：儿、而、尔、迩、耳、饵、洱、珥、铒、二、贰。

2.复韵母

由两个或三个元音充当的韵母叫复韵母（也叫复元音韵母）。

复韵母的发音特点是：

第一，复韵母的发音不是两个、三个元音的简单拼合，而是由一个元音滑向另一个元音（中间包括过渡音）的复合过程。发音的时候气流不断，舌位、口形逐渐变动，中间没有明显的音界而形成一个整体。

第二，复韵母各元音在发音过程中其响度不同，其中有一个听起来最响亮、最清楚的元音，便是韵母的韵腹（主要元音）。韵腹前的元音是韵头（介音）；韵腹后的元音是韵尾（尾音）。韵腹是韵母的主干，韵头表示复韵母发音的起点，韵尾表示复韵母发音滑动的方向或终点。

普通话的 13 个复韵母中，有 9 个是由两个元音构成的，叫二合复韵母或二合元音；4 个由 3 个元音构成的叫三合复韵母或三合元音。

（1）二合复韵母

二合复韵母根据主要元音前后位置的不同，又可分为前响复韵母（前响二合元音）和后响复韵母（后响二合元音）。

首先，前响复韵母。

[ai]、[ei]、[αu]、[ɔu] 都是前响复韵母。发音时第一个元音响亮，第二个元音模糊。具体发音情况如下：

[ai]：发音时，先发 [a]，再向 [i] 的舌位滑去，但不到 [i]。[a] 受 [i] 的影响比单念时的舌位要前些（是前 α）。

[ei]：发音时，由 [ɣ] 向 [i] 的舌位滑去，但不到 [i]。[ɣ] 受 [i] 的影响与单念时的舌位不同，比中央 e 还靠前一点，高一点。

[αu]：发音时，由 [α] 向 [o] 的方向滑动。[α] 受 [o] 的影响舌位后移（发后 α）。[o] 的发音口形要闭些，其舌位高过 [o]，不到 [u]。

[ɔu]：发音时，由 [o] 向 [u] 的方向滑动。[o] 的唇形不像单念时那样圆，很接近中央 e；[u] 也比单念时的舌位低，口张得大一些。

以上 4 个二合复韵母在发音时，前一个元音响亮清楚，后一个元音轻短模糊。舌位移动的终点往往是不确定的（后一个元音表示舌头活动的方向）。这就是前响二合复韵母在发音上的特点。其结构特点是：韵腹在前，韵尾在后。

其次，后响复韵母。

[iA]、[iɛ]、[uA]、[uo]、[yɛ] 都是后响二合复韵母。其发音情况如下：

[iA]：发音时，舌位由 [i] 向央低元音 [a] 滑去。[i] 音不要太长，[α] 音要重些长些。

[iɛ]：发音时，舌位由 [i] 向 [ɛ] 滑动——刚发出 [i] 后，舌头一直紧贴下腭并前伸，口形迅速移向存。

[uA]：发音时，舌位由 [u] 向 [ɛ] 滑去，[u] 音不要太长，[A] 音要重些长些。

唇形由最圆逐步展开到不圆。

[uo]：发音时，舌位由 [u] 向 [o] 滑动。[u] 音较短，[o] 响而长。发音过程中，唇形保持圆唇，开头最圆，结尾时圆唇略减。

[yɛ]：发音时，舌位由 [y] 向 [ɛ] 滑动，[y] 音短，[ɛ] 响而长。唇形由圆到不圆。

以上 5 个二合复韵母发音时，都是前一个元音轻短模糊，后一个元音响亮清楚。舌位活动的终点是确定的（后一个元音的发音和单念时同）。这就是后响复韵母在发音上的特点。其结构特点是：韵头在前，韵腹在后。

（2）三合复韵母

三合复韵母是包含韵头、韵腹、韵尾结构形式完全的韵母。发音时，由第一个音滑到第二个音，再滑向第三个音，形成动程；前面的元音轻短，不响亮，中间的元音响亮清晰，后面的元音轻短含混。在整个发音过程中，舌位移动的终点是不确定的，所以三合复韵母也叫中响复韵母。其发音情况如下：

[iau]：发音时，由前高元音 [i] 开始，舌位降至后 [a]，然后再向后高圆唇元音 [u] 的方向滑动。舌位先降后升，由前到后，动程的曲折幅度大。唇形从中间的 [a] 开始由不圆唇变为圆唇。

[iəu]：发音时，由高元音 [i] 开始。舌位降至后 [o]（央元音 [ə] 偏后的位置），再向后高圆唇元音 [u] 的方向滑动。舌位先降后升，上前到后，动程的曲折幅度较大。舌位自 [o] 后逐渐圆唇。

[uai]：发音时，由后高圆唇音 [u] 开始，向前下方的前 [ɑ] 滑去，再向前高元音 i 的方向滑升。舌位先降后升，由后到前，动程的曲折幅度大。唇形由圆渐变为不圆。

[uei]：发音时，由后高圆唇 [u] 开始，向中央 [e] 的前高位置滑落，然后再向前高不圆唇元音 [i] 的方向滑升。舌位先降后升，由后到前，动程的曲折幅度大。唇形从最圆开始渐变为不圆。

中响复韵母发音的共同特点是舌位由高向低滑动，再从低向高滑动。中响复韵母开头的元音在音节里，特别是零声母音节里，常伴有轻微的摩擦。[iou]、[uei] 两个韵母在音节中受声调和声母的影响，中间的元音弱化，所以《汉语拼音方案》规定 [iou]、[uei] 前拼辅音声母时省写为 [iu]、[ui]。

3. 鼻韵母

鼻韵母即带鼻音韵母，又称复合鼻尾音。鼻韵母是由一个或两个元音与鼻辅音韵尾复合而成的。

普通话韵母有两个鼻辅音韵尾：-n 和 -ŋ。-n 也称前鼻尾音，其发音与声母

n- 基本相同，只是 -n 的部位比 n- 靠后，一般是舌面前部与硬腭接触，教学上仍做舌尖中浊鼻音。-ŋ 也称后鼻尾音，它的发音部位与舌根音[k]、[kʻ]、[x] 一样，发音时舌根上抬抵住软腭，气流从鼻腔出来，声带振动，为舌根浊鼻音。但是 -n 和 -ŋ 在发音的成阻阶段，发出轻微的鼻音后即终止声音，没有除阻阶段。

普通话有鼻韵母 16 个，其中以 [n] 为韵尾的韵母 8 个，即 [an]、[ən]、[in]、[yn]、[iæn]、[uan]、[uən]、[yæn]，它们叫前鼻韵母（即舌尖鼻音韵母）；以 ng 为韵尾的韵母 8 个，即 [ɑŋ]、[əŋ]、[iŋ]、[uŋ]、[iɑŋ]、[uɑŋ]、[uəŋ]、[yŋ]，它们叫后鼻韵母（即舌根鼻音韵母）。鼻韵母发音情况如下：

（1）前鼻韵母

[an]：发音时，先发前低不圆唇元音 [ɑ]，接着发不除阻的 [n]。从"前 ɑ"开始，舌面升高，舌面前部抵住硬腭前部。当两者将要接触时，软腭下降，打开鼻腔通路，紧接者舌面前部与硬腭前部闭合，使在口腔受阻碍的气流从鼻腔里透出，发不除阻的 [n]。口形先开后合，舌位移动较大。

[ən]：发音从央元音 [e] 开始，舌尖接触下齿背，舌面升高，舌面前部抵住硬腭前部，当两者将要接触时，软腭下降，鼻腔通道打开，紧接着舌面前部与硬腭前部闭合，使口腔内受阻碍的气流从鼻腔里透出，发不除阻的 [n]。口形由开到闭，舌位动程较小。

[in]：发音时，先发前高不圆唇元音 [i]（注意，舌尖要抵住下齿背）。然后舌前部向 [n] 的位置移动，当舌前部与硬腭前部闭合时，口腔内受阻的气流从鼻腔透出，发一个不除阻的 [n]。发音过程中，口的开口度几乎没有变化，舌位动程很小。唇形始终是展唇。

[yn]：发音时，先发前高圆唇 [u]；除唇形是从圆形逐步展开外，其他发音过程与 in 相同。

[iɛn]：发音时，从前高元音 [i] 开始，舌位向前 ɑ[a] 方向滑降，但只降到 ɛ（实际位置比 ê 低）就又要升高，直到舌前部抵到硬腭前部形成不除阻的 -n。

[uan]：发音时，先发后高圆唇元音 [u]，口形迅速由圆展开，舌面向前迅速滑降至前 ɑ[a]，然后舌位升高，发不除阻的 -n。

[uən]：发音时，先发后高圆唇音 [u]，然后向中央 [e] 滑降，接着舌位再向前升高发不除阻的 -n。唇形在舌头移动过程中由圆唇渐变为展唇。

鼻韵母 [uen] 受声母和声调的影响，中间的元音（韵腹）产生弱化。当 [uen] 前拼辅音声母时，《汉语拼音方案》规定 [uen] 写作 [un]。

[yɛn]：发音时，先发前高圆唇元音 ü。然后舌位向央低不圆唇元音 ɑ 滑降。但受韵尾 –n 的牵制，舌位在比央 ɑ 高的位置上就回升了，发不除阻的 –n。

（2）后鼻韵母

[aŋ]：发音时，舌头后缩，舌面后部抬起发后 ɑ[a]，软腭下降，打开鼻腔通道，舌根与软腭接触，封闭了口腔通道，气流从鼻腔透出，发一个不除阻的 –ng。

[əŋ]：发音时，先发中央 e，但舌位要比中央元音略高，然后，舌面后部抬起贴向软腭，发一个不除阻的 [ŋ]。

[iŋ]：发音时。先发舌面前高元音 [i]，然后舌后部隆起并一直后移，同时舌尖离开下齿背，逐步使舌后隆起部贴向软腭。舌根抵住软腭时，气流从鼻腔透出，发一个不除阻的 [ŋ]。

[uŋ]：起点音的位置是比 [o] 高，比 [u] 低的地方（从次高后元音 [u] 开始）。舌后部抵住软腭，气流从鼻腔透出，发不除阻的 [ŋ]。唇形始终拢圆。

ong 永远不能自成音节，只作韵母。

[iaŋ]：发音由前高元音 [i] 开始，舌位向后滑降到后低元音 ɑ[a]，然后舌位升高，发一个不除阻的 [ŋ]。

[uaŋ]：发音时，由后高圆唇 [u] 开始，舌位滑降到后 [ɑ]，然后舌位升高，发一个不除阻的鼻尾音 [ŋ]。唇形从圆唇在向折点元音的动程中变为展唇。

[ueŋ]：发音时，由后高圆唇 [u] 向中央 [e] 方向滑动，舌位在比中央 [e] 后高的位置折向上，舌面后部隆起，舌根抵软腭时，发一个不除阻的 [ŋ]。

在普通话里，ueng 永远不能与辅音声母相拼，它只有一种零声母的音节形式 uen g 。

[yuŋ]：发音时，由前高元音 [i] 开始，舌位向后略向下方向滑动至 o（实际舌位比 o 稍高），稍后舌位升高，舌根抵软腭，发一个不除阻的 [ŋ]。由于受后面圆唇元音的影响，开始的高元音也带上了圆唇动作，所以描写为 [yŋ]。传统汉语语音学把 iong 归为撮口呼韵母。

鼻韵母的发音要注意两点：

1. –n、–ŋ 是韵尾，只有与韵腹构成一个整体时才参与前后鼻韵母的区分，要确切体会鼻尾音的发音和听感性质。要求鼻韵母发音的过程完整，鼻尾音必须发到成阻音止。

2. 鼻韵母在发音时要注意主要元音（韵腹）的舌位有变化：前鼻韵母的韵腹为前元音；鼻韵母的韵腹为后元音。

（二）按韵母开头的元音分类

传统的语音分析根据韵母有无韵头和韵头的不同把韵母分为开、齐、合、撮"四呼"，即根据韵母开头元音的口形不同而把它们分为"开口呼韵母"、"齐齿呼韵母"、"合口呼韵母"和"撮口呼韵母"四类。

1. 开口呼：凡是不以 [i]、[u]、[y] 开头的韵母，统称为"开口呼韵母"。它包括 [i]、[u]、[y] 以外的全部单韵母和用 [ɑ]、[o]、[e] 开头的全部复韵母、鼻韵母。

2. 齐齿呼：凡是用 [i] 开头的韵母称"齐齿呼韵母"。它包括单韵母 [i] 和用 [i] 做韵腹或韵头的全部复韵母、鼻韵母。

3. 合口呼：凡是用 [u] 开头的韵母称为"合口呼韵母"。它包括单韵母 [u] 和用 [u] 做韵腹或韵头的全部复韵母、鼻韵母。

4. 撮口呼：凡是用 [y] 开头的韵母称"撮口呼韵母"。普通话的撮口呼韵母只有 [y]、[yɛ]、[yæn]、[yn]。

《汉语拼音方案》的"韵母表"把普通话韵母排成 4 个竖行，就是按照"四呼"的分类排列的。

普通话声母和韵母的拼合关系是有其规律的，而声韵配合的一般规律与韵母的开、齐、合、撮四呼有密切的关系：

开口呼韵母不能跟 [tɕ]、[tɕʻ]、[ɕ] 相拼，可以和其他声母相拼。

齐齿呼韵母不跟 [f]、[k]、[kʻ]、[x]、[tʂ]、[tʂʻ]、[ʂ]、[ʐ]、[ts]、[tsʻ]、[s] 相拼，可以和其他声母相拼。

合口呼韵母不拼 [tɕ]、[tɕʻ]、[ɕ]。

撮口呼韵母只能和 [n]、[l]、[tɕ]、[tɕʻ]、[ɕ] 相拼。

掌握以上规律，对我说准普通话很有帮助。

二、韵母辨证

各地方言的韵母系统跟普通话的韵母系统是不会完全相同的。学习普通话，既要掌握正确的韵母发音，也要求掌握自己方言中的韵母与普通话韵母的异同。

韵母的辨证，一般说来不外乎有前鼻音韵母与后鼻音韵母的分辨，齐齿呼韵母与撮口呼韵母的分辨，合口呼韵母与撮口呼韵母的分辨，合口呼韵母与开口呼韵母的分辨以及单韵母与复韵母的分辨。下面仅就方言中容易出现错误发音的韵母作辨证说明。

（一）前后鼻韵母的辨证

普通话中前、后鼻韵母基本上是一对一的关系，如 [in]-[iŋ]、[ən]-[əŋ]、[an]-[aŋ]、[iæn]-[iaŋ]、[uan]-[uaŋ]。但在全国大多数方言中，没有 [iŋ] 和 [əŋ] 韵，也就是将普通话中的 [iŋ] 的、[əŋ] 的字分别混入 [in] 韵、[ən] 韵中去了。还有些方言将[aŋ]韵念成[an]韵，将 i[iaŋ]韵念成i[iæn]，将 [uaŋ] 韵念成 [uan] 韵。因此，分辨前后鼻韵母就是这些方言区的人学习普通话韵母的难点和重点。

记住一些拼合规律，对普通话韵母辨证有重要的意义。例如，普通话 [t]、[tʻ] 两声母后只有 [iŋ] 韵，所以"丁、钉、顶、鼎、订"，"厅、听、庭、事、停"等字的韵母都是 [iŋ]。再如，普通话 n 声母后只有一个"您"字是 [in] 韵，其余都是 [iŋ] 韵。如"宁、拧、凝、柠、泞"等字的韵母都 [iŋ]；[pin] 音节没有上声字，[piŋ] 音节有上声字，所以，"丙秉饼炳禀"等字的韵母都是 [iŋ]。

（二）齐齿呼韵母与撮口呼韵母的辨证

广东潮州、海南、云南、贵州和湖北、山西一部分地区及客家话等汉语方言中没有 [y] 和以 [y] 开头的撮口呼韵母，这类韵母在这些地方多是 [i] 和以 [i] 开头的齐齿呼韵母。分辨齐齿呼与撮口呼的关键就是发准 [i] 和 [y]。发准 [i] 和 [y] 的关键在于把握好唇形，尤其要记住 [y] 的唇形一定要向前撮圆。另外，可以选用以下方法帮助辨证：

1. 记少不记多

撮口呼韵母只有 [y]、[yɛ]、[yæn]、[yn]4 个，它们只与 [tɕ]、[tɕʻ]、[ɕ]、[n]、[l] 相拼，普通话的 400 音节中，撮口呼音节只有 24 个，3500 个常用字中，也只有 259 个撮口呼韵母字，所以只要记住撮口呼韵母常用字的读音，就可分辨齐齿呼和撮口呼了。

2. 利用声旁类推

我们还可以利用形声字的声旁进行类推，以辅助性的方法来记字音。如"全"是撮口呼韵母 [yæn]，类推可知以"全"作声旁的"诠、荃、轻、铨、痊、筌、醛"等字的韵母都是 [yæn]；"乙"的韵母是 [i]，因此可知"艺、亿、呓、屹"的韵母也都是 [i]。

3. 对比辨音

例如：分期——分区、名义——名誉、容易——荣誉、季节——拒绝、雨季——语句

（三）合口呼韵母与撮口呼韵母的辨证

普通话的合口呼、撮口呼韵母在少数方言区会发生混淆，在武汉等地 [u]、[uən] 韵母的字读作 [y]、[yn] 的韵母，而且声母也相应变成了舌面音。辨证的方法可采取熟读词语法，即熟读舌尖后音与合口呼相拼的词语，然后将读成撮口呼的一部分音节改为合口呼的韵母。

（四）合口呼韵母与开口呼韵母的辨证

1.有些地方音将一部分普通话读 [y] 韵母的字，念成了开口呼复韵母 [ou]，这种情况可用下面的方法辨证：

（1）记住拼合规律

普通话里 [tou] 音节没有阳平声字，念 [t'ou] 的音节没有上声字。凡方言中念 [tou] 音节应改念为 [tu]，如"读、毒、独"；凡方言中念 [t'ou] 的应改念为 [t'u]，如"土、吐"。

普通话中念 [tsou]、[sou] 的音节没有阳平声字。方言中念 [tsou] 的应改念为 [tsu]，如"足、卒"；方言中念 [sou] 的应改念为 [su]，如"俗"。

普通话 [ts'ou] 音节的只有去声字"凑"，方言中念 [ts'ou] 为其他声调的字，韵母都应是 [u]，如"粗、促、猝、醋"等。

（2）利用声旁类推

例如：奴——弩孥帑駑努怒、卢——垆泸栌胪鸬颅鲈、娄——搂偻喽楼蝼髅耧篓镂瘘

2.普通话中一部分 [ɣ] 韵母字，有的汉语方言读作 [uo] 韵母（实际发音往往是单元音 [o]），如武汉、成都、扬州、长沙、厦门等地的方言。

这种情况辨证的方法有：

（1）练读相关词语

例如：厕所、车祸、恶果、恶魔、折磨、波折、薄荷、撮合、作者

（2）记住拼合规律

普通话里只有 [p']、[p']、[m]、[f] 后可以直接拼 [o]，除此以外的声母后念作 [uo]（[o]）韵母的，应改念作 [ɣ]。例如："和"念 [xɣ]，不念 [xuo]；"哥"念[kɣ]，不念[kuo]。

（3）利用声旁类推

例如：罗——啰萝猡椤锣箩（uo）、末——茉抹沫秣秼（o）、各——咯胳袼阁搁格骼硌铬（e）

3. 普通话合口呼韵母 [uan]、[uei]、[uən] 与 [t]、[t']、[n]、[l]、[ts]、[ts']、[s] 等声母相拼时，在某些方言中变成了开口呼韵母[an]、[ei]、[ən]，即丢失了韵头 [u]，如"队"念成了 [tei]，"团"念成了 [t'an]，"尊"念成了 [tsən]，等等。辨证的方法有：

（1）记住拼合规律

[t]、[t']、[ts]、[ts']、[s] 一般不与 [ei] 相拼（"得"、"贼"例外），却能与 [uei] 相拼，由此推知，"对、兑、推、腿、嘴、醉、碎、岁"等字的韵母是 [uei]。

[t]、[t']、[n]、[l]、[ts]、[ts']、[s] 不与 [ən] 相拼，能与 [uən] 相拼，由此推知"吨、敦、吞、豚、论、轮、尊、村、孙"等字韵母是 [uən]。

（2）利用声旁类推

例如：仑——伦沦纶论（[uən]）、段——缎煅椴煅锻（[uən]）

（五）某些韵母特殊读音的辨证

1. 在零声母音节中将 [ɣ] 念作 [ə]、[ɛ]、[a] 的，练读以下例字，将方音改读作 [ɣ] 韵母：额厄扼得德特勒格革疙咳刻客克核折哲浙车辙彻掣赊蛇舌佘设摄射社责泽择仄则侧测恻厕策瑟涩色遮者这

2. 在零声母音节中将 [u] 念作 [vu]、[m] 的，练读以下例字，将方音改读为 [u] 韵母：乌呜屋污巫坞勿无吴吾梧妩五伍武侮舞悟务雾误物文纹蚊闻袜吻忘网望

3. 将合口呼、撮口呼韵母中的 [u]、[y] 念作 [ɥ] 的，读以下例字，将方音改读为 [u] 或 [y] 韵母，或 [y] 起头的韵母：迂淤于盂予庚娱余愚隅俞愉瑜鱼渔宇雨语羽与禹御驭裕喻预妪峪郁煜曰悦越粤月阅渊冤元园圆袁辕垣原源员援。

4. 将 [ɚ] 念作 [ɯ][ə][ɣ][i] 的，必须练习正确发卷舌元音 [ɚ]，将舌尖向后卷的动作练得熟练，这样才不仅能发准 [ɚ] 音，还能自然地读出儿化音节来。练读以下词语：而且、儿歌、儿化、儿女、儿子、耳朵、耳机、耳坠、二胡、鸸鹋、诱饵。

第四节　普通话的声调系统

一、声调性质

声调是汉语音节中十分重要的组成部分，它是贯穿整个汉语音节发音的高低升降的变化。声调在汉语语音系统中有着不可替代的作用。汉语中由声母和韵母

组合而成的基本音节有 410 多个，远远不能满足人们的交际需要。为了区别不同的词义，需要给基本音节加上声调以收到准确表达思想感情的效果。在音节的声母和韵母不变的情况下，改变声调可以改变词语的意义。例如：

wuli：物理 wùlǐ、武力 wǔlì、无力 wúlì、无理 wúlǐ、兀立 wùlì

sheji：设计 shèjì、射击 shèjī、舍己 shějǐ、涉及 shèjí

由此可见，声调的重要作用在于区别词义。汉语音节的声母、韵母、声调三个组成部分都具有辨义作用。但从听感的角度来比较，在传递信息的功效方面，辅音的作用稍弱，元音的作用稍强，而声调的作用最强。声母、韵母的发音固然重要，但声调读得准确、清晰更为关键。声调不准确，语句的意思就可能大变。例如"买了你的麻——埋了你的马"，几个关键词语声调的改变就完全改变了句义。

声调不仅可以区别词义，有时还是区分词性的手段。例如：

好 hǎo（形容词）hào（动词）

钉 dīng（名词）dìng（动词）

另外，声调贯穿整个音节，而一个汉语音节往往写成一个字，所以声调主要表现为字调，合适地组合不同声调的字，可增强语言的音乐性和表现力，使语言更加和谐悦耳。

对于汉语而言，声调是非常重要的。声调是汉语区别于其他语言的主要特点之一。也正是因为这样，在普通话水平测试中，对声调的要求就显得更为严格。普通话的腔调在很大程度上取决于声调的准确度。

声调实际上取决于音高的变化，与音长也有一定的关系。音高有绝对与相对之分。绝对音高（如女性发音比男性高，小孩比老人高）没有辨义作用，声调由相对音高决定。每个人的绝对音高可以不同，但相对音高可以通过控制声带的松紧程度来变化，达到表义的效果。声调的音高从一个高度变化到另一个高度，其变化方式是逐渐滑动的，而不是跳动的。换言之，某个高度到另一个高度之间的任何高度都应该依次出现，不可中断，否则，自我们在发一个带声调的汉语音节时就有可能割裂该音节，造成误解。

二、普通话的声调

声调的音高变化可以凭人们的听觉来判断，音高变化有着或高或低、或升或降、或曲或直的走向和轨迹。这种音高变化的走向和轨迹称为调型。普通话中共有四种调型：起音高收音也高的"高平"调；起音不高不低收音高的"高升"调；

由较低起降至最低又升至较高的"降升"调；起音高而降至最低的"全降"调。

不同的调型自然有不同的实际读音。简略地说，声调的实际读音就是调值。稍稍详细地说，调值就是声调实际读音高低、升降、曲直、长短的形式。为了具体、形象地描写调值，我们一般采用"五度标记法"，即：调型为高平，调值标记为55；调型为高升，调值标记为35；调值为降升，调值标记为214；调型为全降，调值标记为51。

在一种语言或一种方言中，调值相同的字归在一起而建立起来的声调的类别称为调类。普通话有55、35、214、51四种调值，就归类命名为阴平、阳平、上声、去声四个调类。调值是声调的"实"，调类是声调的"名"，名与实结合才能完整地理解声调的概念。在《汉语拼音方案》中，规定了普通话声调的四个声调符号，也就是调号：—（阴平）、ノ（阳平）、∨（上声）、ヽ（去声）。声调是汉语音节的非音素性成分，它不是附加在音节开头或结尾处，而是贯穿于整个音节。不过，声调主要体现在声带振动、发音响亮的音素之上，因而它与韵母的关联更大，特别是与韵母中的主要元音联系紧密，所以，调号一般标在韵腹（主要元音）的上面。

值得注意的是，汉语语音还有轻声、变调现象。它们与声调有很密切的关系，但它们出现在语流之中，反映了音节与音节在组合过程中的语音变化。对贯穿单个音节的声调而言，它们并不是第五个或第六个调类。

普通话四声的音长也不相等。单音节发音时，上声音长最长，阳平次长，阴平稍短，去声最短。

三、声调辨证

普通话声调与现代汉语方言的声调都是从古代汉语声调演变而来的。方言区的人在学说普通话、提高普通话水平时，必须仔细观察自己方言语音系统中的声调与普通话声调的异同。普通话与方言在语音、词汇、语法上都有不同之处，而区别最大的在语音。语音中的声调差异又显得较为突出。我们常常听见某些人发音是标准的声母和韵母，但总觉得不像普通话的腔调，其主要原因在于对普通话声调缺乏全面、准确地把握。

既然声调这一概念包含了调类和调值两个方面，在辨证过程中，我们就主要从这两方面入手。

1.要弄清方言与普通话之间调类的对应关系

现代汉语方言的分区有一个十分重要的标准，就是依据方言调类的情况来划分。我们可以大体上将汉语方言分为北方方言和南方方言两大类型。从调类和数目来看，北方方言的声调较少，一般为 4 个，少则 3 个，多则 5 个，大多数方言点没有入声；南方方言则声调较多，最少 5 个，最多达到 10 个，一般是 6 到 8 个，且普遍有入声。

所以，方言区的人练习普通话声调时，首先应确定自己方言中声调的数目。然后与普通话四声对应起来练习。比如西南官话（如成都话）一般都有 4 个调类，按照跟普通话相同的归类方法，也分为阴平、阳平、上声、去声，因而对普通话声调的练习相对容易一些；湘方言（如长沙话）有阴平、阳平、上声、阴去、阳去、入声等 6 个调类，所以说湘方言的人在练习普通话声调过程中就必须考虑去声（分阴、阳）和入声与普通话声调的对应问题，相对要麻烦一些。

2. 弄清方言与普通话在调值方面的差异

辨明普通话与方言调类的异同后，还必须意识到这样一个问题：调类相同，但调值不同。汉语方言不管有多少个调类，总与普通话有相同或相通之处，比如一般都有阴平、阳平、上声、去声，因为普通话与方言的调类均来源于古代汉语的平、上、去、入四大类。可是普通话与方言调类相同的字，其调值不一定相同，而且通常调值是不同的。例如：普通话阳平和上声的调值分别是 35 和 214；在苏州话中，阳平和上声的调值分别是 24 和 52；在长沙话中，阳平和上声的调值分别是 13 和 41。由此可见，方言区的人应该切实改变方言声调的调值和掌握普通话调值，才能形成普通话的腔调。

3. 古代入声字在普通话中的读法

古代汉语中的入声字发展到今天，已分化到各种声调中去了。普通话中没有入声。古入声字在普通话中已经分派至阴、阳、上、去四声中了。方言中有入声的人在说普通话时要注意"入派四声"，按普通话声调去读；方言中入声已经消失而古入声字的归类与普通话有异的，要分辨和记住古入声字在今普通话中哪些字该读阴平，哪些字该读阳平、上声或去声。

据粗略统计，常用的古入声字约 600 个，在普通话中读阴平的略多于 20%，读阳平的将近 30%，读上声的不到 10%，读去声的最多，约 40%。我们在学习普通话时应首先了解哪些是今天人们还常用的古入声字。

了解常用的古入声字有哪些以后，应对照自己的方言，辨别发音，弄清自己的方言有无入声，古入声字在自己的方言中归入哪一个或哪几个调类。这样才不会简单地按方言调类与普通话调类的对应关系直接读出调值。如成都话中古入声字一般归入阳平，成都话阳平为 41，如果不考虑入声演变情况，就可能将"作业"误念成 zuóyé，将"膝关节"误念成 xíguānjié。总的说来，声调辨证就是要切实掌握普通话四声的准确读法，同时了解自己方言中的声调与普通话的对应关系，形成标准的调性，从而避免既不是普通话又不是自己方言的"新方言"。

普通话水平测试中，第一项单音节字词的检测对声调尤为关注。大量实践表明，许多被测人员往往将注意力放在自己较难分辨的声母和韵母上，忽略了声调的"调值"；在听感上就已经失去了普通话语音最显著和最基本的特征，进而影响了测试的第二、三、四项，在语音面貌上已落于下乘。单个音节的声调读不准，势必影响音节的串联，双音节词语、句子、篇章都不可能准确、顺畅地读下去。所以，在普通话训练和准备接受测试时应充分认识到声调在普通话语音系统中的重要性，并扎扎实实地听辨、练习，使自己的普通话声调逐步达到标准。

第五节　普通话的特殊音变

一、变　调

变调是指语流中某个音节因相邻音节声调的影响而发生的声调变读的现象。比如："美"、"好"两个字的声调都是上声，单念时，上声调值 214 都必须念完整。可是合在一起组成词语"美好"时，"美"受到后面"好"的声调的影响，就变读为阳平 35。

变调是语流音变中一种比较常见的现象，普通话四种声调在语流中都不同程度地存在着变读情况。当同声调的两个音节相连时，前一个音节的声调就会发生变化。例如：

阴平 + 阴平：高山，"高"的声调由 55 变读为 44。

阳平 + 阳平：同时，"同"的声调由 35 变读为 34。

上声 + 上声：永远，"永"的声调由 214 变读为 35。

去声 + 去声：到处，"到"的声调由 51 变读为 53。

相比较而言，上声相连时的变调最明显。

受语音生理性质和物理性质的制约，如果将单个儿音节的声调调值搬到语流中去，那么，读音就会拗口，吃力，不自然，语流的节奏和流畅就会受到破坏，从而使我们的语言失去节律美和音乐美。

普通话中常见的、明显的变调现象有：上声的变调、"一"的变调、"不"的变调和重叠形容词的变调。

1.上声的变调

（1）上声的调值是214，单念一个上声字或上声字处在词语末尾时，其调值不变。当上声字与其他音节结合时，则会产生调值上的变化，主要有：当上声与非上声相连时，上声变读为半上，即只降不升，调值为21。例如：打击、北京、早晨、语言、手艺、藐视。

（2）当上声与上声相连时，前面上声变读为阳平，调值为35。例如：感想、保守、阻挡、永远。

（3）当上声与轻声相连时，则根据轻声音节而定。

轻声音节由非上声字构成，上声变读为半上，调值为21。例如"委屈"、"老实"、"本事"，轻声音节分别由"屈 qu"、"实 shi"、"事 shi"构成。

轻声音节由上声字构成时，上声的变读有两种情况：一是遵循变读规则第一条，即变读为半上，调值为21。例如"耳朵"、"椅子"、"指甲"、"姐姐"，此时的轻声只是辅助音节。二是遵循变读规则第二条，即变读为阳平，调值为35。例如"把手"、"想法"、"打点"、"讲讲"，此时的轻声具有词汇意义。

（4）当三个上声相连时，变读规律则可根据语法结构来确定：在"单双格"结构中，变读规律为"ǎáǎ"，只要中间的上声变读为阳平（35），例如"很美好"、"总导演"；在"双单格"结构中，前面两个上声都变读为阳平，即"ááǎ"，例如"展览馆"、"处理好"。

（5）多个上声音节相连时，则以语法停顿为界，将其划分为多个词语，再按上述四条变读规律进行变读。例如：请你 / 给我 / 买两碗 / 炒米粉。

2."一"的变调

"一"的本调是阴平 yī，在单念、表序数（初一、第一）、词语末尾（统一、唯一）时，读本调；在与其他音节相连时，须变读，具体表现为：

（1）非去声前，变读为去声 yì，例如：一般、一边、一生、一遍、一旁、一盘、一同、一起。

（2）去声前，变读为阳平 yí，例如：一半、一带、一旦、一道、一定。

3."不"的变调

"不"的本调是去声 bù，在单念、非去声前时，读本调，例如：不同、不安、不公、不禁、不堪、不良、不妨、不等、不管。

而在以下情况则须变读，具体表现为：

（1）去声前，变读为阳平 bú，例如：不必、不但、不定、不断、不过。

（2）词语中间，变读为轻声。例如：差不多、行不行、对不起。

（3）当它出现在句末时，则相当于语气词，随语气的不同而读音不同。例如："我想到那儿去，行不？"

4. 重叠形容词的变调

这类词语的变调口语化比较强，是普通话语音体系中的一大特点，也是衡量普通话腔调是否纯正的一个方面。由于形容词的重叠方式不同，其音变规律也有所不同。形容词的重叠式和变调规律有以下四种情况：

（1）AA 式。这类重叠方式的形容词在口语中音变规律又可分为：

叠音部分不管是什么声调，都可变读为阴平，也可以不变。例如：白白、慢慢。

重叠后附有"的"，即"AA 的"，后 A 可变读为阴平，也可以不变。例如：白白的、慢慢地。

重叠后附有儿化即"AA 儿"或"AA 儿的"，后 A 一律变读为阴平。例如：白白儿、白白儿的，慢慢儿、慢慢儿地。

（2）ABB 式。这类重叠方式的形容词，叠音部分常常变读为阴平。例如：孤零零、红彤彤。

也有一些习惯上是不变读的，只能读原调。例如：金灿灿、红艳艳、气昂昂。

（3）AABB 式。这类重叠方式的形容词，后 A 变读轻声，B 变读为阴平。例如：痛痛快快、漂漂亮亮。

有少数词语不能变读。例如：轰轰烈烈、高高兴兴、密密麻麻、闪闪烁烁。

（4）A 里 AB 式。这类重叠方式的形容词，"里"变读为轻声，B 变读为阴平。例如：糊里糊涂、马里马虎、慌里慌张。

二、轻　声

轻声是指在一连串发音时，由于音节互相影响使某些音节失去原来的调值而变成一种既轻且短的调子的音变现象。由于声调符号与所代表的调值是一一对应的，所以轻声音节不标调号（但并不等于轻声音节没有声调）。

轻声有的具有区别词性和词义的作用，而更多的则不具备这种作用，读轻声也是使用习惯所致。南方方言区的人学习这一内容普遍感到困难，一是读音，二是判断，尤其是后者，因为轻声词语在形式上与一般词语没有两样，加上方言中又没有此类音变现象，所以判断起来很不容易。

1. 轻声的读音

轻声音节的读音与其本调没有关系，它是随前一个音节的声调的变化而变化。轻且短的调子的调值不好把握，我们用一种读音体会来描述：在阴平、阳平、去声后变读轻声的，应变读成一种低降调；在上声后变读轻声的，则应变读成一种半高平调。具体为：

（1）阴平＋轻声：轻声调值为2度，发成一个轻短的、低的降调。例如：东西、虾米、关系、衣裳。

（2）阳平＋轻声：轻声调值为3度，发成一个轻短的、低的降调。例如：黄瓜、菱角、脾气、明白。

（3）上声＋轻声：轻声调值为4度，发成一个轻短的半高平调。例如：马虎、嘴巴、暖和、反正。

（4）去声＋轻声：轻声调值为1度，发成一个轻短的、低的降调。例如：相声、利索、自在、困难。

（5）轻声主要是声调的变化，同时也会引起一些声母上的变化，使不送气的塞音、塞擦音浊化。例如：桌子、书记、胭脂、寒碜、磨蹭、秀气。

2. 轻声的判断

轻声词语有两类：一类是语音习惯读轻声的，这一类所占比例比较大，且没有规律可循，得靠多练多记；另一类是有一定规律读轻声的，可帮助进行判断。这里我们讨论后种，在普通话中，下列情况常常要求读轻声：

（1）助词"的、地、得、着、了、过"和语气词。例如：我的、十分地、说得好、跑着、看了、吃过、走吧、是吗。

（2）词语末尾的虚语素"子、头、儿、气"等。例如：房子、石头、花儿、秀气。

（3）表方位和趋向的语素或词。例如：树上、底下、屋里、上边、进来、出去、亮起来、淡下去。

（4）表复数的"们"和量词"个"。例如：我们、你们、同学们、一个。

（5）重叠式的名词和动词。例如：爷爷、星星、走走、说说。

三、儿　化

"儿化"是指词尾"儿"在口语中处于轻读的地位，与前面的音节连读而融合成一个音节，失去了独立性，使前面音节里的韵母或多或少地发生变化。儿化后的音节里带有卷舌色彩的韵母称作"儿化韵"。儿化的规范标志，汉字用"儿"表示，拼音用 r 表示。例如"树枝儿"、"小猴儿"。但是词尾是"儿"的并不都是儿化词的标志，儿化词中的"儿"没有实在的词汇意义，非儿化词中的"儿"则有实在的词汇意义。例如："健儿"中的"儿"就表示"运动员"的意思，因此不能读成儿化词。

普通话中的儿化也具有区别词义和词性的作用。例如："眼"和"眼儿"都是名词，"眼"的意思是眼睛，"眼儿"的意思则是小窟窿。"尖"和"尖儿"，前者是形容词，"细小"的意思，后者是名词，"细小的顶端"的意思。另外，儿化还表示细小的意义和亲切、喜爱的感情色彩，例如：小道儿、泥人儿、宝贝儿、小孩儿。

南方众多方言中基本没有儿化韵，在学习普通话儿化韵时往往存在着困难。

1.儿化音的发音

普通话中的韵母都可儿化，儿化韵的发音关键是：发准卷舌单韵母 er；在原韵母的基础上加上一个卷舌动作，与其融为一个音节。发音时要掌握以下几点：

（1）卷舌单韵母 er 的发音一定要有动程，即舌头卷起的动作，不能先将舌头卷起再发音，那样听起来生硬，不自然。

（2）保持原韵母中最后一个音素的唇形和开口度不变，同时加卷舌动作。卷舌动作以 r 表示。

（3）有几个韵母变读为儿化韵时，是在主要元音上加卷舌动作，而收尾音仍保留不变。"儿化"中只有韵母发生读音变化，声母和声调保持不变。

2.儿化韵音变规律

（1）韵母是[A]、[o]、[ɤ]、[u] 和韵尾 [A]、[o]、[ɤ]、[u]（包括[ɑu]、[iɑu]）的，儿化时直接加 r。

（2）韵尾是 [i]、[n] 的，儿化时先去掉 [i] 或 [n]，再在主要元音上加 r。

（3）韵尾是 [ŋ] 的，儿化时去掉 [ŋ]。再在主要元音加 r，且元音同时鼻化（~）。

（4）韵母是 [i]、[y] 的，儿化时直接加 er。

（5）韵母是 [in]、[yn] 的，儿化时去掉 [n]，加 er。

（6）韵母是舌尖元音 [i] 的，儿化时去掉 [i]，加 er。

（7）韵母是 [iŋ]、[yŋ] 的，儿化时去掉 [ŋ]，加鼻化的 er。

根据以上规律，普通话的所有儿化韵的读音归纳起来就是[A]、[o]、[ɣ]、[i]、[u]、[y]、[ɛ] 个单韵母的儿化读音。把它们读准了，也就掌握了儿化韵读音。

四、语气词"啊"的音变训练

普通话语流中，语气词"啊"在词句末尾，因受前面音节末尾音素的影响，读音上会发生变化。其变读规律是：

1. 前面音节末尾音素是 [A]、[o]、[ɣ]、[i]、[u]、[y]、[ɛ] 时，读作 [ia]。例如：是他啊！（[ia]）真多啊！（[ia])! 唱歌啊！（[ia]）真美啊！（[ia]）这么多啊 !（[ia]）明月啊！（[ia]）。

2. 前面音节末尾音素是 [u]（包括 [ɑu]、[iɑu]）时，读作 [uɑ]。例如：这药真苦啊！（[uɑ]）房子真高啊！（[uɑ]）多么美妙啊！（[uɑ]）。

3. 前面音节末尾音素是 n 时，读作 nɑ。例如：看啊！（nɑ）真甜啊！（nɑ）

4. 前面音节末尾音素是 ng 时，读作 ngɑ。例如：睡得真香啊！（ngɑ）插上了翅膀啊！（ngɑ）

5. 前面音节末尾音素是舌尖后元音 -i（后）、卷舌元音 er 或者是儿化韵时，读作 [ʐA]。例如：写诗啊！（[ʐA]）女儿啊！（[ʐA]）画画儿啊！（[ʐA]）。

6. 前面音节末尾音素是舌尖前元音 -i（前）时，读作 [tsA]。例如：真有意思啊！（[tsA]）用什么词啊！（[tsA]）

第四章　河北方言与普通话语音比较

第一节　河北方言语音的特点

一、河北方言声母特点

（一）开口呼零声母字在河北方言中的读音

除个别字外，普通话开口呼零声母字（"而儿耳二"除外）在河北各地方言中大多有声母，这些字的声母主要有三个：[n]、[ŋ] 和 [ɣ]。其中 [n] 分布在河北东部、东北部地区，如武邑、献县、蠡县、涿州、固安、大城、丰南、遵化、秦皇岛、抚宁、平泉、围场等地；[ɣ] 分布在邯郸中部、南部地区，如成安、临漳、大名、广平等地；[ŋ] 分布在除以上地区以外的大部分地区，如涉县、武安、永年、邢台、沙河、灵寿、平山、枣强、景县、南皮、东光、容城、涞水、滦县、乐亭、丰宁、崇礼、万全等地。另外，武强、深州两地声母为 [ɣ]，怀安部分字（古果流二摄）为 [n]，其余字为 [ŋ]。

上述开口呼零声母字在各市县方言中的声母情况是就市县政府所在地情况来说的，而其他与相邻市县接近的地区则可能与相邻市县方言声母相同。如满城、涿州、固安、丰南声母为 [n]，而满城西北部靠近顺平和易县的地区，涿州北部，固安西北部靠近北京市大兴和房山的地区，丰南靠近滦县和滦南的地区以及吴桥东北部地区声母读 [ŋ]。隆化方言声母读 [ŋ]，而隆化北部靠近围场的小部分地区声母读 [n]。馆陶方言声母读 [ɣ]，而该县东北部靠近临西、山东的地区声母读 [ŋ]。

在声母为 [ɣ]、[ŋ] 或 [ŋ]、[n] 的交界地区，也有两个声母都存在的情况。其中有的是自由变读，如：肥乡 [ɣ]、[ŋ] 常自由变读，老年人多读 [ŋ]，年轻人多读 [ɣ]；涞源老年人读 [ŋ]，但年轻人 [n]、[ŋ] 自由变读。有的地方存在两个声母因条件的不同而不同的情况，如涞水"挨掩庵揞暗安鞍按案"读 [n] 声母，其余读 [ŋ] 声母；霸州只有"嗷"读 [ŋ] 声母，其余读 [n] 声母。[ər] 音节的"而儿耳尔二"之外，开口呼零声母字在河北方言中也有读零声母的，但为数很少，各地情况也不相同，一般"阿啊唉"等多为零声母。

（二）合口呼零声母字在河北方言中的读音

合口呼零声母字在河北方言中或多或少存在摩擦现象：有的摩擦轻微，韵前有个半元音 w，如丰南、遵化、大厂、涿州等地；有的摩擦明显，韵前实际有个唇齿浊擦音 v 声母，如曲周、成安、邯郸、邢台、宁晋、高邑、赞皇、枣强、东光、吴桥、阜平、定州、阳原、崇礼、张家口等地；还有的地区 w、v 自由变读，因人因时而异，如唐山市、三河市等地。w、v 在河北方言中没有别义作用，在本章节中一般不列为声母。

（三）[ts]、[tʂ] 两组字在河北方言中的读音

河北省大部分地区有 [ts]、[ts']、[s] 和 [tʂ]、[tʂ']、[ʂ]，部分地区只有 [ts]、[ts']、[s]，也有一部分地区只有 [tʂ]、[tʂ']、[ʂ]。两组声母都有的地区，有的地区声母与普通话一致，即普通话的 [ts]、[ts']、[s] 在方言中也读 [ts]、[ts']、[s]，普通话读 [tʂ]、[tʂ']、[ʂ] 的字在方言中也读 [tʂ]、[tʂ']、[ʂ]，而另外一些地区则不一致，或是读 [ts]、[ts']、[s] 的字比普通话多，或是读 [tʂ]、[tʂ']、[ʂ] 的字比普通话多。另有个别地区，[ts]、[tʂ] 两组音合流为 [tʃ]、[tʃ']、[ʃ]。

1. 只有 [ts] 组没有 [tʂ] 组的主要分布在河北省西北部地区，如涞源、蔚县、阳原、怀安、万全、尚义、张北、崇礼、康保、沽源等地。另外，河北省西南部的涉县以及临漳县西南部也只有 [ts] 组。

2. 只有 tʂ 组没有 ts 组的主要分布在河北省东北部地区，如秦皇岛市的黄土坎、归提寨、山海关等地以及抚宁、青龙、昌黎、滦县、乐亭等县（市）的部分地区。另外，河北省南部魏县以及临漳的大部、大名西北部、广平南部、成安东南部也只有 tʂ 组。

3. [ts]、[tʂ] 两组字都有，但普通话的一部分 [tʂ] 组字读 [ts] 组，即普通话来自古知、庄、章三组，声母的 [tʂ]、[tʂ']、[ʂ]，在方言中因古韵摄及等呼的不同分化为 [tʂ]、[tʂ']、[ʂ] 和 [ts]、[ts']、[s]。这主要分布在河北省东部沧州、衡水的一些地区和张家口东部的几个县，如东光、南皮、盐山、泊头、孟村、海兴、青县、沧县、故城、武邑、景县、阜城、枣强、冀州、涿鹿、赤城等县（市）。此外，保定市东部的安新、雄县，廊坊南部的大城以及邢台东北部的隆尧等地也存在这种情况。须要说明的是，普通话的 [tʂ] 组字在各地的分化情况不完全一样。

4. [ts]、[tʂ] 两组字都有，但普通话的一小部分 [ts] 组字（一般是古入声字，

如泽择责测册策森涩色）在方言中读 [tʂ] 组或白读为 [tʂ] 组，如邢台市的沙河、南和，邯郸市的大名，沧州市的献县，石家庄市的无极，保定市的定兴、满城、顺平、涿州、唐县，廊坊市区及大厂、三河、永清、固安、霸州、文安、大城，承德市的围场、隆化等地。

5. 普通话 [tʂ] 组声母，韵母为 [ʅ]、[ɤ]、[u] 的音节，部分字在方言中声母为 [tɕ]、[tɕʻ]、[ɕ]，韵母也相应地变为 [i]、[iɛ]、[y]。这种读法分布在邢台东部的部分地区，如巨鹿、平乡、新河、南宫、广宗以及威县北部。另外，衡水市以及深州市南部也有这种情况。

6. 普通话 [ts] 组声母字（包括河北省分尖团音地区的尖音声母字），在河北省有些地区有人读为齿间音 [tθ]、[tθʻ]、[θ]，且大多是 [ts]、[tsʻ]、[s] 与 [tθ]、[tθʻ]、[θ] 两组声母自由变读，有人读 [ts] 组，有人读 [tθ] 组，因人因时而异，如滦南、滦县、广宗、宁晋、新乐以及威县北部等地。

7. 邯郸市的磁县南部与河南交界的地区、峰峰矿区的清流四村等地舌尖前音 [ts] 组与舌尖后音 [tʂ] 组合流为舌叶音 [tʃ]、[tʃʻ]、[ʃ]，如"知"声母为 [tʃ]。

（四）[ʐ] 声母字在河北方言中的读音

普通话 [ʐ] 声母字在河北方言中有 [ʐ]、[ø]、[l]、[z] 四种读法，其中，[ø]、[l] 两个声母分布在河北中南部地区，[z] 声母分布在西北部地区。大致说来，有以下几种情况：

1. 多数字为 [ʐ] 声母。这又可以分为以下三种情况：

（1）少数字（合口呼韵母前）为 [l] 声母，如柏乡、沙河等地。

（2）少数字（柔让软认等）为 [ø] 声母，如新河、高邑、大名、冀州、故城、海兴、沧县、文安、大城等地。

（3）少数字为 [l] 声母，另有少数字为 [ø] 声母，如馆陶、南和、临城等地。

2. 少数字为 [ʐ] 声母，多数字为 [ø] 声母或 l 声母，如涉县、邢台、内丘、任县、邱县等地。

3. 没有 [ʐ] 声母，普通话的 [ʐ] 声母字归入其他声母。这又可以分为以下几种情况：

（1）归入 [z] 声母，如涞源、张北、尚义、康保、沽源、万全、怀安等地。

（2）归入 [ø] 声母，如冀州、平乡等地。

（3）归入 [l] 声母，如清河、威县、临西、广宗等地。

（4）归入 [ø] 声母，如南宫、巨鹿等地。此外，保定市的定兴县 [ʐ] 与 [ʅ] 拼时摩擦很轻微，声母近于零。

（五）[tɕ]、[tɕ']、[ɕ] 声母字在河北方言中的读音

普通话的 tɕ 组字在河北省部分地区因韵母洪细的不同而分读为 [tɕ] 组和 [ts] 组（或 [tθ] 组），即分尖团音。河北分尖团的地区包括邯郸中东部、邢台大部、石家庄全部、沧州的一部分和保定南部。它们是：曲周、成安、邱县、馆陶、大名、永年、肥乡、鸡泽、广平东北部、临城、柏乡、任县、广宗、威县、沙河、南和、内丘、宁晋、平乡、临西、南宫、新河南部、巨鹿南部、邢台市区、高邑、晋州、赞皇、新乐、栾城、正定、辛集、无极、平山、灵寿、深州、任丘（北部除外）、清苑、安国、唐县、博野、蠡县、曲阳、望都、定州、高阳、阜平南部及东部、满城南部。此外，秦皇岛市及所辖各县个别字也读尖音，如：秋千 [ts'iou⁵⁵ts'iɛn⁵⁵]、继续 [tɕi⁵⁵sy⁵¹]。

（六）[k]、[k']、[x] 声母字在河北方言中的读音

在一部分韵母前为 [c]、[c']、[ç]，这时韵母也相应成为齐齿呼，如歌 [ccie]、课 [c'iɛᵒ]，但在其他韵母前仍为 [k]、[k']、[x]，如高 [ckɔu] 开 [ck'ai]，分化规律与古韵摄有关，如怀安。

（七）[n] 声母字在河北方言中的读音

普通话的 [n] 声母字，河北方言一般仍为 [n] 声母，但衡水市及武强、深州为 [ŋ] 声母。如：拿 [cŋɑ]、能 [cŋən]。

（八）[yŋ] 韵母零声母字在河北方言中的读音

普通话 [yŋ] 韵母零声母字在霸州方言中声母为 [z]，韵母为 [uŋ]，如"痈、拥、庸"读 [zuŋ]。其他 [yŋ] 韵母字同普通话。

二、河北方言韵母特点

（一）前鼻音韵母字在河北方言中的读音

普通话前鼻音韵母字在河北方言中的读音比较复杂。大体说来，有以下几种情况：

1.同普通话，如承德、秦皇岛、满城、固安等市县。

2.[an]、[nə] 两组前鼻音韵尾都消失，主要元音鼻化，如献县、海兴、故城、清河、无极等县市。

3.[an] 组鼻音韵尾消失，主要元音鼻化，如武强、冀州、井陉、平乡、广宗、大名等县市。

4.[an] 组鼻音韵尾不消失，但主要元音鼻化，如隆尧、高邑、临城、柏乡等县。

5. [ən] 组与 [əŋ] 组合流，即缺少 [ən]、[in]、[uən]，[yn] 几个韵母，如赤城、沽源、宣化、崇礼、阳原、武安、涉县等县（市）。

6. [ən] 组没有鼻音韵尾，读为 [ei]、[iei]、[uei]、[yei]，如晋州、辛集、高邑、临城等县市。

（二）后鼻音韵母在河北方言中的读音

河北省有些地方将普通话的部分后鼻音韵母读作鼻化韵，普通话的 [aŋ]、[iaŋ]、[uaŋ] 三韵母，阳原、崇礼、蔚县为 [ɔ̃]、[iɔ̃]、[uɔ̃]，张北、涿鹿、宣化、赤城、沽源等地为 [õ]、[iõ]、[uõ]，万全为 [ã]、[iã]、[uã]，怀安为 [ɔ̃]、[ɣõ]、[uɔɣ]。这组韵母与普通话的 [aŋ]、[iaŋ]、[uaŋ] 并不是完全对应的，如普通话的 [uaŋ] 音节以及 [b]、[p]、[m]、[f] 与 [aŋ] 相拼的音节，怀安韵母为 [uɔɣ]，如"棒、方、亡、汪"，其余 [aŋ]、[uaŋ] 韵母的字怀安均为 [ɔɣ] 韵母。

（三）入声韵

河北省有的地区有入声韵，但各地区入声韵的多少以及韵母都有差别。如：

武安 8 个：[aʔ]、[iaʔ]、[uaʔ]、[yaʔ]、[əʔ]、[uəʔ]、[iəʔ]、[yəʔ]

怀来 4 个：[aʔ]、[iaʔ]、uaʔ]、yaʔ]

赤城、沽源、万全、宣化、涿鹿 5 个：[aʔ]、[ɣʔ]、[iɛʔ]、[uoʔ]、[yɛʔ]

（四）[ər] 韵母在河北方言中的读音

普通话的 [ər] 韵母字"儿尔二而饵"等在河北方言中有不同的读音，多数地区仍为 [ər]，但部分市县有其他读音。有些地区为 [ɒ]，如曲周、成安、临漳、磁县、肥乡、临城、平乡、武强、冀州、高邑、赞皇；有些地区为 [ʅ]，如涉县、鸡泽、沙河、广平；有些地区为 [ɚ]，如正定、辛集、元氏、新河；有些地区为 [ɣ]，如迁安、迁西、青龙、抚宁。

（五）[a]、[ia]、[ua] 韵母在河北方言中的读音

普通话的 [a]、[ia]、[ua] 韵母在河北多数地区方言中仍为 [ɑ]、[iɑ]、[uɑ]，但有的地区为 [ɔ]、[iɔ]、[uɔ]，如成安、曲周、肥乡、鸡泽、沙河、新河、南和、辛集，有的地区为 [ɒ]、[iɒ]、[uɒ]，如深州、武强。

（六）普通话的 [o] 和 [uo] 韵母在河北方言中的读音

普通话的 [o] 和 [uo] 韵母，在河北方言中大多仍为 [o] 和 [uo]，但有些地区方言中没有 [o] 和 [uo]，普通话的这两个韵母在方言中读作 [ɣ]，[uɣ]，如盐山、平山、灵寿；有的地区只有 [uo] 没有 [o]，[o] 韵母在方言中读作 [ɣ]，如无极、丰南、玉田、滦县、迁安、迁西、平泉、围场；有的方言只有 [uɣ]，如成安的"多挪婆破"

韵母均为 [uɣ]。

（七）[li]、[ly] 音节在河北方言中的读音

有些地区把 [li]、[ly] 两个音节中的韵母分别读作其他元音，如怀来把 [li]、[ly] 分别读作 [lei]、[luei]；宁晋把 [li] 音节分为文白两种读法，其中文读同普通话，白读为 [lei]；张北把普通话的部分读作 [lɔ]；遵化、涿州、三河把普通话的部分 [lü] 音节读作 [luei]，如"驴吕虑"；遵化、廊坊市郊车沽港一带将"女"读作 [nuei]。

（八）[ɑi]、[uɑi] 两韵母在河北方言中的读音

普通话的 [ɑi]、[uɑi] 韵母在河北多数地区方言中仍为 [ɑi]、[uɑi]，但少数地区有其他读音。泊头、孟村、盐山、吴桥、海兴、献县等处为 [æ]、[uæ]；武安、平山、灵寿、文安、崇礼等县为 [ɛ]、[uɛ]；阳原为 [ei]、[uei]。普通话的 [pɑi] 音节字，大名方言为 [pɛ]，如"柏伯百"。

（九）[ɣ] 韵母字在河北方言中的读音

普通话的 [ɣ] 在河北方言中有不同读音。丰南的老派读 [ɣ] 为 [ɛ]；有的地区 [ɣ] 与部分声母相拼的一些字，韵母读为 [uo]，如满城、清苑将"蛾、鹅、俄、饿"等字读为 [uo]；大名、魏县、南和、南皮等地也将部分 [k'ɣ] 音节字读作 [k'uo]，如大名的"棵"和"颗"。大名、魏县等地的 [ɣ] 还有其他读音，如 [ɣ] 与 [tʂ] 组声母相拼，部分字韵母为 [ɛ]，如"遮、蔗"读 [tʂɛ]，"社、舍、射、赦"读 [ʂɛ]；[ɣ] 与 [k] 组声母相拼，部分字韵母也为 [ɛ]，如"刻、克"读 [k'ɛ]，"隔、革"读 [kɛ]，"核"读 [xɛ]。

（十）[ɑu]、[iɑu] 韵母在河北方言中的读音

普通话的 [ɑu]、[iɑu] 在河北方言中大多仍为 [ɑu]、[iɑu]，少数地区读不同的韵母，如武安、泊头、孟村、盐山、吴桥、海兴、献县、栾城、平山、灵寿、文安等地为 [ɔ]、[iɔ]；晋语区的张宣片，有的县将普通话 [ɑu]、[iɑu] 的古舒声字读作其他韵母，如阳原为 [ɛ]、[iɛ]，怀安为 [ɔu]、[iɔu]。

（十一）[ou]、[iou] 韵母在河北方言中的读音

普通话 [ou]、[iou] 两个韵母在河北部分地区方言中有不同的读音，如平山为 [ɑu]、[iɑu]，献县为 [ʌu]、[iʌu]，怀安、宣化、张北、尚义、盐山、海兴等地为 [əu]、[iəu]；部分应为 [əu] 韵母（即普通话 [ou] 韵母）的字（古流开一见系字），怀安为 [iəu] 韵母，如"沟、钩、勾"为 [꜀ciəu]，"扣、寇"为 [c'iəu꜄]，"偶"为 [꜅niəu]，"侯、猴"为 [꜀ɕiəu]。

（十二）[iɛ] 韵母在河北方言中的读音

普通话的 [iɛ] 韵母字在河北省部分地区方言中除一部分仍为 [iɛ] 韵母外，还有部分字为 [iæ] 韵母或 [iai] 韵母，如临西、故城、泊头、盐山、吴桥、孟村、海兴、沧县、南皮、东光等地"姐、解"的韵母分别为 [iɛ] 或 [iai]，武安这类字的韵母为 [iɣ]，沙河、成安韵母为 [iə]。

（十三）[yɛ] 韵母在河北方言中的读音

普通话的 [yɛ] 韵母字在涿州方言中为 [œ] 韵母，如"月、雪、确"；部分 [yɛ] 韵母字（古宕摄药韵见系字，包括"脚"），在平乡、邱县、魏县、馆陶方言中为 [yo]，如"学、约、确"。

（十四）[ei] 韵母在河北方言中的读音

普通话 [ei] 韵母与 [n]、[l] 相拼，部分字在河北一些地区方言中为 [uei] 韵母，如馆陶、大名、宁晋、南和、广平、沙河、邢台、巨鹿、涉县、武安、成安、曲周等地"雷、儡、垒、累、类、泪"等字读 [uei] 韵母。

（十五）[tuei]、[t'uei] 在河北方言中的读音

河北有些地区方言 [t]、[t'] 不与 [uei] 相拼，普通话 [tuei]、[t'uei] 两个音节读为 [tei]、[t'ei]，邱县、馆陶、巨鹿、新河、冀州、辛集、无极、深县、清苑、安国、蠡县、满城、安新、定州、望都、高阳、徐水等地都是这样。

三、河北方言声调特点

（一）不分阴阳平

河北省大部分地区平声都分阴阳，但张家口市除东部和南部以外的大部分地区，石家庄市的西部山区，唐山的部分地区则不分阴阳。

不分阴阳的地区有：赞皇、鹿泉、灵寿、平山、阳原、怀安、宣化、万全、尚义、张北、崇礼、康保、沽源、丰南、滦县、滦南。

（二）阳平上声合流

河北省大部分方言阳平、上声分属两个调类，少数方言阳平、上声合流，这主要分布在沧州市东中部地区以及保定市的定州。沧州市阳平、上声合流的县为沧县、青县、盐山、孟村、海兴。

（三）分阴阳去

河北方言的去声一般不分阴阳，但无极县中东部方言阴阳去区分很明显，都是降调，阴去为高降，阳去为低降，如：到≠稻，见≠件，救≠旧。古去声在曲

阳方言中也读两个声调，但浊去字与上声字合流，所以去声字只包括古清去和古
次浊入声字。

（四）保留入声

河北大部分地区方言入声已分派三声，但部分地区方言还有入声。有入声的
地区方言大多不分阴阳，如曲周、成安、临漳、磁县、肥乡、鸡泽、永年、武安、
涉县、南和、沙河、平山、灵寿、鹿泉、阳原、崇礼、张北、尚义、康保、宣化、
沽源、怀来、涿鹿、赤城。部分地区入声分阴阳，如赞皇、怀安、万全。这些地
区均有入声调，但入声字多少不等，均存在古入声字今转舒声的现象，如灵寿县
古全浊入声今多读平声。也有个别舒声字读入声的，如怀安县的"个、戈、稼、
蔗、赦"等。有的地区部分字有舒入两读，一般文读为舒声，白读为入声；或单
念读舒声，连读为入声。前者如鹿泉市的"拨、迫、习"，后者如鹿泉市的"月、
特、人"等。

（五）古舒声字的调类问题

古舒声字的今调类与普通话基本上对应，即阴平、阳平、上声、去声与普
通话的字大体一致，平声不分阴阳的对应于普通话的阴平、阳平，阳平、上声合
流的对应于普通话的阳平和上声，去声分阴阳的对应于普通话的去声。各地区也
或多或少地存在着古舒声字的调类与普通话不一致的情况。如晋语区的涉县，普
通话读阳平的字有些今读阴平，如"时、琵、魂、浑、仍"等；有些读上声，如
"嫌、寻、研、题、雄、符、扶、无、培、陪、裴、谈、痰、潜"等；普通话读上
声、涉县方言读阳平的字更多些，如"裸、汝、府、腑、俯、斧、抚、缕、屡、
拄、矮、米、体、每、儡、傀、悔、家、企、美、唯、伟、苇、讨、烤、卯、舀、
晓、某、亩、牡、篓、搂、狗、苟、口、偶、吼、否、扭、纽、柳、酒、瞅、有、
友、酉、芬、惨、览、揽、榄、缆、掩、敛、寝、枕、沈、审、婶、眼、阮、诊、
疹、敏"等。

第二节　河北方言与普通话常见语音差异

一、河北方言声母与普通话声母的主要差异

河北方言声母与普通话声母相比，一是数目多少的不同，二是字音归类的不同。

普通话有 21 个辅音声母，加上零声母，共 22 个声母。河北省大部分地区方言声母的数目与普通话不同。如石家庄、邢台、沧州、唐山的部分地区，声母为 23—25 个；而秦皇岛卢龙只有 19 个声母（含零声母），石家庄的井陉县有 20 个（含零声母）。所以，在学习普通话的时候，首先要弄清楚本地方言有多少个声母，其中哪些是普通话有而方言没有的，哪些是普通话没有而方言具有的。

第二个方面的问题是字音归类的不同，如同样一个汉字"人"，河北省有的地区读"[zən]"，声母为"[z]"，与普通话一致；而有的地区读 [in]，应归入零声母；还有的地方读 [lən]，声母为"[l]"。这就需要找出方言与普通话字音声母归类的对应规律，以便于纠正。

（一）[ts]、[ts']、[s] 和 [tʂ]、[tʂ']、[ʂ] 的分合

普通话的声母 [ts]、[ts']、[s] 是舌尖前音，又叫平舌音；[tʂ]、[tʂ']、[ʂ] 是舌尖后音，又叫翘舌音。河北方言中这两组声母与普通话不一致的情况有以下几种：

1. 只有 [ts]、[ts']、[s] 而无 [tʂ]、[tʂ']、[ʂ]，所有 [tʂ] 组字都读成 [ts] 组字。存在这种情况的有石家庄的井陉，张家口的张北、崇礼、沽源、怀安、蔚县、万全、康保、阳原，衡水的衡水市、冀州，保定的涞源，邯郸的涉县，邢台市临西的东南部等。

2. 只有 [tʂ]、[tʂ']、[ʂ] 而无 [ts]、[ts']、[s]，走＝肘，草＝吵，三＝山。分布地区有邯郸的魏县（城关及大部分地域），临漳的南部，秦皇岛所辖的抚宁、卢龙（主要是北部），唐山的乐亭、迁安两部分地区，邢台的巨鹿县北部等。

3. [ts] 组与 [tʂ] 相混，即虽然这两组声母都有，但字音与普通话不同。如沧州所辖东半部各县市，在与韵母 [A]、[ai]、[uai]、[uan]、[uɑŋ]、[uei]、[uən]、[uo]、[uŋ] 拼合时，声母几乎全都读成平舌音。例如"扎、摘、拽、专、庄、追、准、桌、中"等字，普通话都是 [tʂ] 声母字，而方言都读成 [ts] 声母字。但在与韵 [ɑŋ]、[ɤ]、[ən] 拼合时，绝大多数音节与普通话一致。而在与[an]、[ɑu]、[əŋ]、[ou]、[u] 等韵母拼合时，则有的与普通话相同，有的不同。如"缠、颤、超、朝、称、成、乘、仇"等字，声母与普通话一致，都读 [tʂ']；如"产、吵、炒、齿、翅、初、愁、锄、楚、触"等字，普通话声母是 [tʂ']，方言读 [ts']。

[ts] 组与 [tʂ] 组相混的，除上述沧州东半部几个县市外，还有保定的雄县，邢台的新河、清河及隆尧的部分区域，张家口的市区及涿鹿、怀来、尚义、赤城、宣化，秦皇岛的昌黎、卢龙的部分地区。但相混具体情况各有不同。

（二）[z] 的发音

普通话声母 [z] 是与 [tʂ]、[tʂ']、[ʂ] 发音位位置相同的浊擦音。河北方言中 [z] 的读法有以下几种情况：

1. 把 "[z]" 声母字读成 "[i]" 为韵头的零声母字。这种现象主要出现在衡水市、冀州市、深州、涉县、巨鹿（该县 "辱、乳、扔、仍" 四个字读 "[l]" 声母）、邢台（该地 [u] 韵母字读 [l] 声母，"热、日、辱、褥" 仍读 [z] 声母）等地。廊坊的大城分两种情况，合口呼韵母字（软、如等）仍读 [z] 声母，开口呼韵母字读零声母。

2. 把 "[z]" 声母读成 "[l]" 声母。这种现象主要出现在馆陶、南宫（个别字不读 [l] 声母而读零声母，如 "热"）、临西、广宗、威县等地。

3. 把 "[z]" 声母读成 [z]，[z] 是与 [ts]、[ts']、[s] 发音位置相同的浊擦音，发音时舌尖平伸与上齿背构成阻碍。主要分布地区有张家口的崇礼、沽源、张北、尚义、阳原、蔚县、万全、康保、怀安，保定的涞源，以及井陉县的部分地域。

（三）开口呼零声母前加 "[n]" 或 "[ŋ]"

普通话的 "阿、爱、恶、恩、欧、熬" 等都是开口呼零声母音节，开头没有辅音，而在河北大部分地区的方言中，这类音节的前面都加了辅音声母 "[n]" 或 "[ŋ]"。如把 "爱" 读成 [nai] 或 [ŋai]，把 "恩" 读成 [nən] 或 [ŋən]。加 "[n]" 或 "[ŋ]" 的分布情况如下：

加 "[n]" 的地区有：石家庄的辛集、井陉、深泽，张家口的蔚县，沧州西部各县，保定市以及满城、徐水、容城、博野、蠡县、安国，廊坊市及所辖市县，唐山及丰润、玉田、遵化、迁西、迁安，衡水的深州、武强、饶阳、安平、阜城、景县、武邑，秦皇岛所辖各市县（昌黎南部除外）。

加 "[ŋ]" 的地区有：邯郸和邢台所辖各市县，张家口除蔚县以外的各市县，沧州东部各市县，石家庄除辛集、井陉、深泽以外的各市县，保定西部的涞源、阜平、曲阳，唐山的滦县、滦南、乐亭、丰南、唐海，衡水及冀州、枣强、故城，以及昌黎县的南部。

（四）零声母音节中 "[u]" 变读成 "[v]"

普通话合口呼零声母音节，如 "挖、歪、为、晚、文、忘" 等，开头的第一个音素是 "[u]"，"[u]" 是圆唇的舌面元音，而河北的大部分地区都把 "[u]" 读成 "[v]"，"[v]" 是与 "[f]" 发音部位相同的浊擦音。普通话中没有这个辅音，当然也没有这个声母。

（五）分尖团音

尖音是指 [ts]、[ts']、[s] 这三个舌尖前音与齐齿呼、撮口呼韵母拼合的音；团音是指 [tɕ]、[tɕ']、[ɕ] 与上述两呼韵母拼合的音。普通话只有团音，没有尖音，或者说，普通话不分尖团音。河北部分地区的方言分尖团音，即方言中有团音，也有尖音。分尖团音的区域集中在中南部的邯郸、邢台、石家庄、保定、衡水、沧州、廊坊的一些市县，其他地区没有这种现象。

（六）[tɕ]、[tɕ']、[ɕ] 取代 [tʂ]、[tʂ']、[ʂ]

在衡水市、冀州西北部和邢台的新河、巨鹿、广宗、南宫的方言中，普通话的 [tʂɹ]、[tʂ'ɹ]、[ʂɹ]、[tʂu]、[tʂ'u]、[ʂu]、[tʂɣ]、[tʂ'ɣ]、[ʂɣ] 等音节的声母被 [tɕ]、[tɕ'] 、[ɕ] 取代，韵母也随之发生变化。

（七）[f] 和 [h] 相混

声母 [f] 和 [h] 的发音在河北省的绝大多数地区都不存在什么问题，只有青龙县 [f]、[h] 声母字相混，具体情况如下：

1.普通话读 [h] 声母，青龙县读 [f] 声母。例字：乎忽湖蝴胡狐户互洪华哗铧滑化画怀坏淮槐欢獾还环缓换唤涣痪幻患荒慌凰蝗惶黄蟥簧恍幌谎灰恢辉徽回蛔悔汇烩慧惠昏婚浑魂馄混秙活火货惑。

2.普通话读 [f] 声母，青龙县读 [h] 声母。例字：发房放粪分风逢佛肤蝠伏袯服府抚咐付富父复赋。

这种情况在抚宁县北部与青龙县相邻的地区也存在，多为把普通话 [f] 声母字读成 [h] 声母，如"访房发分抚"等。

（八）[ts]、[ts']、[s] 读成 [tθ、tθ'、θ]

普通话的 [ts]、[ts']、[s] 是舌尖前音，发音时舌尖抵住上齿背。而河北省的唐山、滦平、赵县、灵寿、元氏、鹿泉、栾城及邢台的广宗等地把这三个声母读成 [tθ、tθ'、θ]，这三个音是齿间音，发音时舌尖伸到上下齿之间，发音方法与 [ts]、[ts']、[s] 相同。普通话中没有这种齿间辅音。

（九）n 读成 ȵ

河北省的大部分地区方言都把齐齿呼、撮口呼韵母前的"n"声母读成 ȵ。ȵ是舌面前浊鼻音，发音方法与"n"相同，发音部位同 [tɕ]、[tɕ']、[ɕ]。例如：年 [ȵian]、娘 [ȵiaŋ]、你 [ȵiɑŋ]、女 [ȵy]。普通话没有这个声母。

河北省方言声母与普通话的差异除上述九种以外，各市县，甚至各乡、村可能还有一些个别的特殊的读法，本书不可能尽述。不同方言区的人们可根据本书的简要说明，结合自身的实际情况，自己去分辨、归纳。

二、河北方言韵母与普通话韵母的主要差异

在河北方言中，韵母的变化十分复杂。就其错误类型而言，它要高于声母，但从总体错误率上看，它又低于声母，有时一种错误所涉及的音节仅仅几个，有的还难于找到规律，显得十分零散。因此，河北方言韵母问题实际上是方言研究上的一个难点。

就韵母的数量而言，普通话韵母共有 39 个，而河北方言韵母则数量不等，属于晋语区的鹿泉话，其方言韵母多达 42 个，而属于冀鲁官话区的唐山话，个别县区的韵母仅有 32 个。

就韵母的读音而言，普通话中的韵母在河北方言中有各式各样的变读情况，像属于晋语区的方言中，许多前鼻韵母常常被丢掉前鼻韵尾"[n]"，因此，邯郸人讲"邯郸"，往往让人听之为"哈达"，磁县人说"半斤"，又很易让人听成是"八斤"。属于冀鲁方言区的方言中，有些地方常常将 [y] 变读为 [i]，于是，"吃鱼"便成了"吃姨"，"缘分"则成了"盐分"。

由此可见，河北人学习普通话，必须十分重视韵母问题。了解河北方言韵母的特点，对于河北人来讲，特别是对于语言研究的学者来讲，应该是一个十分重要的课题。因此，我们要对河北方言韵母作一次全面的分析。

（一）单韵母差异

1. [o]

普通话韵母 [o] 的发音特点是舌位半高、舌头后缩、圆唇。在河北方言的冀鲁官话区中，[o] 几乎都被读成了 [ɤ]，即当 [o] 与声母 [p]、[p']、[m]、[f] 相拼合时，这一方言区的人都读成了 [pɤ]、[p'ɤ]、[mɤ]、[fɤ]，属于北京官话区的平泉、围场、兴隆、青龙等县也有这种错读现象。除此之外，属于晋语区的阳原、崇礼、怀安、沽源以及属于冀鲁官话区的赵县、高邑、武邑、辛集、武强等县市，则又将 [o] 读作 [uo]；而属于晋语区的平山、武安等县市，则又将 [o] 读成 [ue]。

2. [ɤ]

[ɤ] 在普通话中是舌位半高、舌头后缩、不圆唇韵母，这一韵母反映在河北方言中则有好几种变读情况：

（1）[ɤ] 变 [ər]

当韵母 [ɤ] 与声母 [tʂ]、[tʂ']、[ʂ]、[z] 相拼合时，石家庄周围各县以及邢台东部、

衡水周围各县市往往带有卷舌动作，读音类似儿化韵 [ər]。

（2）[ɣ] 变 [uo]

属冀鲁官话区的泊头、南皮、东光、海兴、孟村、及属晋语区的沙河、磁县等地，当韵母 [ɣ] 与 [k]、[k']、[x]、[ʐ] 等声母相拼合时，常常把部分音节中的 [ɣ] 读成 [uo]，如"贺"读作 [xuo⁵¹]，"饿"读作 [wo⁵¹]，"热"读作 [ʐuo⁵¹] 等。

（3）[ɣ] 变 [ai]

当 [ɣ] 与 [ts]、[ts']、[s] 相拼时，属冀鲁官话区的沧衡片及保定、石家庄各县市，常常把 [ɣ] 读作 [ai]，如"则、择、责、侧、策、册、涩、瑟、啬、色"等字，在沧衡片常读作 [tsai]、[ts'ai]、[sai] 等音，保定、石邢片各县除韵母外，声母也随之有所变化，往往将这些字读作 [tʂai]、[ts'ai]、[ʂɑi] 等音。

3. [u]

[u] 在普通话中属舌位高、后、圆唇韵母，而在冀鲁官话区的阜城、故城、景县、威县、南宫、枣强以及泊头西部等地，当 [u] 与 [tʂ]、[tʂ']、[ʂ]、[ʐ] 相拼合时，常被读得近似儿化，像"珠、初、书、如"等字，该方言区的人往往读成 [zhur]、[chur]、[shur]、[rur] 等音。

另外，当 [u] 与 [ʐ] 相拼合时，武邑、衡水、泊头、南皮等县市，还常将 [u] 读作 [y]，声母 [ʐ] 也随之变读成 [y]，像"如、褥、入"等字，这几县市便读作 [y]。

4. [y]

[y] 在普通话中是舌位高、前、圆唇韵母，当其独立成音节或与声母 [tɕ]、[tɕ']、[ɕ]、[n]、[l] 拼合时，石家庄西北部各县以及保唐片方言中，常常把 [y] 读作 [i]，如"鱼"、"举"、"区"、"虚"、"女"、"驴"等字，在如上各地方言中便分别读为 [i³⁵]、[tɕi²¹⁴]、[tɕ'i⁵⁵]、[ɕi⁵⁵]、[ni²¹⁴]、[li³⁵] 等音。沧衡片的个别字也有这种变读现象，像"去不去"就常被说成"[tɕ'i⁵¹pu³⁵tɕ'i⁵¹]"。

当 [y] 与 [n]、[l] 相拼时，唐山的个别县还有读 [uei] 的现象，如"毛驴"读成 [mɑu³⁵luei³⁵]，"妇女"读成 [fu⁵¹nuei²¹⁴] 等。

5. [ər]

[ər] 在普通话中是一个特殊的卷舌韵母，其发音的特殊性反映在方言里也形态各异。

（1）[ər] 变 [ɯ]

[ər] 在涞源、迁西、迁安及滦县的部分地区，发音时往往缺少卷舌动作，而是读成一个不卷舌的单元音 [ɯ]。[ɯ] 是国际音标，其发音特点是舌位后、高、不圆

唇，也就是发 [u] 时唇形变扁。

（2）[ər] 变 ɑr

承德市周围几县市的人发 [ər] 时，往往开口度偏大，使 [ər] 变 ɑr。

（3）[ər] 变 e

保定西部山区备县发 [ər] 时，往往失去卷舌动作，从而使卷舌韵母 [ər] 变成了单韵母 e，如"儿子"在这一地区便读成了"蛾子"，"二"读成了"饿"。

（4）[ər] 变 [ɭr][ɣr]

在邯郸、邢台所属各县以及石家庄各县市的方言中，[ər] 常被读作 [ɭr]，或读作 [ɣr]。

[ɭr] 是用国际音标表示的舌尖后边音，其实际读音是舌尖抵住上腭，气流从舌头两边流出，稍带摩擦。

[ɣr] 也是用国际音标来表示的，[ɣ] 比 [e] 的舌位靠后，[r] 也是表示卷舌动作。

（二）复韵母差异

1. [ɑi]

石家庄、栾城、赵县、元氏、平山、井陉、鹿泉、赞皇、灵寿、高邑、魏县、大名、馆陶、邱县、广平、新乐、藁城、蔚县、万全、康保、崇礼、怀来、沽源、赤城等县市，发[ɑi]时口形偏小，且唇形、舌位无变化，使复韵母[ɑi]变得类似于单韵母 [ɛ]。像普通话中的"白、才、呆、灾"等字，在这些县市的方言中读成了 [pɛ]、[tsʻɛ]、[tɛ]、[tsɛ] 等音。

阜平、曲阳、怀安、尚义、阳原等县，则是将[ɑi]读成了 [ei]，像普通话中的"白、才、开、太、来、埋"等字，在这些县方言中，分别读成了 [pei]、[tsʻei]、[kʻei]、[tʻei]、[mei] 等音。

2. [uɑi]

[uɑi] 韵母除去韵头 [u] 后，也便成了[ɑi]，其在方言中的变读情况实际与 [ɑi] 相同，如石家庄等县市的方言中，[ɑi] 变读为 [ɛ]，[uɑi] 也就相应地变读为 [uɛ]，在曲阳等县方言中，[ɑi] 变读为 [ei]，[uɑi] 也就就相应叫变成了 [uei]。

3. [uai]

邯郸、武安、涉县、曲周、魏县、大名、广平、南宫、邢台、元氏、鹿泉、灵寿以及衡水周围各县市，当韵母 [ei] 与 [l] 相拼时，往往使 [ei] 变读为 [uei]，如"雷、垒、磊、类、泪、累、擂"等字，其读音在方言中都成了 [luei]。

平山、井陉等县，当韵母 [ei] 与 [p]、[pʻ]、[f]、[l] 相拼合时，则是将 [ei] 变读为[ɑi]，像"背、陪、肥、煤"等字，其读音便成了 [pai]、[pʻai]、[fai]、[mai] 等。

4. [uei]

属于冀鲁方言区的保定、石邢片各县市，当韵母 [uei] 遇声母 [t]、[tʻ] 时，往往失去韵头 [u]，使 [uei] 变成 [ei]，于是，像"腿、对"之类的字，便被读成了[tʻei]、[tei] 等音。而灵寿的变读现象更广，韵母 [uei] 除遇 [t]、[tʻ] 失去韵头外，遇 [ts]、[tsʻ]、[s]、[tʂ]、[tʂʻ]、[ʂʻ]、[ʐ] 等声母时，也有失去韵头的现象。这样一来，像"崔、最、虽、追、吹、水、锐"之类的字，其读音也就变成了 [tsʻei]、[tsei]、[sei]、[tʂei]、[tʂʻei]、[ʂʻei]、[ʐei] 等。

平山、井陉等县，[uei] 的变读情况又属一类，当韵母 [uei] 与声母 [k]、[kʻ]、[x]、[tʂ]、[tʂʻ]、[ʂ]、[ʐ] 相拼合时，常被读成 [uɑi]，于是，像"贵、亏、会、追、吹、水、瑞"之类的字，便读成了[kuai]、[kʻuai]、[xuai]、[tʂuai]、[tʂʻuai]、[tʂʻuai]、[ʐuai] 等音。

5. [ɑ u]

平山、井陉、鹿泉、栾城等县，韵母[ɑu] 发音的开口度较小，且唇形、舌位无变化，读音近似于单韵母 [o]，像"刀、靠、老"等字，其读音便成了 [to]、[kʻo]、[lo]。

6. [i ɑ u]

在平山、井陉、鹿泉、栾城等县，韵母 [iɑu] 的发音错误与[ɑu] 一样，也就是说，[iɑu] 除去韵头后，剩下的[ɑu] 仍然读得近似于单韵母 [o]，于是，像"料、笑、描"之类的字，其读音就演变成了 [lio]、[xio]、[mio]。

7. [iɛ]

沧州所辖各县市以及阜城、景县、大名、馆陶、邱县、永年等地的方言中，韵母 [iɛ] 往往变读为 [iai]，这样，"街、鞋"之一类的字就演变成 [tɕiai]、[ɕiai] 了。

无极、赵县、栾城、鹿泉、平山、高邑、新乐等县的方言中，韵母 [iɛ] 的后一个元音 [ɛ] 读得舌位靠后，其读音近似于单元音 [ɣ]。像"爹、节、歇、灭、业"之类的字，常常被变读为 [tiɣ]、[tɕiɣ]、[ɕiɣ]、[miɣ] 等音。

8. [yɛ]

韵母 [yɛ] 在河北方言的冀鲁方言区中，大多变读为 [iɑu]，像"约、觉、雀、学、略、虐"等字。常被读作"[iɑu]、[tɕiɑu]、[tɕʻiɑu]、[ɕiɑu]、[liɑu]、[niɑu]"等音。

在高邑、赵县、新乐、故城、无极、平山、栾城、鹿泉、井陉等地。e 则是变读为 ü[v]。而大名、魏县、馆陶等地，又是将 [yɛ] 变读作 [uo]。

9. [uo]

在冀鲁官话区的沧衡、保唐片，当韵母 [uo] 与 [k]、[k']、[x]、[n]、[l]、[ʐ] 等相拼合时，其读音常变作 [ɣ]，如"过、扩、豁、挪、落、若"之类的字，其读音便变成了[kɣ]、[k'ɣ]、[xɣ]、[nɣ]、[lɣ]、[ʐɣ]。当 [uo] 与 [ʐ] 相拼合时，有的地方还变读作[ɑu]，橡"弱、若"等字，便被读成 [ʐɑu]。

（三）鼻韵母差异

1.[an]、[iæn]、[uan]、[yæn]

（1）鼻音失落

灵寿、平山、元氏、赞皇、邯郸、永年、磁县、曲周、鸡泽、肥乡、成安、临漳、广平、涉县、武安等地的方言，读 [an] 组韵母时，常常失落鼻音韵尾，从而使"班、牵、官、怨"之类的字常常被读成 [p'A]、[tɕ'ia]、[kuɑ]、[uɑ] 等音。

（2）鼻音弱化

张家口、万全、康保、蔚县、石家庄、新乐、正定、栾城、藁城、赵县、高邑、辛集等地方言读 [an] 组韵母时，鼻音韵母常被弱化,[an]、[iæn]、[uan]、[yæn] 在这些地区便被读成了 aⁿ、iɑⁿ、uɑⁿ、üɑⁿ 等音。

（3）鼻音韵尾失落，元音鼻化

张北、宣化、怀来、怀安、赤城、涿鹿、沽源、无极、晋州、深泽、深州等地读[an]组韵母时，在失落韵尾之后，又使元音[A]带上鼻音，从而形成[A]、[ia]、[uɑ] 等鼻化音。

尚义、崇礼、阳原、井陉、鹿泉等地发[an]组韵母时，不仅鼻音韵尾失落，而且其中的元音[A]舌位有所提高，口形稍稍变小，并出现鼻化，从而使[an]组韵母分别转化为 [ɛ]、[iɛ]、[yɛ] 等鼻化音。

（4）失去韵头

唐山、秦皇岛、承德等地方言中，韵母 [uan] 与声母相拼合时，常常失去韵头 [u]，像"滦、暖"之类的字，便读成了 [lan]、[nan] 的音。

（5）韵头 [y]、[i]

在唐山方言中，韵母[yæn]与[tɕ]、[tɕ']、[ɕ]相拼合时，常使韵头[y]变读为[i]，如"源泉"读作 [yæn³⁵tɕ'yæn³⁵]，"捐献"读作 [tɕiæn⁵⁵ɕiæn⁵¹] 等。

2. [ən]、[in]、[uən]、[yn]

（1）[n] 变 [ŋ]

井陉、平山、张家口、宣化、张北、赤城、涿鹿、怀来、万全、康保、蔚县、沽源、崇礼、阳原以及保定西部各县方言中，韵母 [ən]、[in]、[uən]、[yn] 中的鼻音韵尾常被换成后鼻音韵尾，即 [ən]、[in]、[uən]、[yn] 分别被读成了 eng、ing、ueng、iong，于是，"根本"成了 gēng běng。

（2）韵尾失落，元音鼻化

尚义、怀安、无极等地的方言，[ən]、[in]、[uən]、[yn] 几个韵母的鼻音韵尾常常失落，取而代之的是元音鼻化，于是，[ən]、[in]、[uən]、[yn] 便分别变成了 [ɛ]、[iɛ]、[yɛ]。

（3）鼻音 [n] 变元音 [i]

鸡泽、永年、临城、沙河、晋州、辛集等地方言，[ən] 组韵母的鼻音韵尾常常失落，取而代之的是韵尾 [i]，于是，[ən]、[in]、[uən]、[yn] 即分别变成 [ei]、[iei]、[uən]、[yei]，像"半、今、昆、云"之类的字即变读成 [pʻei]、[tɕiei]、[kʻuei] 了。

（4）失去韵头

在唐山方言中，韵母 [uən] 在与声母拼合时，常常失去韵头 [u]，如"丰润"便读作 [fəŋ55ʐən51]。

（5）元音 [y] 变 [i]

在唐山方言中，韵母 [uən] 与声母拼合后，其中的 [y] 往往变成 [i]，如"均匀"被读作 [tɕin55in35]。

3. [uŋ]、[yŋ]、[uɑŋ]

万全、康保、蔚县、怀安等县读如上几个韵母时，往往失掉后鼻音 [ŋ]，使这几个韵母变成鼻化韵。于是，[uŋ]、[yŋ]、[uɑŋ] 也就分别变成了 ɑ、iɑ、uɑ（ɑ 上加 ~）。

张家口、张北、宣化、赤城、涿鹿、尚义、沽源、阳原等县，读如上几个韵母时，不仅失去后鼻音韵尾 [ŋ]，而且元音 ɑ 也随之变为 o，使 [uŋ]、[yŋ]、[uɑŋ] 分别读作 o、io、uo（o 上加 ~）。

4. [ən]、[iŋ]、[uən]、[yŋ]

尚义、怀安读如上几个韵母时，往往和前鼻韵母 [ən]、[in]、[uən]、[yn] 一样，都变读作 ê、iê、uê、üê（ê 上加 ~）。

三、河北方言声调与普通话声调的主要差异

各种方言与普通话之间，声调有很大差异。河北方言的声调与普通话的差异比声母、韵母都大，情况也最为复杂，是河北人学好普通话的难点和重点。河北方言的声调从调类上说，可以分三种情况，即三个调类、四个调类和五个调类。

（一）三个调类，分为两种情况

1.只有平声、上声、去声三个调类

即平声不分阴阳，普通话里有区别的阴平字、阳平字在这些方言中读相同的调值。如滦县、滦南、丰南、井陉、行唐等县，"声明"的调值为44。

2.只有阴平、上声、去声三个调类

阳平与上声调值相同，为一个调类，即普通话中的阳平、上声字在这些方言中读相同的调值。如孟村、盐山、海兴、黄骅、青县、定州等市县。再如，"词典"的调值也是44。

（二）河北方言的大部分地区是四个调类，但其具体归类又分三种情况

1.与普通话的调类、调值完全相同

如北京官话区的承德、平泉、宽城、滦平、丰宁、围场、廊坊、固安、香河、大厂、三河、涿州等市县，调类是阴平、阳平、上声、去声四个，调值分别县55、35、214、51。

2.与普通话调类相同，调值不同

这种情况在河北是大多数，主要分布在冀鲁官话区和中原官话区。这些方言区的四声调值与普通话差异较大，普遍偏低。而普通话四声调值的特点是高音成分多，在五度标记法上基本达到了"5度"，具体描写如下：

（1）阴平：普通话的阴平是高平调，调值为55，如"居安思危"。而河北方言发阴平调时有的起点低，调值为44、33、22；有的调形不够平直，调值为23、45、324。例如：武强、献县、文安等县读"居安思危"时，调值为33；石家庄读"居安思危"时，调值为23；而沧州的大部分市县将阴平调读成曲折调，读"居安思危"时，调值为324。

（2）阳平：普通话的阳平是中升调，调值为35，如"文如其人"，河北方言的阳平调调值则较复杂。有的读成降调，调值为54、53、43、42、31不等，如石家庄、邢台、邯郸、衡水、张家口的部分市县；有的读成低平调，调值为33或22，如保定、唐山读"文如其人"时，调值为213；还有的读成降升调，如曲阳、顺平等地区。

（3）上声：普通话的上声是降升调，调值为214，如"岂有此理"。河北方言的上声调则以平调为最多，调值为55、44不等。如石家庄、邢台、邯郸的部分市县读"岂有此理"时，调值是55。还有一部分是高降调。如内丘、隆尧、巨鹿、任县、南和等县，调值是53。有一部分虽是曲折调，但上升不到位，起点又偏高，调值是 313，如保定、唐山的大部分市县。

（4）去声：普通话的去声是高降调，调值为 51，如"面面俱到"。河北方言的去声发音大多起点偏低，并且下降不到位，调值为 53、52、42、41、31 不等。如唐海、滦南等县读"面面俱到"时，调值是 42；沧州各县读"面面俱到"时，调值是 31。也有的地区把去声读成降升调，调值为 512、412、312、213 不等，如张家口、邢台、邯郸的一些市县；个别地区把去声读成升降调，调值为 452，如滦县等地区。

3. 与普通话的调类、调值都不同

河北方言有的地区虽然也是四个调类，但这四个调类不是阴、阳、上、去，而是平、上、去、入，即平声不分阴阳，调值相同，并且保留了古代汉语的入声调；其四声的调值与普通话差异就更大。这主要分布在晋语区，如张家口多数市县的方言中，[iε]、[yɛ]、[uo] 等韵母发音时带有一个喉塞音韵尾 [ʔ]，将"洁、缩"读作 [tɕiE^7]、[suo^7]，调值为 32。

（三）五个调类，分两种情况

1. 有阴平、阳平、上声、去声、入声五个调类，如涿鹿、怀来、赤城、沙河和邯郸的大部分市县，其中前四个调类的调值与普通话也不尽相同。

2. 有平声、上声、去声、阴入声和阳入声五个调类。只有万全、怀安两县的方言是这样，而这两县五个调类的调值又各不相同。

3. 河北方言晋语区几乎都有入声，但入声又不完全相同，归纳起来大致有三种情况：一种是带有喉塞音韵尾，读音短促，张家口大部分市县即如此。第二种是喉塞音韵尾比较模糊，似有似无，只保留着入声短促急收的特点，邯郸的大部分市县即是如此。邯郸各市县的入声调值是 3，说明它是非常短促的。第三种是只保留了与平、上、去声不同调值的一个调类，但既没有塞音韵尾，也没有短促急收的特点，只是读音略短，石家庄市西部有入声的几个市县即是如此。

四、河北方言音变与普通话音变的差异

普通话的音变现象在河北方言中一般都有。其中的轻声和语气词"啊"的音变，河北方言与普通话一般差异不大；差异较大的是连读变调和儿化。另外，河北方言还存在着一些具有地方色彩的分音、合音和文白异读等音变现象，方言辨证时应特别注意。

（一）轻声差异

1. 普通话的轻声音节除了调值发生变化外，音色也或多或少发生变化。最明

显的是韵母弱化甚至丢失。如"豆腐"、"工夫"中的"腐"、"夫"（[fu]）读作 [f]，韵母 [u] 丢失。河北方言轻声音节的韵母变化比普通话更大些，也更复杂。如下列词语中轻声音节的读法：窗户 [xu]>[huo]、墙上 [ʂɑŋ]>[ʂəŋ]、乡下 [ɕia]>[ɕiɛ]。

以上这些轻声音节的韵母都发生了变化，有的主要元音变了，有的单韵母变成了复韵母。这些问题在正音时都要注意改正过来。

2. 河北方言有的还将以"[tsi]"为后缀的轻声音节变读为轻声 [tɣ]（的），声、韵全变了，变成了另外一个汉字。如鹿泉、大名、磁县等县市将"桌子"、"凳子"、"柜子"、"被子"等词语读作 [tʂuo⁵⁵tɣ]、[təŋ⁵¹tɣ]、[kuei⁵¹tɣ]、[pei⁵¹tɣ]。正音时记住将这类轻声词中的"[tɣ]"改为"[tsi]"即可。

（二）变调差异

1. 连读变调差异

河北方言中除北京官话外，其他各方言在变调上与普通话都有较大差异，下面以冀鲁官话区的保定方言、中原官话区的魏县方言和晋语区的鹿泉方言为例简要说明，这里所谈仅限于非叠字两字组的连读变调。

（1）保定方言连读变调

保定方言的非叠字两字组变调共有 25 类组合，后字都不变调，前字或变或不变。例如："刮风"的调类是阴平，调值 45。保定方言变调同普通话相比有两个特点：一是普通话发生变调的只有上声、去声；保定方言则是阴阳上去四声都变调。二是保定方言"去声 + 轻声"的变调有两种方式，即：逢古清音声母字调值变 45，与保定的阴平单字调相同；逢古浊音声母字调值变 21。

（2）魏县方言的非叠字两字组主要有 16 种组合。这些组合有的变调，有的不变调；变调的组合中，有的前字变，有的后字变，有的前后字都变。魏县方言变调的特点有二：一是"阳平（31）+ 去声（213）"一律不变调。二是凡前字变调的，调值都变为 31，与魏县的阳平单字调相同；后字变调的，除个别词语（如"医院"）调值变为 31 外，一般都变为 213，与魏县的去声单字调相同。

（3）鹿泉方言连读变调

鹿泉方言非叠字两字组共有 20 种组合，如"平均"前字为平声（55），后字也为平声（55），"结婚"前字为入声（31），后字为平声（55）。

上述三处有代表性的方言变调情况表明，河北省北京官话之外的其他方言，在连读变调方面与普通话的差异是各式各样的，难以找出成区、成片的连读变调对应规律。唐山与保定同属冀鲁官话区保唐片，但唐山方言的连读变调与前面介绍的保定方言连读变调又相差甚远。因此，我们学习普通话的连读变调，一般不必先找出这方面的对应规律，而后再去改读。关键是首先要学会普通话的单字调，然后记熟普通话的变调规律，多听，多学，常练，直到练熟为止。

2."一、不"的变调差异

普通话的"一"有三种变调，即阳平调、去声调和轻声调；"不"有两种变调，即阳平调和轻声调。而河北方言中"一"、"不"的变化就比较少。如唐山话的"一"只是在去声音节前读阳平，夹在词语中间读轻声，其余情况下一律读作阴平；"不"除在去声音节前变读阳平，调值为35外，其他一般读作阴平，调值为55，从来不读"不"的去声本调。类似的问题正音时应注意改正。

（三）儿化差异

1.河北方言与普通话在儿化韵方面差异的主要三种类型

（1）儿化音比普通话多，作用也更广。

许多词只是在口语上习惯于儿化读音，但儿化前后的词语在词义、词性和感情色彩上并没有变化。如：石家庄方言中有"及格儿、真逗儿、补考儿、分儿内"等普通话中没有的儿化词；吴桥方言的声母 [tʂ]、[tʂ‘]、[ʂ‘]、[ʐ] 和元音 [ɣ] 相拼时，往往变读成儿化韵 [tʂəʳ]、[tʂ‘ʳ]、[ʂəʳ]、[ʐəʳ]。这些儿化词都是没有积极作用的，也是不规范的。

（2）有些方言儿化词的作用比普通话儿化词的作用广。

如北京东部的承德、廊坊、唐山一带的动词儿化："要儿"即"要了"（把书要儿来了）；"吃儿"即"吃了"（你吃儿它吧）；"走儿"即"走着"（我走儿来的）；"买儿"即"买回"（饭买儿来了）；"锯儿"即"锯到"（锯儿手上了）。

2.儿化韵的读音与普通话不同。

（1）该鼻化的不鼻化。普通话中以 [ŋ] 收尾的韵母，儿化后的读音是将主要元音鼻化，同时加上卷舌动作。而河北许多市县方言的 [ŋ] 尾韵儿化时是将 [ŋ] 尾丢掉，主要元音不鼻化，加上卷舌动作即成。这样,[ɑŋ]、[əŋ]、[iŋ] 等韵母儿化后就大致成了[ɑr]、[ər]，[ir]，与以 ɑ、e、i 等收尾的韵母儿化后的读音几乎相同。如唐山、三河方言的儿化韵："方儿（fɑŋr）"近似"法儿（fɑr）"，读作 fɑr；"秧儿（yŋr）"近似"芽儿（iɑr）"，读作 iɑr。

（2）儿化韵不带卷舌色彩。河北部分方言区，像涞源、迁西、迁安等地在读儿化韵时没有卷舌动作。涞源将卷舌韵母 [ər] 读成舌面音 [ɯ]，迁西、迁安则发成一个复合元音 [əɯ]，所以读儿化词时，也往往在韵尾加上 [ɯ] 或 [əɯ]。如"把儿"在涞源、迁西分别读作[pAɯ]、[pAəɯ]。当儿化词的韵尾同[ɯ]或[əɯ]的读音发生冲突时，便将儿化词分开读成两个音节，如：水珠儿（[ʂuei²¹⁴zhur⁵⁵]）、小鱼儿（[ɕi a u²¹⁴yr³⁵]）。

3.缺少儿化韵。

河北保定的大部分市县以及遵化、乐亭、新乐等地，缺少儿化韵词，遇到儿化词时，便将儿化韵尾自成音节，一律读作韵母"[ər]"，如：有空儿（[iou²¹⁴kʻuŋər⁵¹]）、面条儿（[mian⁵¹tʻiɑuər³⁵]）、烟卷儿（[iæn⁵⁵tɕyanər³⁵]）。

4.纠正河北方言儿化韵应注意的问题：

（1）剔除方言中没有积极作用的儿词。河北人学习普通话，在儿化方面，不是需要学习什么样的词该儿化，而是需要学习什么样的词不该儿化，因为河北方言的儿化词比普通话多。对那些没有积极作用的习惯性的儿化词应该剔除。

（2）凡儿化韵的读音或具体韵母与普通话有差别的地区，首先要掌握[ər]的发音要领，还要逐个学会普通话26个儿化韵的读法，尤其要注意学会[ŋ]尾韵的儿化韵。

（3）凡缺少儿化韵尾的地区，要明确普通话韵母中除[ər]本身不儿化外，其余的都可儿化，儿化词中的儿化韵韵尾一般不能自成音节。

（四）"啊"的音变差异

河北方言语气词"啊"的音变与普通话差异不大。有的方言语气词根本不用"啊"，而是用"哩"、"嘞"。有的方言语气词用"啊"，也像普通话一样有6种音变，只是实际读音与普通话不同，但其对应情况却很有规律。如唐山方言区的人在读"啊"时只要将"ê"改成"ɑ"，就符合普通话的音变规律了。

（五）合音与分音现象

1.合音现象

方言中把两个音节合说成一个音节的音变现象叫合音现象。

普通话中的一些双音节词（多为常用名词、动词或短语），在河北很多市县的方言中读起来往往是后一个音节的声母脱落，同时两个音节的韵母也随之变化。如"你看"说成 niɑn。

2.分音现象

方言中把一个音节分说成两个音节的音变现象叫分音现象。河北方言的分音词多为形容词和动词。如"滚"在张家口方言中说成"骨拢"，"精"在邯郸方言中说成"则灵"。

（六）文白异读现象

河北方言中有许多文白异读字，同一个字，书面语和口语读音不同。口语读音地方色彩很浓，不同程度地影响了普通话的学习，正音时要知己知彼，克服白读音。例如：邯郸方言中，女（[ny]/[niɛ]）、暖（[nuan]/[nA]）、般（[pan]/[nA]）、去（[tɕʻu]/[tɕʻi]），满城方言中，笔（[pi]/[pei]）、德（[te]/[tuo]）

第五章　河北方言与普通话词汇比较

第一节　河北方言词汇的特点

河北省地处京畿之地，河北方言的词语与普通话关系最为密切。普通话的词汇以北方话词汇为基础，河北省方言词汇在北方话中又处在核心地位。河北方言的词语与普通话相比有相同的一面，也有不同的一面，总起来说是同多异少。相同的一面指某些词语普通话和河北方言都这么说，例如"水、火、风、饭、好、大、人、马、牛、羊"等。不同的一面指：有些词语所指的事物与普通话相同，叫法不同，例如，普通话里"蚂蚁"这个词，在河北方言中叫"蚍蜉"，有的地方叫"米蛘"，普通话里的"蛐蛐"，河北方言里叫"素织儿"。有些词叫法相同，所指的事物不同，例如：普通话与河北方言都有"老姨"这个称呼，在普通话里指排行最小的姨，在石家庄一带指父亲或母亲的姨；"包子"一般都有馅，在保定、唐山一带，"包子"相当于普通话的"馒头"，没有馅，有馅的叫"馅包子"。有些词表面上看词义与普通话没有区别，实际上在河北方言里有不同的义项，例如："巴结"在讨好别人这个意义上与普通话一样，河北方言的"巴结"除了有"讨好别人"的意义之外，还有"力量或能力不够，勉强支撑"的意思（巴结个学生不容易／他干这种活儿有点巴结），普通话则没有这样的意思。有些词语在普通话里找不到合适的词来对应，例如河北方言里的"半膘子"、"二乎头"指缺心眼，行动冒失、莽撞的人，"玄乎套"指故弄玄虚的言行。河北方言里还有一些土语词，例如："潦虎"意思是草率，不认真；"驼达"意思是说话重复，啰唆；"尖头"意思是说话做事喜欢占上风；"占香应"意思是占便宜。这些词语普通话里都找不到对应的说法。河北方言里还有一些古语词，这些词语在古代文献或元明清戏曲小说等白话文学作品中能看到，例如："头夫"指大牲口，《老乞大》、《普通事》里的马等大牲口就叫头夫；"苦勒（类）"是河北的一种农家食物，用玉米面和菜搅成，这个词在元曲里也使用。这样的词语在北京话里没有保留下来，普通话也没有吸收，但在河北方言里还常用。河北方言的古语词分属不同的历史层次，从地域上看，保定、唐山一带的古语词多反映了明清时代的白话词语，石家庄、邢台、邯郸一带的古语词反映了元代的白话词语。总体来说，河北方言词汇大体上有四个特点：一是反映了河北特殊的生产活动、经济生活、风俗习惯、人际关系、地理环境的土语词；二是保留着的古语词和因与其他民族接触而形成的特殊词汇；三是河北方言结构方面的问题；四是河北方言基本词汇说明。

一、表示特殊的生产活动、经济生活、风俗习惯、人际关系、地理环境的土语词

土语词的分布和使用范围大小不等：有在几个市县范围通行的土语词，如"酱母子"一词在唐山、秦皇岛一带通行，是辣椒的别名；有在一个市或几个县之内通行的土语词，如"怵独的"在魏县、大名、广平一带是说遇事怯懦、退缩的情态；也有在乡、镇间或一乡一镇之内通行的土语词，如张家口市崇礼县场地村，称村南的男人为"下汉儿"、村北的男人为"上汉儿"。这些词外地人很难听懂。再如"搭茬儿"指非亲属关系而共同生活；"拉帮套"指公开或半公开地介入一对夫妇间的男性第三者，经济上协助夫妇维持生计；"踩奶"指陌生人闯入产房，产妇因受凉而断奶；"慢奁拉音儿"指不愿理睬而虚与支应。

二、保留着的古语词和因与其他民族接触而形成的特殊词汇

河北方言保留的古代白话词语很多，例如碗形略深的小容器叫瓯子，尘土叫挬土，蚂蚁叫蚍蜉，蛐蛐叫促织，给叫赍，用火烤干叫炕，宅基叫庄窠，小麦叫下粮等。

吸收的其他民族词语主要有：

1. 音译的地名

伊逊河、伊马河、波罗诺森克图、克勒沟巴克什营、虎石哈（都在承德北部）。

2. 亲属称谓

太（祖母）、阿妈（父亲）、奶（母亲）、叔（伯父）、姑爸（姑姑）、伯（父亲）、婭（母亲）、娘娘儿（伯母）

3. 其他词语

跐门的（要饭的）、黑牲口（猪）、黑牲口肉（猪肉）、无常咧（死了）、游

坟（上坟）、出散（施舍）、把斋（斋戒）、油香（封斋时早晨吃的一种油炸食品）、饼子（婚前男方给女方送的大块点心，约半斤一块，女方再把它分送给亲友并顺便告知婚期）、乡佬（回民中德高望重、帮助管理清真寺的人）、寺掌教（懂一些阿拉伯文、负责回民宰杀事务的人）。

三、河北方言词汇的结构特点

（一）单纯词

由一个语素构成的词叫单纯词。以音节多少为依据，河北方言的单纯词可以分为单音节、双音节和多音节三种。

1. 单音节单纯词

除儿化音节是一个音节两个语素及"甭俩仨"等的情况比较特殊外，方言中多数的单音词都是单纯词，如"爹娘俺咱恁啥，彻苗中夯掂沾捡，使陈皮玄怪菜"等。这类词地方性强，方言色彩浓，与普通话相比，有些甚至变换了词性，例如："夯"是名词，河北方言常用作动词（夯你一锤）；"使"是动词，可用作形容词（今几个真使得慌）；"肉"本是名词，常用作形容词（这人真肉）；"会"是动词，也可以用作介词（你会他谈谈）；等等。

2. 双音节单纯词

（1）叠音词

由一个音素重叠起来表示一个事物的词叫叠音词。如"乳房"的方言词就有"妈妈"、"妹妹"、"牛牛"、"查查"、"嘴嘴"等说法。再如：糊糊、蛛蛛、窝窝、饽饽、佛佛、亮亮（月亮）、抽抽（抽屉）、暖儿暖儿（太阳）。

（2）联绵词

这种语素里每个音节单独都不表示意义，必得两个音节连在一起才表示意义。例如：坷垃、疙瘩、曲蟮、圪蹴、颠顶、磕碜、嘎咕、咕嗒、邋遢。

（3）多音节单纯词

多音节单纯词指包含三个以上音节的单纯词。这类词主要是些形容词和象声词，例如：形容词——空不郎当、肥白连颠、傻了吧唧、酸不溜丢、血赤乎拉、行大乎稀、刚巴硬征、二虎巴蛋、傻溜的板变、稀达拉儿拉儿；象声词——稀里哗啦、叽溜的咣、忽隆闪天。

（二）合成词

由两个及两个以上的语素组成，合起来表示一个新的意义的词叫合成词。

1. 附加式

合成词中由词根加词缀组成的词叫附加式合成词。按照词缀自身的特点和词缀在词中的位置。附加式合成词可分为前加式、后加式和前后加式三种。

（1）前加式：圪（圪针、圪节、圪痂、圪渣、圪堆、圪疗、圪巴、圪都、圪跳、圪拱、圪扭、圪晃、圪变）、可（可符、可行、可中、可着、可是、可好），老（老叼、老雕、老脸、老棒、老鸹、老婆、老闺妮、老板椩、老马生、老圪拥、老家贼、老母亮、老爷儿转），日（日怪、日脏、日弄、日摆、日腾）。

（2）后加式：儿（月儿、影儿、材儿、屋儿、房儿、小儿、妮儿、丫儿、妹儿、娘儿、姐儿、妗儿、姑儿、姨儿、弟儿、勺儿），头儿（日头儿、月头儿、美头儿、挣头儿、肴头儿、想头儿、逛头儿、吃头儿、争头儿、研究头儿），子（茅子、妗子、蚰子、胰子、杌子、楔子、夜描子、黑雀子、嘀片子、戒镏子、饭棚子、叫花子、哈喇子）。

（3）前后加式：圪梁子、圪肘子、圪钩子、圪窖子、圪鹿子，老头的、老生的、老汉的、老椩的、老姑的、老爷儿、老母儿、老伴儿、老海儿、老雀儿、老家儿、老早儿、老母亮儿、老爷们儿、老娘们儿。

2. 变换式

河北方言中有些词与普通话构成的语素是相同的，而方言常常习用变换语序的说法。这样的词，一般是双音节的。例如：扭别—别扭、净干——干净、才刚——刚才、实诚——诚实、逛游——游逛、嚏喷——喷嚏。

3. 重叠式

由两个相同的词根组成的词叫重叠式合成词。这类词大多是亲属称谓词和一些动词，它重叠起来是一个称呼或一个动作。而单个使用也同样表示这个意义。这是与叠音词不同的。例如：馍馍、大大、妗儿妗儿、娘儿娘儿、拔拔（回族称祖父，保定）、称称、制制、约约、聊聊、咧咧、出出、嘞嘞、张张。

4. 复合式

由两个及两个以上实语素构成的词叫复合式合成词。复合式合成词中，根据语素与语素间的意义关系，可概括为以下几种类型：

（1）双音节的

联合型：两个语素间在意义上相近、相关或相对。例如：爆腾、闺妮、姊姐、雁鹅、贬贱、拉扒、胖壮、嗔咎、抠索、思闷、厮跟、编摆、扯挂、利量、阴阳、眉眼、钻挤、色气、争竞、刁厥。

偏正型：前一个词根修饰、限制后一个词根，表义的重心在后一个词根上。例如：狼烟、堂屋、陪房、搌布、扁食、大油、漕水、厥猫、蛋马、肤皮、实牛、叫驴、牙拘、草鸡、甜棒、水裙、陡雨、火枪、耳根、浓带、冷场、人芽儿、雪糁儿、细粉儿。

补充型：后一个词根从不同的角度补充说明前一词根，表义的重心在前一个同根上。例如：细极、说合、翘奇、欢实、孬将、显好了、放晴了、律展了、喝得了、喝恣了。

述宾型：前一个词根表示动作，后一个词根代表动作支配的对象。例如：审稀、吊蛋、拿性、改人、刺火、杀才、格气、吃劲、被屈、煞戏、打卯、座席、垫肚、出荞、填憨、喝汤、跑羔儿、吊猴儿、取灯儿、赶嘴儿、背锅儿、围嘴儿。

主谓型：两个词根有陈述与被陈述的关系。例如：天西、露湿、石滚、气鼓、眼气、脑绣、牛仰、天晃了。

（2）多音节的

① 三音节大都是名词性的，动词性的不多，可分为以下几种形式：

月奶奶、白大灰、乌都水、脖愣颈、大拇哥、口水肩、石碾滚、户往饭、馅馒头、猪腥油、杂麻水、郎猎猫、落窝鸡、黑老鸹、夜壁虎、屎壳郎、拉拉蛄、毛圪令、疥蛤蟆、二五眼、离把头、下三烂。

月亮地儿、冷清明儿、土拉块儿、胡林道儿、家娘们儿、小破小儿、外头人儿、一担挑儿、页溜盖儿、凶脑门儿、罗锅腰儿、手指盖儿、洋取灯儿、剥罗盖儿。

做饭棚的、光恩汉的、要饭花的、歇脸蒙的、眼睛蛋的、左不拉的、擦脸布的、围嘴拍的、担担绳的、小媳妇的、嘴巴胡的、歇不肚的、不拣咋的。

② 四音节及以上的大都是名词性的和形容词性的

名词：井拔凉水、手拇指头、额水拍拍、清起来饭、大前了个、正当晌伙、近边去处。

形容词：肥白连颠、立陡齐堰、空不郎当、白不此咧、轻不了条、圆咕隆冬、费事八挂、刚巴硬征、急头白脸、二虎巴蛋、五迷三道、温凉不沾儿、苦溜的不叽傻、溜的板变、稀达拉儿拉儿。

四、河北方言基本词汇说明

河北方言词汇十分富有，河北作为北京的邻省，在北方话中占有重要位置，其词汇是普通话词汇的重要组成部分。河北方言词汇与普通话词汇相比有相同的一面，又有不同的一面。从整体看可以说是大同小异。大同是普通话词汇"以北方话为基础方言"的表现，小异则显示河北方言词汇的特点。为全面揭示河北方言的基本面貌，反映河北方言词汇与普通话词汇的区别以及河北方言内部的词汇差异，河北方言内部基本词汇具有较强的一致性，与普通话相比差别不大。

第二节　河北方言与普通话常见词汇的差异

方言词汇是指方言中特有的，与普通话词汇的意义、用法不同的词汇。学好普通话，除了掌握标准音之外，还必须了解本地方言词汇同普通话词汇之间的差异和对应关系。

河北方言词汇非常丰富，普通话词汇"以北方话为基础方言"，河北作为北京的近邻，处在北方话中心的位置，其词汇可以说是普通话词汇"基础"的基础。因此，调查研究河北方言词汇，弄清河北方言词汇与普通话词汇的差异，了解河北方言内部词汇的发展规律，不仅对河北人学习普通话，而且对普通话本身的建设，都具有特殊的重要意义。

河北方言词汇与普通话词汇相比，有同有异。方言中，不同词语表示同一事物的方言词语比比皆是。从整体看可以说是"大同小异"，但是成为我们掌握运用普通话障碍的不是那"大同"，而是那"小异"，能显示河北方言词汇特点的也是那"小异"。因而我们讲河北方言词汇，必须弄清河北方言与普通话在词语上的差异所在。

和普通话相比，河北方言词可分两种：一种是在普通话中可以找到对应或大致对应词的；另一种是普通话中找不到对应词的。

一、与普通话有对应的词汇

（一）同义异形词

同义异形词指意义与普通话相同，而词形不同的方言词。这类词有的在全省范围通用，如"长虫、老鸹、阳历年、吸铁石"等；有的在河北某些区域使用，如"包心菜、望爷转、夜瞧飞、端树精"等。这些词语是人们在观察、了解了该事物的性质、形状等情况后才定名的。我们可以从构成成分的意义推知其整个词的意义。

1. 名词性的

啄嗒木子（啄木鸟）、波罗盖儿（膝盖）、咕喵子（猫头鹰）、页梁盖（额头）、大家老（麻雀）、米蛘（蚂蚁）、蚂螂（蜻蜓）、狗蹦子（跳蚤）、戛拉牛儿（蜗牛）、脓带（鼻涕）、圪垃道儿（胡同）、金嘎子（金戒指）

2. 动词性的

拉闲呱儿（谈天儿）、机密了（懂了）、见底儿（干杯）、待见（喜欢）、白不咋（没关系）、纳摸（考虑）、打整（收拾）、圪蹴（蹲着）、虑须（留神）、施翻（乱腾腾）、呲打（批评）、扳骨碌儿（摔跤）、徐顾（注意）、跑茅子（腹泻）

3. 形容词性的

不大离儿（差不多）、老鼻子了（很多）、拐古（脾气怪）、憋囚（窄狭）、干巴（瘦）、勤谨（勤快）、抠索（小气）、帮模儿（相似）、廉利（利索）、发实（壮实）、埋汰（肮脏）、背伤（吃亏）、俊巴（美）、扎实（结实）

同义异形方言词具有表义广泛、形象具体、富于表现等特色。

值得注意的是，在运用语言的时候，要选用普通话的词语，避免使用方言词，使自己在用词方面逐步规范，符合普通话的要求。

（二）同形异义词

同形异义词指有些词语在河北方言和普通话中都存在，但所指对象不同或不全同。这是因为同一个词在不同地区含义不同而造成的。例如："起子"在魏县是有些人对锥子的称呼，而在任丘则指发面用的化合物（其他地区也有这种称呼）；"山药"在定州指的是白薯，而在宣化指的是马铃薯。同形异义词可分为完全不同的和部分义项相同的两类。

1. 完全不同的

火枪：（普通话）装火药、铁砂的旧式猎枪；（方言）捅炉子用的圆形铁棍儿。

套子：（普通话）罩在物体外面的东西；（方言）棉衣、棉被里的棉絮。

胰子：（普通话）猪羊等的胰脏；（方言）肥皂、香皂。

乳牛：（普通话）专门养来产奶的牛；（方言）哺育小牛的母牛。

黄昏：（普通话）傍晚快黑时；（方言）晚上。

糊涂：（普通话）不明事理；（方言）面粥。

听：（普通话）用耳朵接受声音；（方言）用鼻子嗅。

苗：（普通话）禾苗；（方言）给庄稼在生长过程中施肥。

疙瘩儿：（普通话）物体上的小鼓包；（方言）物体、衣服上的扣袢。

别致：（普通话）新奇、跟寻常不同；（方言）形容味道之怪，含贬义。

2.部分义项相同的

（普通话）鼻子——（方言）鼻子＋鼻涕

（普通话）排场——（方言）排场＋漂亮

（普通话）肥料——（方言）肥料＋农家肥

（普通话）妈妈——（方言）母亲＋乳房

（普通话）宝贝——（方言）宝贝＋活宝

（普通话）活动——（方言）活动＋活络

（普通话）辣——（方言）辣＋狠毒

（普通话）把式——（方言）把式＋武术

值得注意的是，对这类同形异义词，要在熟练地掌握普通话词语的含义和对方言与普通话词语意义方面的细微差别认真辨析、仔细揣摩之后，再根据表达的需要选择使用，不可掉以轻心。

二、与普通话无对应的词汇

河北方言中有些很难在普通话中找出对应词语的词，与方言相对应的"普通话"的内容只能用短语或句子加以解释。例如：

（方言）垫补——（普通话）饭前小吃以充饥。

（方言）执客——（普通话）婚丧等活动中指挥应酬客人的人。

（方言）把锨——（普通话）掐谷穗用的刀类工具。

（方言）邪乎——（普通话）小题大做，厉害，多。

（方言）坐蜡——（普通话）许诺不能兑现而形成的尴尬处境。

（方言）玄乎套——（普通话）故弄玄虚的言行。

（方言）地拉蹦子——（普通话）指身材矮小的人。

（方言）二把刀——（普通话）对某工作知识不足、技术不熟的人。

（方言）贬摆——（普通话）背后或当面揭人隐私，攻人弱点。

（方言）碱脚——（普通话）旧时盖房墙的下段和地面接近的砖层。

（方言）出厦——（普通话）房顶探出前墙的部位。

（方言）板眼——（普通话）比喻说话做事有条不紊。

（方言）贬贱——（普通话）人做了错事，受到指责或批评，叫挨贬贱。

（方言）丢蛋——（普通话）鸡不在原窝下蛋，而下到别处。

（方言）憷肚的——（普通话）遇事怯懦退缩。

（方言）闯关——（普通话）与在座的挨着个的对酒令。

（方言）强梁——（普通话）缺少谦让，见东西或利益总想先得、多得。

（方言）带犊子——（普通话）女人改嫁时带的孩子。

（方言）肉——（普通话）性子慢、动作慢、脾气犟。

（方言）半膘子——（普通话）缺心眼、行动鲁莽的人。

（方言）死鸡头——（普通话）性格执拗，认死理，钻牛角尖。

（方言）眼子——（普通话）常受人欺负、捉弄的人。

（方言）拐古——（普通话）人的心术不正或做事不同于一般人。

（方言）张巴——（普通话）不稳重、多事。

（方言）不对眼——（普通话）彼此有矛盾，互相轻视。

（方言）改人——（普通话）不正当地品评他人。

（方言）起场——（普通话）挑出轧掉粮食的秸秆。

（方言）行乎——（普通话）办事不认真，责任心差。

（方言）杀割——（普通话）把剩余的东西全买走或吃掉。

（方言）央乞——（普通话）求饶，说好话。

　　这类词语虽然具有简洁、明了的特点，但说话时，如用普通话词汇说这类方言词，那就不像普通话了。因此，要表达类似的意思时，用注释的短语或短句，而不用方言词语才对。

第六章　河北方言与普通话语法比较

第一节　河北方言语法的特点

　　河北方言与普通话和其他方言在许多方面存在差异，但这些差异大多表现在某些成分的使用范围上，而不是表现在成分的有无上；就是说，河北方言中很少有特有的语法成分和语法格式。

　　词缀方面，河北方言中的词缀大都是普通话中也有的，但大多在使用范围上与普通话有区别。前缀"圪"、"老"，后缀"子"、"儿"、"头"等的构词能力都强于普通话，像"圪台子、圪挤、圪热，老社员、老庄稼孙，妗子、外甥子、蝇子"等河北方言中许多地方使用的词，普通话中都是不存在的。而后缀"员"、"手"等的构词能力则弱于普通话，"兵员、病员、成员、观察员、船员、投递员、战斗员、店员，敌手、水手、驭手、打手、猎手"等都是河北方言中不用或少用的。

　　虚词方面也有类似的情况，比如有的地区的介词"从"就可以与普通话的"在"、"从"两个介词对应。在这些地区，既可以说"他是从北京来的"，又可以说"大伙儿从礼堂里开会呢"。其他类的虚词，除读音上有区别外，在用法上河北方言与普通话一般都有较明显的对应关系，如"的"、"地"、"得"有的地区读 [lε]，"着呢"读 [tεlε] 等都是这样。

　　也有少数的虚词、句法格式在河北方言中与普通话存在着有与无的差别。这又可以分为两种情况：一是可以从词义的引申关系、连读音变、连读形成的合音等方面得到解释的。比如普通话用"被"表示被动的地方，献县、定兴等地用"着"，如"他着他爹打了一顿"。"着"表示被动，就可以通过词义的引申来说明。再比如，河北方言中的语气词"拜"、"呗"就是连读合音的结果。二是无法用上述原因说明，但与其他方言，尤其是相邻的山西、山东、河南方言比，又算不得特点的。如河北方言的"圪"头词与普通话比可以说是特点，而无论是在数量上还是在功能上，都比不上山西方言。另外，河北方言中的语气词"着"（先别叫我，我歇一会儿着），表示动态的"来"（我去北京来），表示动作随意、轻率的"v 它 v"（字儿有点儿不清楚，你抄它抄吧），"叫"（被）、"把"互见的句式（叫他爹把他打了；叫小偷把家里的东西偷净了），不用疑问语气词"吗"等也都属于这一类。

一、保留了一部分近代汉语的语法现象

（一）词

1. 河北方言中与普通话"来着"相当的是"来"。如魏县方言中可以说："我头儿天去来，这两天没去"；"她家那会儿有来，这会儿没了"；"会上书记说来"。近代汉语中，"来"的这种用法是大量存在的，如："父母在时，家法名声好来。"（《奎章阁丛书·老乞大谚解》）

2. 量词"个"的使用范围比普通话大得多，猪、羊、牛、驴、鸡、桌子、床、椅子、房子等都可以论"个"。而近代汉语就是这样，如《朴通事谚解》中就有"二十个好肥羊"、"五六个贼船"、"好几个马"、"有个名山"等说法。

3. 在近代汉语中，有一种"着"字煞尾的句子，如："咱赌一个筵席着（《朴通事谚解》）"；"休道不寻思你祖上，依着你祖上行好勾当着（《孝经直解》）"；"这短命，等得我苦也！老娘先打两个耳刮子着"（《水浒传》）。这种句子在今天河北方言中仍然存在，保定方言中有："先别进来，医生叫你着"；"买书得等发了工资着"；"先别叫我，我歇一会儿着"；"别再上菜了，先吃儿着"。

（二）结　构

1. 金元时代（12 世纪至 14 世纪中叶）燕京（大都）一带的口语里有这样一种被字句："被一人抱住刘知远"（《刘知远诸宫调》）；"来这里被他骂得我百节酸痛"（《元杂剧·关张双赴西蜀梦》）。这类"被"字句在河北南部还保留着，而且使用频率很高，只是将"被"字换成了"叫"字。魏县方言有："冷不丁叫一个人搂住他了"；"夜个儿（昨天）叫他爹打了他一顿"；"上课时候，叫老师没头没脸训了他几个人一顿"。

2. 在保定的满城及周围市县，有一种"V 它 V"重叠式，如：吃它吃、喝它喝、埋它埋、堵它堵。如果我们把这种重叠结构与山东淄博一带方言中的"VOV"和《金瓶梅》、《醒世姻缘》中的"VOV"联系起来进行分析的话，就有理由认为河北方言中的"V 它 V"式很可能是近代汉语中"VOV"式发展演变的结果。

3. 近代汉语中有一种不 A 不 B 的四字俗语，其意义恰好与字面意思相反，如："（郭威）便弯起这弓，放取弹子，打这禽雀。不曾弹得雀儿，不当不对把那邻家顾瑞的孩子顾驴儿太阳穴上打了一弹。""（李桂姐）往上不当不正道了个万福。"这种四字格式在河北南部有保留，魏县方言有："一点儿眼色也没有，不当不冲站到正当间儿"；"也不知道咋回事儿，不当不对正砸到盆子上"；"半而不响来了一班子亲戚，真不知道该咋着办了"。

河北方言中保留的这些近代汉语的语法现象，有的是较直接的保留，即基本上保留了该内容在近代汉语中的原来面貌，表示动态的"来"就是这样；有的则发生了较明显的变化，"V 它 V"结构就属于这一类。

二、内部有较明显的区别

由于河北方言跨晋语、中原官话、冀鲁官话、北京官话四区，因此，其语法与其语音、词汇一样，有较明显的内部差异。

（一）"们"的使用情况

河北方言在"们"的使用与否、使用的范围方面表现出明显的内部差异。河北南部的一些市县不用"们"；唐山、廊坊、承德等处"们"的使用范围与普通话相同，即只用于人称代词和指人的名词后；石家庄、保定、衡水、沧州、张家口等市的一些地方，"们"则既可以用于人称代词和指人的名词后，又可用于非指人的名词后。

（二）"圪"头词的使用情况

晋语区的"圪"头词明显多于非晋语区；中原官话区的"圪"头词又多于冀鲁官话区；冀鲁官话区中大部分地区的"圪"头词又多于北京官话区。

（三）词语重叠的情况

形容词重叠的 AAA 式只有廊坊及周围市县才有，其他地方未见有这种重叠形式。一般名词的重叠只发生在晋语及相邻的少数市县；"A 又 / 也 A"这样的重叠式就现在掌握的材料看，仅存在于深泽及周围地区。

（四）其他方面

另外，像语气词"着"的使用，名词的儿化起表示方位的作用等，也都是只在部分市县出现的语法现象。

第二节　河北方言与普通话常见语法的差异

普通话语法和河北方言语法有相同的一面，也有不同的一面。就河北方言语法而言，应该包括与普通话说法相同的部分和不同的部分，这才是河北方言语法的完整系统。这里，我们着重谈谈河北方言与普通话语法不同的部分。

一、河北方言与普通话词法差异（词缀）

（一）前　缀

河北方言中的前缀，有的与普通话相同或大致相同，如"阿"、"初"、"第"等；有的与普通话有较明显的差别，如"老"、"圪"等。

1.圪

河北方言中"圪"的作用有两个：一是构词。作为构词"成分"的"圪"，没有词汇意义，也没有什么语法意义。二是用在一部分动词、形容词前边。这样的"圪＋动"和"圪＋形"分别具有共同的语法意义。

（1）作为构词成分，"圪"构成的词可以从整个词所属的词类，词的构成形式，词中"圪"之外其余部分的"词性"特点等方面分为不同的类。

从整个词所属的词类看，"圪"头词可以是名词、动词、形容词、量词、象声词。

由"圪"构成的名词（"圪"头名词）：圪针、圪渣、圪疤、圪拉、圪岔儿、圪堆、圪疗、圪蒂、圪道儿、圪梁子、圪老瓣儿、圪坨道儿、圪肘窝儿、圪拉包、圪拉褂儿、圪特窑儿。

由"圪"构成的动词（"圪"头动词）：圪游、圪能、圪张、圪举、圪揣、圪埋、圪晃、圪叨、圪捏、圪推、圪登。

由"圪"构成的形容词（"圪"头形容词）：圪怯、圪赖、圪瞋、圪蔫、圪腻、圪料、圪腌、圪弯、圪挺挺、圪楞、圪森、圪铮铮。

由"圪"构成的量词（"圪"头量词）：圪截儿、圪抓儿、圪卷儿、圪鹿儿、圪节儿。

由"圪"构成的象声词：圪吱、圪叭、圪咚、圪嚓、圪啼、圪哒。

在由"圪"构成的各类词中，名词最多，动词、形容词次之，量词和象声几乎只有上述几个。

（2）从词的构成形式看，"圪"头词以双音节的为多，三音节的"圪"头词主要是名词，而且数量有限，四音节的几乎都可以看作形容词的生动形式，如：慢圪悠悠、黑圪洞洞、肉圪墩墩、生圪吱吱、圪柳八歪、圪缩马蛋、圪料闪肩、圪柳拐弯儿。

（3）从词的构成成分看，"圪"头词除"圪"以外的其他成分既可以是名词性的、动词性的，也可以是形容词性的、象声词性的。有的"圪"头词"圪"之外的成分由于在现代河北方言中已经失去了表义作用，我们无从断定其词性方面的特点，如"屹蹴、圪料、圪鹿儿、圪腌"中的后一成分都是这样。另外，有的"圪"头词中"圪"之外的其他成分可以是一个重叠形式，如：圪塞塞、圪唰唰、圪窑窑儿、圪枝枝、圪愤愤、圪生生、圪挺挺。

河北方言中"圪＋动"、"屹＋形"的一部分之所以可以看作一个独立的动词、形容词加"圪"，是因为这些"词"中"动"、"形"的成分都可以独立成词，而且独用和加"圪"时在意义上有明显的联系。

（4）"圪＋动词"在河北方言中又可以分为两类。一类"圪＋动词"的意思与其中动词的意思大致相同或义项发生增多或减少的变化。这类"圪＋动词"如：圪夹、圪威、圪努、圪吵、圪靠、圪埋、圪举、圪捏、圪推。上述例词大部分属于"圪＋动"与其中"动"的意思大致相同的；"圪吵"在有的地方除"吵"义外，还有商量义，"圪推"在有的地方却只有推辞义。另一类"圪＋动"的意思与其中动词的意思有联系但不完全相同，它表示该动词以较小的幅度、较高的频率反复动作，在有的地方还含有说话人对此类动作厌烦的色彩。这类"圪"头动词有：圪挪、圪抽、圪捣、圪扫、圪走、圪翻、圪颤、圪晃、圪摇、圪锯。"圪挪"就是碎步快速向前挪，"圪翻"就是翻过来翻过去，"圪捣"就是轻抬手反复地捣。

当然，在不同的地点儿，同一个词儿可以表示不同的意思，从而也应划归不同的类。例如："圪夹"在涉县的意思与"夹"同，而在魏县是吝啬义，其中的"夹"已经不应视为独立的词了；"圪拱"在广平方言中意思与"拱"相同，而在魏县方言中指反复不断地轻轻地拱。

（5）"圪＋形容词"在河北方言中数量很少，常见的只有"圪软、圪弯、圪蔫、圪腻、圪怯、圪楞、圪热、圪凉"等。"圪＋形容词"按照整个词与其中形容词的意义关系可以分为两类：一类是整个词的意思与其中形容词的意思大致相同，如"圪蔫、圪腻、圪怯"；另一类表示其中形容词代表的性质或状态的突然出现或被突然感觉到，如"圪软"就是猛地一软，"圪凉"就是感觉猛地凉了一下。这后一类常见的有"圪凉、圪热、圪楞、圪软、圪弯"，它们常以"圪A圪A"（A指其中的形容词，下同）的形式出现，"圪A圪A"表示A代表的性质、状态急速地反复出现或反复被感觉到。"圪+形容词"也存在着在不同地点同一个词表示不同意思的情况，如"圪软"在魏县属第二类，而在鸡泽、曲周则属第一类。

（6）河北方言跨晋语、中原官话、冀鲁官话、北京官话四区，河北方言中的"圪"头词在各区中既有一致性，又有差异性。

河北方言中"圪"头词一致性的一面主要表现在一部分这类词在全省的大多数市县都被作为常用词使用。这些词包括：圪蚤、圪针、圪梁子、圪嘟、圪堆、圪渣、圪档子、圪巴儿、圪台子、圪肘子、圪膝盖儿（有的市县是"圪拉伴儿"）。

河北方言中"圪"头词差异性的一面表现在这类词从晋语区到非晋语区呈递减的趋势。这种递减趋势主要表现在数量上。下面是崇礼县（晋语区张呼片）、涉县（晋语区邯新片）、魏县（跨晋语区与中原官话区）、临西（冀鲁官话区）四县方言中"圪"头词的简单对比（象声词大致相同，对比中不列）。

崇礼方言中常见的"圪"头词：圪疗、圪针、圪洞、圪洼子、圪沟子、圪棱、圪嘟、圪辘、圪桃儿、圪钩儿、圪恋儿。

崇礼与涉县比，多出的"圪"头词大致有：圪桃儿、圪恋儿（松鼠）、圪包子、圪枝枝、圪愤愤、圪唰唰、圪窨窨儿、圪顶羊、圪膻味儿、圪揣、圪吭、圪焌、圪塞塞、圪生生。

崇礼与魏县比，多出的"圪"头词大致有：圪洞、圪桃儿、圪钩子、圪包子、圪扭子（魏县有"圪肘子"）、圪唰唰、圪恋儿（松鼠）、圪窨窨儿、圪窨子、圪沟子（魏县属晋语区的台头乡存在）、圪枝枝、圪愤愤、圪顶羊、圪膻味儿、圪膝盖儿（魏县有"圪老瓣儿"）、圪捏、圪揣、圪吭、圪张、圪焌、圪塞塞、圪生生。

崇礼方言与临西方言比，多出的"圪"头词有：圪洞、圪桃儿、圪窨子、圪沟子、圪钩子、圪恋儿（松鼠儿）、圪包子、圪扭子、圪枝枝、圪愤愤、圪唰唰、圪窨窨儿、圪膝盖儿、圪顶羊、圪膻味儿、圪捏、圪揣、圪锯、圪拱、圪撒、圪吭、圪挪、圪张、圪推、圪吵、圪塞塞、圪软、圪弯、圪腻、圪溜、圪生。

（7）除数量方面的递减之外，晋语区与非晋语区"圪"头词表义上也有差别，这种差别主要表现在名词和动词上。晋语的"圪"头名词有"圪洼儿、圪洞、圪沟子、圪窨子、圪钩子"等表示非团状或非凸起义的，而在非晋语区很少有这类"圪"头名词。晋语区的"圪"头动词中有"圪举（举）、圪吵（吵）、圪推（推辞），圪捏（捏）"等表示非高频率、小幅度连续动作的动词，而非晋语区一般只有表示高频率，小幅度连续动作的动词。其次，在"圪"头词的构成形式方面晋语区与非晋语区也是有差别的，像"圪枝枝、圪愤愤、圪唰唰、圪塞塞"这样的构词方式就只见于晋语区，非晋语区一般没有。另外，在"圪"头词的重叠形式、句法功能方面晋语区与非晋语区也有一定的区别。

2. 老

（1）河北方言中作为前缀的"老"可以出现在下列几类词语中：构成表示排行的老大、老二、老三、老四、老五、老六、老七、老八、老九、老十，这10个表示排行的词语多用于男性，它们既可以用于老年人，也可以用于中青年人，甚至孩子。

（2）构成老＋人名或人名中的一个字＋子（也可以不加）的形式，用于对人的称呼。"老孟"是对名字中有"孟"字者的称呼，"老继"是对名字中有"继"字者的称呼；"老登子"是对名字中有"登"字者的称呼，"老超子"是对名字中有"超"字者的称呼。"老得福"是对名叫"得福"的人的称呼，"老金山"是对名叫"金山"的人的称呼。老海、老磊、老书子、老发子、老墨子、老利子、老铁牛、老洪利、老宝林等都是这样。这样的称呼一般只用于男性，且多带有亲切、随便的感情色彩。"老"的这种用法主要见于邯郸市区及邯郸市周围各县市。

（3）与普通话相同，构成一般的名词，只是构词的能力比普通话强。河北方言中由前缀"老"构成的这类名词有：老师、老鼠、老虎、老鸹、老猫（传说中的一种怪物，大人们常用它吓唬孩子）、老鹰、老雕（鹰一类的鸟）、老鸡（负责捉人到阴间去的鬼，分黑老鸡和白老鸡）、老叼（叼车）、老社员、老农民、老庄户头、老别筋（脾气特别犟的人）、老半（破鞋）、老砸儿（土匪）、老缺（强盗）、老乡、老鹭儿、老闷儿、老娘婆（接生婆）。河北方言"老"的构词能力强于普通话，有的市县比较突出，像上面的这些词，魏县方言中大都存在。

（4）"老"作为准前缀或表示实义的形容词可以构成下面两类词："老＋姓"，如老王、老李、老刘等；用于亲属称谓前，构成诸如老姑、老姑父、老姨、老姨父、老舅、老妗子等，这些词语在有的地区指长自己两辈的人，"老舅"指父亲或母亲的舅舅，魏县、大名及邢台的一些市县都是这样。有的地区则表示长自己一辈且排行最末的人，"老舅"指舅舅当中最小的一个，"老姑"指姑姑当中最小的一个，承德、唐山、廊坊、沧州的大部分市县都是这样。另外，在这些地区，同辈当中最小的一个也称"老××"，如姐姐中最小的一个称"老姐姐"，弟弟中最小的一个称"老弟"。

3.日

河北方言中由前缀"日"构成的词常见的只有：日怪（十分奇怪、怪得可憎）、日磨（十分拖拉、磨蹭）、日脏（很脏）、日摆（作弄）、日粗（特别会吹牛，逞能）。这些词出现于晋语区或靠近晋语的官话区。

4.不（迫）

河北方言中由前缀"不（迫）"构成的词常见的只有：不喃（嘴因小声说话或吃东西而不停地动）、不律（用手顺着胳膊、腿擦摩，用手使玉米粒等脱落）、不鸡（堆在一起的物品因内部压力过大而散落）、迫散（头发等散开）、迫栽（甩）、不腾（躺着或处在水中的人或动物四肢蹬挠躯体不动）、迫设（义同不鸡）。

（二）后　缀

河北方言中的后缀如果着眼于与普通话的异同，可以分成三个部分：一是与普通话相同或大致相同的，如"员、性"等；二是与普通话有或大或小差别的，如"子、儿、头"等；三是普通话中没有的，如"点子"。这里只谈与普通话有差别或普通话中没有的。

1.子

河北方言中的"子"尾词与普通话的区别主要表现在两个方面：一是读音，二是构词能力。

（1）普通话"子"尾词中的"子"在临西、南皮等县读 [tsๅ]，在邯郸市、鹿泉、沙河等市县读 [tə]，魏县、临漳等地读 [tɛ]，曲周读 [tei]，宣化读 [zə]。有的市县读音随前一音节韵母的不同而不同，如：邢台市的"子"尾多数情况下读 [tsๅ]，当前一音节韵母或韵尾为 [u] 时，"子"读 [ə]；涉县方言中前一音节或韵尾是 [u] 时，"子"读 [uo]；而当前一音节或韵尾是其他音素时，"子"则可以读 [lə]。

（2）河北方言中词缀"子"的构词能力明显强于普通话，着眼于与普通话的对应关系，这些"子"尾词又可以分为两种情况。普通话中有与之对应的非"子"尾词的，如：蜜虫子（蚜虫）、蝎虎子（壁虎儿）、地排子（蜥蜴）、油子（蝈蝈）、数珠子（蟋蟀）、蝇子（苍蝇）、夹猪子（种猪）、咕猫子（猫头鹰）、狐子（狐狸）、母狗子（母狗）、粪虫子（蝼蛄）、棒子（玉米）、包麻子（蓖麻）、树栽子（树苗儿）、锁子（锁）、锯子（锯）、锉子（锉）、磨子（磨）、褯子（尿布）、胰子（肥皂、香皂）、布袋子（口袋）、茅子（厕所）、麦青子（麦苗儿）、苗子（庄稼）、冷子（冰雹）、六指子（六指儿）、结巴子（结巴）、头子（头）、妹夫子（妹夫）、圪碌子（跟头）、庄子（宅基地）、窖子（地窖）、青子（蛋青）、黄子（蛋黄）、窝子（窝头儿）、货郎子（货郎）。

（3）"子"尾词的另一种情况是普通话中没有对应词的。普通话中之所以没有对应词，或是因为这些词表示的事物有突出的地方色彩，或是由于河北方言与普通话在构词方面的差别造成的。例如：二把枪子（技术不精、办事不得法的人）、苦苦菜籽（一种苦菜）、落到帮子（不务正业、到处闲逛的人）、小劈叉子（骂女孩儿用语）、头袱子（新娘盖头的红布）、降仓子（门前的台阶）、树行子（成行的小树林）、车跨子（车厢两边的木板）、方子（较小的方形布块儿）、迎冷子（秋冬交替季节）、半货子（半老的女人）、棵子（丛生的树或草）、血棵子（长辈骂晚辈用语）、吃家子（能吃的人）、唱家子（会唱的人）、老发子（名字中有"发"字的某人）。

（4）河北方言中还有一种"子"尾词不单独以名词的身份出现，而只出现于某些带有明显贬义色彩的组合或语境中。例如：不能单说"吵子"，但可以说"打吵子"（经常吵架）；不单说"小路子"，但可以说"跑小路子"（男人搞婚外恋）；不说"媳妇子"，而说"小媳妇子"（用于表达对儿媳的不满）。下面的词语也都属于这一类：那行子（那种东西，骂人用语）、拖拉舌子（说话时发音不清晰）、钢笔水子（出现于"弄了一桌子钢笔水子"等语境中）、大南边子（南边远得让人讨厌的某个地方）。

尽管河北方言中的"子"尾词明显多于普通话，但仍有少数普通话的"子"尾词对应的是河北方言的非"子"尾词。如河北的有些地方管"鸽子"叫"云鸡"，管"被子"、"褥子"叫"盖的、铺的"等。

2. 儿

河北方言中的后缀"儿"与普通话的区别主要表现在读音、表义、附着对象三个方面。读音方面的区别详见语音部分，本章只谈河北方言中的"儿"在表义和附着对象方面与普通话的区别。

（1）在唐山的遵化、丰润、玉田、丰南等县（市）和秦皇岛、廊坊的一些县（市），后缀"儿"的附着范围明显宽于普通话。附着于名词后的有"院儿、河儿、锅儿、井儿、坑儿"；附着于动词后的有"吃儿、搬儿、说儿、睡儿、跑儿、长儿、走儿、离儿、躺儿、拉儿、看儿、吊儿、摺儿、死儿、扔儿、装儿、撒儿"；附着于形容词后（"形＋儿"仍是形容词）的有"（傻）好儿（的）、（傻）甜儿（的）、（傻）凉快儿（的）、（傻）软活儿（的）、（傻）酥儿（的）、好儿（去咧）、灵儿（去咧）、明白儿（去咧）、干净儿（去咧）、胖儿（去咧）、利索儿（去咧）"。

（2）在上述地区，不仅"儿"附着的范围明显宽于普通话，而且词语儿化后表示的意义也有显著的特点：

① 除了与普通话相同的儿化外，一部分名词儿化后，表示方位，相当于在该名词后加方位词“里”。例如：屋儿有人——屋里有人；河儿有鱼——河里有鱼；锅儿有稀饭——锅里有稀饭；院儿栽树——院里栽树。

② 有些动词（少数是形容词）儿化后，表示动态或趋向，相当于在该动词后加“着、了、过”或介词“到”。例如：走儿瞧——走着瞧；跑儿来的——跑着来的；吊儿打——吊着打；吃儿饭了——吃了饭了；长儿能耐了——长了能耐了。

③ 有些动词、形容词儿化后，表示人或事物，相当于名词或的字结构。如：没吃儿了——没吃的了、年轻人注重穿儿——年轻人注重穿的、他净在背后使坏儿——他净在背后使坏心眼、往好儿想——往好处想、这条绳子不够长儿——这条绳子不够长度。

3. 头儿 /（头）

河北方言中的“头儿（头）”的构词能力与普通话基本相同，在有些地区，“头儿（头）”构成的词略多于普通话，如临西方言中的一些词是普通话中没有的：老吝头（吝啬鬼）、孙头（呆头呆脑的人）、日头（太阳）、唤头（匠人招徕顾客的响器）、号头儿（号码）。唐山方言中的一些词也是普通话中少见的：批评头、表扬头、闹哄头、干净头、热闹头、打扫头、怕头、恨头、爱头、抬头、丢头、站头。另外，河北方言中的“头”也是既有儿化的也有不儿化的，既有读轻声的也有不读轻声的。

河北方言中的“头儿（头）”与普通话的区别主要表现在表义方面，即在普通话中有些动词加“头儿”构成抽象名词，表示有做该动作的价值；而在河北方言中，这种“动 + 头儿”构成的词绝大多数表示的是具体事物。如在魏县、广平、曲周、临西、衡水等地方言中，“吃头儿”就是“吃的东西”，“想头儿”就是“所想的事情”。常见的这类词语有：添头儿（添加的部分）、折头儿（亏损的部分）、说头儿（说的内容）、争头儿（要争的东西）、坐头儿（坐的东西）、逛头儿（要逛的地方、景点儿等）、唱头儿（可唱的东西）、念头儿（想出的主意）、看头儿（看的东西）、刮头儿（刮的地方）、干头儿（干的事儿）、学头儿（所学的内容）、替头儿（代替的事物）、奔头儿（奔的目标）、研究头儿（研究的事情、内容）。

4. 们

河北方言中“们”的使用情况可大致分为四种类型。

（1）"们"的分布范围与普通话相同的，即用于人称代词和指人的名词后。唐山、承德、廊坊等地就都是这样。

（2）不用"们"也不用其他类似"们"的表达形式的，河北南部的魏县、大名及邢台的一些县（市）就都是这样。既不用"们"，也不用别的类似的形式，要表达"们"负载的语义常用的方法是：名词一般加数量定语或在语境中显示，前者如"五个人"、"一群孩子"，后者如"学生都来了"、"社员到齐了"。人称代词中与第一人称单数"我"相对应的表示多数的是"俺"和"咱"，"俺"是第一人称多数的排除式，"咱"是包括式。与第二人称单数"你"相对应的多数形式是"您"（这些地区没有发展出第二人称的敬称）。与第三人称单数"他"相对应的多数形式是"乜"，但"乜"并不是严格意义上"他"的多数，因为在这些地区，"乜"既可以表示多数，有时也可以表示单数，在词义上既可以与"咱"对立，有时也可以与"你"对立。在实际言语中，"他"的多数通常是用"他几个"、"他那一班子"、"他那一伙子"、"乜几个"、"乜那一大班子人"这样的词组表示。

应该指出的是，新河、南宫等县（市）虽基本情况与上述地区相同，但使用表示第三人称多数的"他们"。

（3）用"都"或既用"都"又用"们"的。邯郸市靠西北的一些县（市）具有这样的特点。这类情况比较复杂，细分起来又有如下几类：

① 肥乡等县只在人称代词后用"都"表示多数，而不使用"们"。肥乡方言的"都"可以构成"俺都（我们）、他都（他们）、你都（你们）、乜都（人家、他们）"，但没有"我都"。

② 邯郸市区、邯郸县等处既用"们"也用"都"。在这些地方，"们"的使用特点与普通话相同，"都"只能用于人称代词后构成"俺都、您都（你们）、你都、他都、人家都、谁都、咱都、乜都"，与肥乡一样，没有"我都"。

③ 永年方言也是既用"们"也用"都"，但"都"只限于用在人称代词后，且只能构成"俺都、您都、他都"，而不能说"你都、我都"。

④ 涉县方言是用名词和人称代词后加"们"表示多数的，但有一个表示第二人称多数的"您 [nən^{53}] 都"。

（4）"们"不仅用于人称代词和指人的名词后，也用于非指人名词后。石家庄的辛集、藁城、无极等，保定市、满城、定兴等，沧州的南皮、孟村、盐山等，衡水的武强、深州等是这样。

① 有少数地区的"们"不用于第一人称的"我"之后，如辛集市。大多数地

方的"们"可用于疑问代词"谁"之后。

② 用于非指人名词后的"们"不仅可用于可数名词后，构成诸如"鸡们、狗们、牛们、车们、树们"等，也可用于不可数名词后，构成诸如"水们、活儿们、话儿们、菜们、火们、风们"等，如"风们刮得真大"、"这个人话儿们真多"、"这些活儿们十天也干不完"等都是很常见的说法。

③ 从数量方面看，只有往多里说时才能用"们"，表示少时不能用"们"。下列两两相对的说法中，都是前边的一种可以说，而后边的一种不能说：水们把房子都淹了——给我点儿水们、把一大堆菜们都瞎了——把那一点儿菜们扔了吧、风们这么大，把树都刮倒了——这点儿风们太小，吹不干净。

由于有这样的特点，加"们"的名词往往出现在强调或表示该名词代表的事物数量大的定语之后，例如：这一大伙仔鸡们、瞧你们干的这些事们、这一大堆铁们都锈坏了、连着刮了好几天的风们。

5. 乎（火）

在廊坊市及大城、大厂和张家口的阳原等地，有一个多写作"乎"（或"火"），读音分别为 [xu] 和 [xuo²³²] 的后缀，其表义特点与普通话中"咋呼"、"玄乎"等词语中的"乎（呼）"有相同之处，但又有明显的差别。

（1）"乎"在廊坊、大厂、大城等市县是一个常用的后缀，"乎"构成的词语可以依据其中词根的不同分为如下几类：

① 煽乎、吹乎、聊乎、搅乎、搋乎、离乎、赶乎、拉乎、耐乎、喝乎。

② 白乎、粗乎、黏糊、热乎、温乎、湿乎、近乎、邪乎、玄乎。

③ 狼乎。

④ 二乎。

第一类中"乎"加在动词性成分的后边；第二类加在形容词性成分的后边；第三类和第四类分别加在名词性和数词性成分的后边。"乎"构成的词语多含贬义，多表示动作的无章法、不合规范、无所顾忌和程度的加深等意义，如："煽乎"、"白乎"、"聊乎"都是指漫无边际地瞎说；"狼乎"是快而杂乱、快而不顾质量的意思；"热乎""糊乎"表示"热""糯"程度的加深；"二乎"指人马马虎虎，不明事理，不分好歹。

（2）阳原方言的"乎"也多附着在动词性或形容词性成分的后边，整个词的意思与普通话中动词、形容词性成分加"得慌"的意义基本相同，只是阳原方言中的"动（或形）＋乎"比普通话的"动（或形）＋得慌"在语气上要稍弱些。阳原方言中"乎"构成的词语常见的有：烧乎、恨乎、气乎、咬乎、吵乎、淘乎。"气乎得不行"、"真叫人恨乎"、"咬乎得受不了"、"吵乎得连觉都睡不成"、"十好几了还整天淘乎得不行"等说法是很常见的。另外，献县及周围市县的后缀"囊"及带"囊"的动词在表义上与上述带"乎"的动词基本相同，如：掰囊、裹囊、塞囊、撑囊、搓囊、杵囊、憋囊、窝囊、喧囊、熊囊。

6.家儿（家子）

（1）作为后缀的"家儿"在河北省最南端的魏县、大名常用。在使用"家儿"的地区，有一个与"家儿"在表义特点、用法方面都既有相同一面，又有所区别的"家子"。

（2）河北方言中的后缀"家儿"与普通话中的后缀"家"有很明显的区别。

①普通话中用后缀"家"组成的"××家"，如"政治家、科学家、艺术家、文学家"等是指在某一方面具有高深造诣或一定权威性的人，而河北方言中的"动＋家儿"却只指发出"动"代表的动作行为的一般人："喝家儿"就是喝（水、酒）的人，"唱家儿"就是唱（歌儿、戏）的人，"卖家儿"就是卖（东西）的人，"说家儿"就是说（书）、讲（故事）的人。

②普通话中与"家"组合的实语素绝大多数是名词性的，而河北方言中与"家儿"组合的实语素则都是动词性的。

③普通话中的后缀"家"绝对不能儿化或在其后加后缀"子"，而河北方言中则要么是"家"的儿化形式，要么在其后加后缀"子"。

（3）可以构成"动＋家儿"的动词具有以下特点：

第一，数量方面是开放的，构成的"动＋家儿"也是开放的，无法全部列出，下面是一部分常见的"动＋家儿"式合成词：干家儿、写家儿、听家儿、缕（砌）家儿、挖家儿、讲家儿、问家儿、说家儿、画家儿、学家儿、种家儿、卷（骂）家儿、修家儿、编家儿、唱家儿、垒（砌）家儿、织家儿、裁家儿、锯家儿、锄家儿、买家儿、卖家儿、抢家儿、争家儿、吃家儿、喝家儿、抬家儿、割家儿。

第二，绝大多数是单音节的，双音节的很少，三音节以上的几乎没有。

第三，必须是表示人的行为动作的，这是由"动＋家儿"都是表示指人的名词这一点决定的。"灭、化、塌"等与人的动作行为无关的动词不能构成"动＋家儿"。

第四，一般须是表示动作行为的，不表示动作行为的关系动词，如"有、是、在、姓、像"等不能构成"动＋家儿"。状态动词只要是表示人的某种状态的，可以构成"动＋家儿"，如"病家儿、醒家儿、活家儿"。

第五，一般应是口语中常用的动词。具备了第二、三、四三个条件后，一个动词能否构成"动 + 家儿"，就取决于这个动词在口语中出现的频率了。口语中出现的频率越高，构成"动 + 家儿"的可能性就越大，反之就越小。"骂、骗、捉"等动词具备第二、三、四三个条件，但却不构成"动 + 家儿"式名词，原因就在于它们在口语中很少出现。

（4）"家儿"与"家子"的区别主要有两点：

第一，"动 + 家儿"既可以用于"是个'动 + 家儿'"这种对"动 + 家儿"代表的人的能力有所肯定的结构，也可以用于"三个喝家儿才喝了一两酒"这种对"动 + 家儿"代表的人的能力有所否定的结构。而"动 + 家子"则只能用于对"动 + 家子"代表的人的能力有所否定的结构，如："不是个锄家子"是说某人锄地的技术不行；"啥唱家子"是指某人唱歌或戏的水平很低。

第二，像"醉、病、懂"等非自主动词只能构成"动 + 家儿"，而不能构成"动 + 家子"。

7. 点子（点儿）

（1）河北方言中的"点子"有三种用法：一是名词，意为主意；二是量词，意为一些；三是后缀。作为后缀，把"点子"换成"点儿"，只是语气更轻松随便些，没有其他的差别。作为后缀的"点子（点儿）"见于河北最南端的魏县、大名等地方言。

（2）后缀"点子"用于"动 + 住"之后，构成"动 + 住 + 点子"，如：摁住点子、系住点子、关住点子、敲住点子、拿住点子、捆住点子、抬住点子、看住点子、拽住点子、推住点子、听住点子、记住点子、提住点子、卖住点子、站住点子、招伙（看管）住点子、保驾（护卫）住点子、磨道（锣哆嗦嗦地说话）住点子。

这种结构可以不加任何成分，只加上祈使语调构成祈使句，如"提住点子、站住点子、抬住点子"。如果其中的"动"是及物动词，也可以带上宾语构成祈使句，如"拿住点子这几件衣裳、摁住点子那个猪"。在"点子"或宾语后加"了"，可以构成陈述句，如"打住点子了、站住点子了、拿住点子衣裳了"。

无论是在祈使句里还是在陈述句中，这种结构中的"点子"都已经没有任何事物和数量的特征了。去掉结构中的"点子"，语句照样成立，而且意义上没有明显的变化，只是加"点子"的结构口语色彩稍浓些罢了。

（3）"动 + 住 + 点子"结构中的动词须具备如下特点：

第一，一般须是持续性动词，非持续性动词不能构成这种结构。如"去住点子"、"来住点子"、"看见住点子"、"结婚住点子"都是不能成立的。

第二，都是自主动词，非自主动词不行。如"病住点子"、"醉住点子"、"瘫住点子"、"疼住点子"都是不能成立的。非自主动词不能构成"动＋住＋点子"，但能构成"动＋住＋点子＋了"和"动＋住＋点子＋宾语＋了"。如"碰（撞）住点子了"、"碾（压）住点子人了"，"碰"、"碾"都是非自主动词，不能构成"碰住点子"、"碾住点子"。

（4）普通话中有一种"动＋着＋点儿"结构，这种结构与河北方言中的"动＋住＋点子"结构有共同之处。比如普通话的"拿着点儿"、"看着点儿"与河北方言中的"拿住点子"、"看住点子"表达的意思就是基本相同的，但二者又有明显的区别。

第一，河北方言中的"动＋住＋点子"可以加"了"或加宾语后再加"了"构成陈述句，而普通话中"看着点儿了"、"跳着点儿了"却都是不能成立的。

第二，河北方言中仅用于祈使句的"动＋住＋点子"，也与普通话的"动＋着＋点儿"表达的意思不完全相同。河北方言中的这种结构按照表义的特点可以分为两类：一类表达使动作涉及的对象在受到动作作用后处于一种新的状态。例如："关住点子"表示被关的"人或事物"由未关到被关的状态变化；"系住点子"表示事物由松开着到被系上的状态变化。另一类表达使已经存在的动作状态持续下去的意思。例如"卖住点子"表示要求继续卖下去，"敲住点子"表示继续敲下去的意思。普通话中的"动＋着＋点儿"只能表示河北方言"动＋住＋点子"所表达的两种意思中的第二种。

二、河北方言与普通话词类差异

河北方言在词类方面与普通话大同小异，如词类及各类词的功能等与普通话都是基本相同的。其差别多表现在同一类词中某些个体的不对应或说是功能上的差别。比如，同是动词中的趋向动词，普通话中只有"起来"，没有"起去"，而河北方言中既有"起来"，又有"起去"。再比如，河北方言中"起"表示动作的完成比普通话的使用范围大，普通话只能说"捡起地上的东西"，而不能说"总结写起没有"，而河北方言则两种说法都可以。为了叙述的方便，本文只谈词类中与普通话不同的部分和内容，叙述按名词、动词、形容词，数词、量词、副词，代词、介词，连词、助词、语气词、叹词的分类并在与普通话的对比中进行。

（一）名词、动词和形容词

河北方言的名词中，与普通话差别较明显的是方位名词。如魏县、大名方言保留了近代白话中的"厢"，构成"这厢"、"那厢"，两词只用于"头朝这厢"、"头朝那厢"这两个词组中，"厢"读轻声 [iɑŋ]。井陉方言除与普通话一样说"上边、上面、上头、之上"外，还说"顶上、高头、肤头"，魏县、大名方言也说"顶上"。望都方言除说"左边、右边"外，还说"左捱、右捱"。井陉方言除说"中间儿、当中"外，还说"当间儿、当处儿"，尤其是"当间儿"一词，在河北大部分地区都使用。整个看起来，河北方言中的方位词比普通话丰富。

普通话中的双音节趋向动词，大多是两两对应的，如"上来"对"上去"，"开来"对"开去"，只有"起来"没有与之对应的"起去"。但河北的张家口、宣化一带则既有"起来"，又有"起去"；"起去"与动词组合，表示动作的施事向远离说话人的方向运行。有的趋向动词，普通话与河北方言中都有，但在用法上有差别，比如前边我们已经提到过的"起"，在普通话里可以表示动作的出现或开始，如"天边上升起了乌云"，"前边响起了轰隆声"；也可以表示动作的完成，如"他拿起东西就走"。在河北的张家口、宣化一带，"起"也同时具备这两种功能，但表示动作完成的"起"的使用范围比普通话大。例如：河北方言可以说"事情办起了没有"，普通话只能说"事情办好了没有"；河北方言可以说"房子盖起了"，普通话只能说"房子盖完（好）了"。

普通话和河北方言中都有一部分本身含有程度意义的双音节形容词，但两者比较起来，河北方言的这类词多于普通话。下面的这些词就是普通话没有或很少用的：焦甜、焦绿、齁甜、黢青、精稀、血好、血辣、稀酸、稀甜。另外，河北方言中形容词的生动形式也与普通话有较明显的差别。

（二）数词、量词和副词

河北方言的数词，除与量词合音的情况，如"一个、十个"等之外，与普通话没有明显的差别。

1. 量　词

河北方言的量词与普通话的区别主要有以下三个方面：

（1）河北方言的某个量词与普通话虽不相同，但与普通话中的某个量词对应。例如廊坊方言与普通话对比：一子儿挂面——一把挂面、一挂大车——一辆大车、一支牙膏——一筒牙膏、一根铅笔——一支铅笔。再如，邯郸南部的魏县、大名等县，说笔论"杆"，管一头蒜叫"一圪嘟儿蒜"，管一拨人叫"一替子人"。

（2）河北方言中量词"个"的使用范围很宽，几乎到了所有的事物都可以用"个"做量词的程度。下面是邯郸、廊坊、衡水、唐山等地"个"使用情况的例子：

一个蚕、一个蝇子、一个桌子、一个床、一个鸡、一个板凳、一个钉子、一个驴、一个马、一个歌儿、一个蚂蚁、一个笔、一个灯、一个机器、一个车子、一个箱子、一个花生仁儿、一个拖拉机。

（3）一部分动量词与普通话不同，如：普通话说"说一遍"，深州方言说"说一会儿"；普通话说"跑一趟"，宣化方言为"跑一锤"；普通话说"睡一会儿"，泊头方言说"睡一丝儿"；深州方言管割或者锄一个来回叫"一遭"，管头一次去叫"头一摸儿去"。

2.副　词

河北方言的副词与普通话的区别主要可以通过如下几个方面反映出来：

（1）河北方言中有一些使用频率很高而普通话中不用的副词，如：张家口等地的"盖"（从来："盖没去过"）；文安等地的"刨地根儿"（从来："刨地根没说过"）；廊坊一带的"居工儿"（经常："他居工儿去舞厅"）；唐山一带的"傻"（非常："那个人傻好儿"）；唐山一带的"虚微儿"（稍微："虚微有点儿胖"）；魏县、大名等县的"将一"（刚："老头儿将一走了"）；武邑等县表示强调的"白"（"我白不吃你的"、"我白不借给他"）。

（2）河北的大部分地区都很少用"很"、"极"做补语表示程度。普通话的"好得很"、"好极了"，石家庄市区周围用"可好哩"，廊坊用"太好了"；邯郸南部的市县用"好着呢"（音 [tɛlɛ]），有时也用"好得很着呢"，但"好得很"后必须跟"着呢"，否则便不能成立；献县方言用"好多多咧"；武强用"忒好了"；辛集、正定、平乡等县（市）则用形容词前加"可"或后加"不行"的方法表示，如"可大哩"、"好得不行"。

（三）代词、介词

1.代　词

河北方言中的代词有些地区与普通话大致相同，如廊坊市除"自己"多说"自个儿"外，其余代词都与普通话相同；也有一些地区与普通话有较明显的差别，如在南皮方言中代词虽也分为人称代词、指示代词、疑问代词，但各类中都有与普通话不同或普通话中没有的词。

河北方言中代词与普通话有较大差别的地区主要是张家口、邯郸、沧州、衡水和保定，其主要区别表现在如下几个方面：

（1）河北方言中的一部分代词是普通话中不用或很少使用的。除上边提到的南皮方言词语外，人称代词方面常见的有：宣化方言的第一人称单复数除用"我"、

"我们"外，还可以用"俺"、"俺们"；怀来方言的第一人称代词则用"氓"；魏县、大名方言的第三人称单复数都可以用"乜"。

（2）河北方言中人称代词的敬称形式比普通话多样儿。承德、廊坊等地同普通话一样用"您"表示第二人称单数的敬称；保定、邯郸南部则没有人称代词的敬称形式，在邯郸南部的魏县、大名，"您"是第二人称的复数形式。沧州等地的第二人称敬称形式是"你老"。普通话没有第三人称的敬称形式，廊坊等地则有表示第三人称单数敬称形式的"偬"，而且可以有复数形式"偬们"。

（3）河北的衡水、沧州等地存在指示代词远指、中指、近指三分的情况。近指代词是"这"，远指代词是"那"，中指代词是"哈"。在上述地区，当所指对象只有两个或需要一分为二时，"那"和"哈"可以自由替换；而在所指对象为三个或需要一分为三的时候，"那"和"哈"就有了较为明确的分工。在武强方言中，如果甲对乙说"这本书是我的，哈本书是小王的，那本书才是你的"，那么，这句话中的"这本书"是指距交谈双方最近的一本书，"哈本书"是指离交谈双方较远但能看得见的一本书，"那本书"则一定不在眼前。

（4）河北方言中部分人称代词的语法特点与普通话有区别。衡水、张家口一带的"谁"可以加"们"构成"谁们"，这个"谁们"既可以表示复数，也可以表示单数。在邯郸、邢台的一部分县（市），"我"一般不修饰表示亲属称谓或机关单位的名词，不说"我妈妈、我爷爷、我奶奶、我县、我校"，而说"俺妈、俺爷、俺县、俺学校"。

2.介　词

（1）河北方言中一部分常用的介词是普通话中不用或很少用到的，如：魏县的"立着"（顺着："他老是立着墙根儿走"）；保定、邢台、魏县、大名方言中的"打"（从："他是打南边来的"）；武强的"会"（跟："我会他一起来的"）；清苑方言的"给"（到："你给哪儿去"）"我给上海去"）；张家口、廊坊一带的"解"（从："你解哪儿来"，"我解北京来"）；清苑方言的"般"（比："我般你大"）；廊坊的"得"（从："他得北京来"）；永年、魏县的"连"（把："连门关上"）；永年、魏县方言的"拿"（把："拿他叫来"）。这些介词有的可能是合音或音变的结果。

（2）河北方言中一部分与普通话相同的介词读音与普通话不同。

（3）与普通话相同的介词在河北方言中所起的作用或表示的意义不同。如"在"（音 [tsai]，义同"从"，武强）："你在哪儿来的？""我在北京来的。""从"（义同"在"，廊坊）："大伙儿都从礼堂开会呢。"

（4）河北方言的介词存在着一种类化现象，即同一个介词表示多种不同的意义或功能作用。如，普通话用"从、跟、在"的地方，新乐方言都可以用"给"："他给（从）北京来"；"他给（跟）小刘一起来的"；"王老师给（在）小芳家吃的饭"。永年方言中，普通话用"从、在、跟"的地方都用"搁"："王老师搁（在）二年级上语文课"；"你搁（从）哪儿来还到哪儿去"；"我要搁（跟）王老师一起去"。普通话用"从、跟、在、到、把、被"的地方，魏县方言都可以用"隔"："我隔（从）北京来嘞"；"他隔（在）上海上学嘞"；"小四儿家隔（被）贼偷了"。大名的情况与魏县基本相同，只是魏县方言中这个介词读"隔"，而大名读 [kei] 或 [kɣ]。

（5）普通话中用于动词之后并与后边的宾语一起组成介宾词组充当补语的介词，在唐山、秦皇岛等地用"儿"化形式代替。如：放在桌子上（普通话）——放儿桌子上；写在黑板上（普通话）——写儿黑板上。

（四）连词、助词

1.连　词

许多普通话用连词或较多使用连词的地方，河北方言中不用或较少使用连词，如："他爹他娘都来了"；"那一阵儿，我他都吃饱了"。上述两句中，在"他爹他娘"、"我他"中间，普通话一般要加"和"。又如："反正已定着来了（普通话：既然已经来了），那就不用走了"；"再咋着说（普通话：无论怎么说），我也不去了"；"到赶上世界先进水平的时候（普通话：即使赶上了世界先进水平），还得跟外国人学"；"学好学不好（普通话：无论学好学不好），反正得上学"。

河北方言中的某些连词，普通话中不使用或很少使用，如："前街跟着后街都去人了"；"寸管（无论）你咋着说，都管不了事了"；"再分（只要）我能干，就不用你帮忙"；"但凡（只要）天不下雨，我一定来"；"只管走，只管说（普通话：一边儿走，一边儿说）"；"不用管你去不去，反正这儿得去（普通话：不管你去不去，反正我是要去的）"；"但得（如果）你能来，就来吧"；"怨不得人家粮食打得多，赶兴（因为）人家是科学种田"；"只得（除非）你去，那事儿才能办成呢"；"多吃点儿，要不是（如果不多吃点儿）撑不到晌午"。

2.助　词

（1）河北方言的结构助词"的""地""得"与普通话用法大致相同，差别只在读音，如，肥乡、魏县、大名的大部分地方读 [lɛ]，广平、曲周、沙河、邯郸市、成安读 [lei]，威县、故城、丰南、清苑读 [ti]，永年读 [lɛ] 或 [lei]，邱县、馆陶在县内的不同地点有 [lɛ]、[li]、[ti] 三种读音，石家庄读 [tə] 或 [li]。

（2）动态助词"着"、"了"、"过"中，河北方言的"过"与普通话相同，"了"已在有关的章节有较详细的叙述；"着"与普通话的区别主要表现在如下几个方面：

① 在大部分地区，"着"的用法与普通话相同，只是读音不同。

② 在少数市县，"着"随着语法意义的不同而有不同的读音。如在广平，"着"有两种读音：表示存在意义时读 [lei]，如"手里拿着一本书"，"墙上贴着一幅画儿"，"门口坐着几个人"；表示动作行为正在进行的意义时读 [tə]，如"正开着会嘞"，"外边下着雨呢"，"低着头不吭声儿"，"走着走着碰到树上了"。

③ 在唐山、秦皇岛一带，表示动态多不用"着"，而是用动词的儿化形式。如："骑儿马来的（骑着马来的）"；"哭儿喊儿要媳妇儿（哭着喊着要媳妇儿）"；"哭儿走的（哭着走的）"；"说儿话吃饭（说着话儿吃饭）"；"吊儿打（吊着打）"。

（3）河北方言中还有几个与普通话不同或普通话没有的助词。

在河北的大部分地区，都有一个与普通话"来着"功能相同的"来"，这个"来"在有的地区读 [lai]，有的地区读 [lɜ]。如："我小时候在这儿住来"；"我前几天去来"；"刚才门开着来"；"夜个跟厂长说来"；"他家那会儿有来"；"这会儿没来"。在唐山一带，如玉田、遵化有一个"着"，其意义和功能与上述的"来"相同，如："你做啥去着（你做什么来着）"；"我小时候在这儿住着（我小时候在这儿住来着）"。

（4）在河北的晋语区，如阳原、崇礼、涉县等地有一个可用于动词或动宾词组之后，读音为"动"的成分，"动词＋动"表示的意义是"……的时候"。上边说到的"动"除了既可以用于动词后也可以用于宾语后这一特点之外，"动词＋动"或"动词＋宾语＋动"还有如下的特点：

一是其中的"动"多可以换成"动了"或"动儿"。二是包含这种结构的句子只能用于说明将来如何，不能用于表述过去。"早晨我来的时候碰见王老师了"中的"来的时候"不能换成"来＋动"。下面的句子可以表现"动"、"动了"、"动儿"出现的语境："你们回来动厮跟上"；"过来动把报纸带上"；"看戏动我叫你"；"吃饭动了我叫你"；"你上车动了叫我"；"你出去动儿说一声儿"。

（5）在邯郸的魏县、大名、广平、曲周、成安，有一个用于动词或动宾词组之后，读音为"嘞吧"的成分。这个成分一般只用于祈使句的末尾，表示句子中动词代表的动作将不再说话处而在另一个地点儿实施。例如："咱看电视嘞吧"表示要到另一处去看电视；"吃饭嘞吧"、"上学嘞吧"、"睡嘞吧"中的"嘞吧"也都表示动作地点的转移。

（六）语气词、叹词

1. 语气词

（1）吗。河北方言中，除廊坊、承德的大部分地区和涿州外，其他地区都不使用语气词"吗"。廊坊的大城、大厂、三河、安次、霸州、永清，承德的平泉、隆化以及涿州都可以说"拿动了吗"、"拿得动吗"、"这个吃得吗"、"吃饭了吗"、"这活儿他干完了吗"，其他地区都不这样说。在不使用语气词"吗"的地区，与普通话含"吗"语气词的疑问句在表义上相对应的问句表现为：

① 用别的类型的问句。如魏县、大名、阳原、崇礼方言就多是用反复问句与普通话的这类是非问句相对应："他是不是天津人（他是天津人吗）"；"你去不去（你去吗）"；"你知道不知道（你知道吗）"；"老赵买肉不买（老赵买肉吗）"。

② 把句子尤其是句子末尾的字眼读成上扬的调子。邯郸市区及其周围一些县（市）就是这样。比如：普通话说"是吗"，邯郸人说一个语调上扬的"是"就表达了与"是吗"同样的意思；普通话说"你去吗"，邯郸人说一个语调上扬的"你去"。

③ 在句子的末尾用与"吗"相同的语气词"拜"、"呗"或"不"、"没"。保定、石家庄、唐山、献县、冀县、巨鹿、曲周、馆陶、邱县等地都可以说："你能上去拜"。平山、大名、遵化、滦县、南皮、献县、阳原、涞水、徐水等地都可以说"这个东西拿动不了"、"你看戏不"、"小王在家干活儿不"、"俺该来不"、"他愿意说不"。唐山、玉田、遵化、阳原、孟村、满城等地都可以说"洗干净了没"、"你上天津去过没"、"还有酒没"、"你那儿还有画儿没"。

武邑一带方言中有一个语气词"生天的"，这个语气词一般用在谓词性成分的后面，全句陈述一种事实。例如："别理他们，一家子混蛋生天的"；"那个人要不得，整天喝酒生天的"；"这孩子不听话，淘气生天的"。"生天的"常用于说话人有不满情绪要对某人发泄的句子。在这种句子里，说话人对所涉及的事物是不满的，持否定态度的，但又觉得因此赌气是不必要的、不值得的。经常出现在"生天的"这一语气词之前的谓词性成分有"没出息、捣乱、打麻将、尿炕、玩钱、不务正业、瞧不起人、少调失教"等。

2. 叹　词

在魏县、大名、广平、成安、馆陶、曲周、邱县等地有一个使用频率很高的叹词"啊嘞"。"啊嘞"用于祈使句之后，表示叮嘱、强调之意，如："路上慢点儿，啊嘞"；"到你二姑姑家去一趟，啊嘞"；"少吃恁些糖，啊嘞"；"黑咾少熬点儿夜，啊嘞"。这些句子中的"啊嘞"也可以单用"啊"，但单用"啊"的情况较少。

三、河北方言与普通话句式差异

（一）是非问句

是非问句是让听话人作肯定或否定回答的问句。普通话的是非问句通过升调或兼用疑问语气词"吗"来表示，主要有三种形式：第一种，用升调表示，例如："他们都走了？"第二种，用升调兼用疑问语气词"吧"表示，例如："你快三十了吧？"第三种，用升调兼用疑问语气词"吗"表示，例如："他们想家吗？"

河北方言的是非问句也有三种表现形式，第一种、第二种与普通话相同，第三种与普通话小有区别，一般不使用疑问语气词"吗"，而是用别的语气词，基本上是"啊"，"啊"在各地的读音不同。例如：保定方言中说"找着信咧拜？"；邯郸方言中说"他还没说完嘞（lei）"；石家庄方言中说"他还没说完哩"。

（二）反复问句

普通话的反复问句是把陈述句中谓语的肯定形式和否定形式并列在一起作为选择的项目，加上疑问语调，让回答的人在其中选择一种。如果一个陈述句的谓语部分是述宾结构，相应的反复问句有三种形式：

1. 动词 + 宾语 + 不 + 动词 + 宾语

2. 动词 + 宾语 + 不 + 动词

3. 动词 + 不 + 动词 + 宾语

例如：开会不开会 / 有人没有人；开会不开 / 有人没有；开不开会 / 有没有人

河北方言里这些说法都有，一般是受过教育的人使用，绝大多数人使用的反复问句形式与普通话有些差别。河北方言中反复问句常见的形式有三种：

1. 谓语 + 不（没）

谓语后边加上"不"或"没"，加上疑问语调，表示肯定否定两个选择项目，让回答的人选择一项，可以是肯定的，也可以是否定的。这种格式在河北方言中较为普遍，例如唐山方言中：还研究不？ / 他高兴不？ / 有书没？ / 开会不？ / 咱们还看这个电影不？ / 你的横笛借给我吹一把，中不？ / 别盖盖儿，让我再听一把行不？

2. 谓语肯定式 + 谓语否定式

肯定否定并列这种反复问句在河北方言中比较普遍，邯郸、张家口及毗邻太行山的一些县（市）使用这种肯定否定并列格式发问比较普遍，在这些地方很少有别的形式。例如邯郸方言中：这个箱子你拿动唠拿不动？ / 这朵花儿香不香？ / 俺该来不该来？／他愿不愿说？／你打算去不打算去？／他能来不能来？／他敢不敢去？／这个谜儿你猜着猜不着？

3.谓语是双音节动词、形容词时肯定否定相叠问句的变异形式

当谓语是双音节动词或形容词时，河北方言里有一种反复问句的变异形式，通常是把双音节动词、形容词的语素拆开，作"A不AB式"重叠，如：这个问题咱们还研不研究？／听到这个信儿他高不高兴？这种形式有的地方只发生在个别词语上，有的地方很多词语都能这样使用。例如唐山方言中：你出不出席那会儿？／他愿不愿意说那事儿？／他知不知道我当兵咧？／还通不通知其他的人？

"AB不A"的叠问格式只限于动宾式双音合成词或与这种合成词极为相近的单音节动词带单音节的宾语，其他非动宾关系的合成词一般不这么重叠。但也有一些人连类而及，把非动宾关系的合成动词用在"AB不A"的格式里。例如唐山方言中：动员会儿你参加不参？／你在大会上报告不报？／这个错儿你改正不改？

这种连类而及用在主谓关系的动词上，就成了"AB不B"，例如：性急不急？／胆小不小？／地震不震？／年轻不轻？／眼红不红？／面热不热？

（三）比较句

普通话的比较句肯定式用"甲比乙A"、"甲和乙一样A"，否定式用"甲不比乙A"、"甲不如乙A"、"甲赶不上乙A"等。河北方言的比较句也用这些形式，但引入比较对象的词语比普通话的形式多。

1.肯定式

（1）甲比乙A

这是普通话比较句常用的肯定式，河北方言也这么用，引进比较对象的介词"比"在河北大多数地区都读送气音[ʻpʻi]，与动词"比[ʻpi]"不同音。有的地方介词"比"后还可以带上一个语素"着"，说成"比着"。例如保定方言中：这个比那个强。／这个比着那个强。／这会儿怎么也比早先儿好。／你比他会说话。／种西瓜比种粮食收入高。

保定方言里引入比较对象的还有一个介词"板"，也可说"板着"，普通话不用。例如：这个孩子板那个孩子脑瓜儿好使。／这个孩子板着那个孩子脑瓜儿好使。

定兴方言引入比较对象的介词可以用"凭"、"凭着"，容城方言用"丁"、"丁着"。例如：在家里种菜凭上北京做小工儿活强。／你们日子凭着我们好过。／这个板凳丁那个板凳结实。／开商店丁着种地活绰。

"比"用得广泛，可适用各种比较场合，"板"、"板着""凭"、"凭着""丁"、"丁着"所适用的语境就受到一定的限制，如涉及褒贬时，可以说"你板你哥哥大方"，不说"你板你哥哥小气"。

（2）甲跟乙一般儿……

"甲和乙一样……"在河北方言中常说成"甲混乙一般儿……"或"甲跟乙一般儿……"。例如：这本书跟那本书一般儿厚。/你们家粮食跟我们一般儿多。/老二混老大一般儿高。/种菜混种西瓜一样儿费工夫。

引入比较对象的介词还可以省去，说成"甲乙一般儿（一样儿）……"。例如：老二老大一般儿高。/种菜种西瓜一样儿费工夫。/细粮粗粮一样儿吃。/家里外头一样儿热。/他们俩一般儿大。/两棵树一般儿粗。/背着扛着一般儿沉。

（3）甲有乙（那么）……

例如：电线有手指头那么粗。/人有咧格儿那么多。/他个儿有你那么高。/水有一房深。/下的雹子有枣儿那么大。

"甲有（像）乙那么……"用在假设句的前一分句。例如在保定方言中：他有你那么孝顺就行咧。/老二家像老大家那么懂情理，这事儿就好办咧。

（4）甲跟乙（也）似的

例如：脑袋上那个疙瘩跟鸡蛋也似的。/那个厉害劲儿，跟你姐姐似的。/俺们那二小子也就跟他也似的这么个年岁儿。/我们就跟平常也似的，吃顿便饭。

2.否定式

河北方言比较句的否定式有"甲不比乙……"、"甲不如乙"、"甲没有乙……"、"甲不跟乙……"、"甲不敌乙"五种形式。其中，当句子谓语的中心是形容词时，"甲不比乙……"的否定副词"不"可以直接放在该形容词前，说成"甲比乙不A"，语气比"不比乙A"缓和。

（1）甲不比乙……

例如：你不比我强。/你比我不强。/我不比你大。/我比你不大。/这块麦子不比那块好。/这块麦子比那块不好。/冬天不比夏天好过。/冬天比夏天不好过。/老二不比老大宽绰。/老二比老大不宽绰。

（2）甲没有乙……

例如：你没有我大。/你没有你哥哥会说话。/他没有你大方。/今年没有去年生格热。/你走路没有他快。/种粮食没有种菜上算。

（3）甲不如乙/……甲不跟乙

例如：干活儿你不如你二哥。/南房不如北房暖和。/你任人儿不如。/老大不如老二学习好。/种西瓜不如种菜。/投亲不如访友，访友不如住店。/你不如他会说话。/三五百里，坐火车不跟坐汽车。/要挣钱，开厂子不跟做买卖。/种西瓜使化肥不跟使磨油酱。/学习他不跟你。

（4）……甲不敌乙

例如：把家过日子他不敌你。/赶集上店做买卖，谁也不敌他。/你不敌他有调算。/干了半天还不敌人家干一会儿呢。/要是这么着，还不敌我不去呢。

（四）被动句

普通话的被动句有两种形式：一种是不用"被"引出施事，句首的名词是受事，受事后边紧跟施事，后面是谓词性成分，构成名（受）＋名（施）＋动词的格式，即受事主语句；另一种是用"被"引出施事，即名（受）＋被＋名（施）＋动词。后一种在某种条件下施事可以不出现。例如："这种画儿早卖完了"；"那几个坏蛋被公安局抓起来了"；"那几个坏蛋被抓起来了"。

河北方言的被动句有三种形式。第一种与普通话相同，即名（受）＋名（施）＋动词。第二种是名（受）＋叫（让）＋名（施）＋动词，"被"字在口语里一般不用，多用"叫"或"让"，"叫"、"让"后边的施事必须出现，不能省略。第三种是名（受）＋着＋名（施）＋动词。例如保定方言中的"剪子他给丢咧"、"山药给刨完咧"、"云彩叫风吹散咧"、"老二叫人家打坏咧"、"白粥叫孩子们给吃完咧"、"省下的钱都让他们给糟咧"、"果木园着人家外村里包喽去咧"、"他家二小子着石头砸着咧，快看看去吧"。保定方言的被动句不管哪一种都可以在动词前加上助词"给"，这个"给"主要是帮助动词表示被动，施事出现也好，不出现也好，只要动词前加"给"，都是被动句。用"着"引出施事者的被动句在口语中非常普遍，普通话没有这种现象，但明清小说中有很多这样的句式，"着"应是河北方言中保留的近代汉语语法成分。

（五）把字句

普通话的把字句是"名词（施）＋把＋名词（受）＋动词"，河北方言中的有些把字句常常在动词前加上"给"，表示遭受义，"把"后的名词是施事，或者说不出是施事还是受事，前边也没有施事出现。还有些把字句里的"把"相当于"让"。例如：保定方言中的"把剪子给没咧"、"把眼给瞎咧"、"这几天又把个牲口给糟蹋（死）咧"、"平白无故地把钱儿瞎咧"、"硬把这事儿给黄咧"。《红楼梦》里有"把个凤丫头病了"这样的把字句，保定方言不能这么说，但上边的例子与此例相似。

（六）着字句

着字句是河北方言里的一种特殊句式，这种句式中的"着"（音 [ˌtʂau]）可以表示多种意义，这种用法在明清小说中经常见到，现在普通话一般不这么用，也可以说是古代语法现象的保留。

1. "着"表示"放"、"搁"的意思，后边的名词是受事宾语，"着"后有时可加补语。例如：味道还不够，再着上点盐。/ 他那红领巾我给他着到书包里咧。/ 锅开了着上米。/ 这些脏衣裳着的哪儿？/ 钱不够，我再着上点儿。

2. 表示"用"的意思，"着"后的名词是动作行为的工具。这样的"着 + 名"不能做谓语，只能做状语，后边必须有一个主要动词做谓语。例如：着勺子盛饭，别着手抓！/ 这些用不着的书着绳子捆起来塞到床底下。/ 你着石头压上那些纸，别让风刮乱喽。/ 着耳刮子扇他。/ 着脚踹他。

3. 表示使令意义，相当于"叫"、"让"。"着 + 名 + 动"构成兼语式。如：你们着个靠点的人看着这些工具。/ 不管怎么着，你着我住一宿吧。/ 着他出去买点儿吃的，我饿咧。/ 咱们着谁们盖房子。/ 这信儿着谁捎？

4. 表示遭受，"着"后的名词是施事，"着 + 名"不能做谓语，后面须有主要动词。例如：他出去着人家打了。/ 他家做买卖着别人赚咧。/ 你别着狐狸皮子压住。/ 村东那口井着他们占咧。/ 剩下的钱都着他们分咧。/ 做事别亏心，出门着人家指着脊梁骨骂。/ 这么做着人看见了笑话。

（七）双宾语句

普通话里双宾语句是指一个动词同时支配两个对象：一个指人，靠近动词，通常是人称代词，叫近宾语；另一个指物，一般不能是代词，叫远宾语。河北定兴方言里的双宾语句，远宾语可以是指物的代词，普通话不能这么用。例如：这朵花儿给了你它吧。/ 我送给你它吧。/ 我教给你它吧。

第七章 普通话发展与河北方言

第一节 普通话的起源与发展

普通话，国语的另一称呼，是一个国家的主流语音（官方用语）。各国都有自己的普通话以利于广泛交流，中国的普通话即中国官方推行的修正型首都雅音。在中国，"普通话"一词早在清末就出现了，清朝政府正式称呼是"国语"，民国时期多次制定国语读音，1949年新中国规定国语改称"普通话"。中国的国语或普通话就是现代标准汉语。

一、普通话的起源

早在商朝，就已有"雅音"的说法。据记载，当时已有中原雅音，直至战国时期百家争鸣之所需，这也表示在很早以前人们就已经有了"雅音入市"的共同心愿。

公元前770年，周平王迁都洛邑（今河南洛阳），自此，洛邑的语言就成为整个东周时期雅言的基础。孔子在鲁国讲学，他的三千弟子来自四面八方，孔子正是用雅言来讲学的。《论语·述而》中说："子所雅言，《诗》、《书》、执礼，皆雅言也。"

秦朝具体用什么语言无法考证。汉代国语为"洛语"，洛语承袭先秦时代的雅言。汉朝的汉语标准语称"正音"、"雅言"，也称"通语"。

西晋承袭汉代，以洛语为国语。永嘉之乱，洛京倾覆，东晋迁都建康（今江苏南京），洛语与中古吴语结合形成金陵雅音，为南朝沿袭。

二、古代普通话的发展

最早能够找到的官方推广共同语的政策在隋代。隋朝统一中国，定都长安（今陕西西安）。由于当时中国北方地区长期在北方游牧民族统治之下，汉族习俗文化发生了极大的变化，一心想恢复汉族礼乐的隋文帝做了很多恢复汉族文化的举措，其中包括任命陆法言等编著《切韵》，审定比较经典、纯正的汉语。

隋朝统一中国，编《切韵》，以金陵雅音和洛阳雅音为基础正音，南北朝官音融合形成长安官音（秦音）。唐承隋制。隋、唐国语为"汉音"，或"秦音"。隋唐建都长安，并以洛阳为东都，此时中原及关中汉音在与各民族交融后已有所演变。唐代在《切韵》的基础上，制定《唐韵》作为唐朝标准音，规定官员和科举考试必须使用唐韵。事实上，根据中古音韵所拟的唐诗读音，便与今日的粤语极为相近，指粤语为唐代正音并不为过。

元代定都在大都，就是今天的北京。元代朝廷规定学校教学要使用以大都语音为标准的天下通语。元代盛行杂剧和散曲，这是两种接近口头语言的新的文学形式。著名的杂剧作家关汉卿、马致远、王实甫都是大都人，他们的作品《窦娥冤》、《汉宫秋》、《西厢记》等反映出当时大都话的面貌。元代周德清的《中原音韵》是根据元杂剧的用韵编写的，书中归纳的语音（声母、韵母、声调）系统已经相当接近今天的北京话，因此，大都话成为近代普通话开始形成的最原始基础。

明朝建立后，定都南京，所以，南京官话作为雅言的嫡长子，一直受到推崇，为六朝官方语言。明初定都南京，以南京官话为官方语言，金陵雅音（以《洪武正韵》为规范）以古中原雅言正统嫡传的身份被确立为中国汉语的标准音。朱棣夺取建文帝的帝位，迁都北平（改为京师，称北京），从南京迁徙数十万贵族、富户、民众，南京官话迅速影响北京语音。经历明朝整个时代的过程，北京官话（异于北京胡同音）初步形成。

清朝定都北京，南京官话仍然是清代官场和知识分子阶层的主流官话。雍正年间（1728），清设正音馆，确立以北京官话为国语正音，北京官话的地位迅速抬升。到清末和民国初年的时候，北京官话的影响逐渐超过南京官话，最终在北洋政府时期以北京话为基础确立国语。作为汉语官方标准语的南京官话在民国时期逐渐退出历史舞台。

到了19世纪末，也就是清朝末年，中国的形势发生了很大变化，受到西方学术思想的影响，特别是受到日本的影响。日本在明治维新前后大力推广日本语的共同语，中国深受刺激。19世纪末，中国的文化生活发生很大变化。1909年，清廷设立了"国语编审委员会"，将当时通用的官话正式命名为国语，这是清代汉语首次得到官方命名，"国语"这个名词很快得到传播。1911年，清朝学部通过《统一国语办法案》，以京音为准的官话为国语，取代原来明代官话《洪武正韵》的地位，并加大力度推广。辛亥革命之后，"国语"这个词得到当时北洋政府的承认，成为民族共同语的称呼。

三、近代普通话的发展

清王朝的覆灭使北京官话的标准音地位受到了广泛的质疑。因此，民国初期出现两场关于国语的争论。

1. 关于国音的讨论

"普通话"这个词早在清末就出现了。1902 年，学者吴汝纶去日本考察，日本人曾向他建议中国应该推行国语教育来统一语言。这次谈话就曾提到"普通话"这一名称。1904 年，近代女革命家秋瑾留学日本时，曾与留日学生组织了一个"演说联系会"，拟定了一份简章，在这份简章中就出现了"普通话"的名称。1906 年，研究切音字的学者朱文熊在《江苏新字母》一书中把汉语分为"国文"（文言文）、"普通话"和"俗语"（方言），他不仅提出了"普通话"的名称，而且明确地给"普通话"下了定义："各省通行之话。"后来，瞿秋白等也曾提出"普通话"的说法。20 世纪 30 年代，瞿秋白在《鬼门关以外的战争》一文中提出"文学革命的任务，决不止于创造出一些新式的诗歌小说和戏剧，它应当替中国建立现代的普通话的文腔"，"现代普通话的新中国国文，应当是习惯上中国各地方共同使用的，现代'人话'的，多音节的，有结尾的"，并与茅盾就普通话的实际所指展开争论。经"五四"以来的白话文运动、大众语运动和国语运动，北京语音的地位得到确立并巩固下来。

1912 年 12 月，由蔡元培任总长的教育部成立读音统一会筹备处，由吴敬恒任主任，并制定读音统一会章程 8 条，规定读音统一会的职责是为审定每一个字的标准读音，称为"国音"。每个字的音素定下来之后，还要制定相应的字母来代表每一个音素。

1913 年，新建立的民国政府制定的老国音虽以北京音为主，但为了兼顾各地，仍具有南京官话的特征，如有入声等。当时预定为官方语言的国音是南京话和北京话的结合：平翘、前后鼻、尖团区分、部分音调按照北京话，而部分韵母、入声音调按照南京话，成为一个京音为主兼顾南北的复合普通话。

1918 年，公布了第一套国家认可的国音"注音字母"，以"折中南北牵合古今"为原则，包括保持入声特征，主要由北京官话和南京官话混合提取创造。南京大学教授张士一发表《国语统一问题》，其主张以北京话作为国语标准基础的意见得到当时多数人支持。

当时来自北方直隶省的著名语言学家王照（"官话合声字母"的发明人）对于会员构成非常不满，指出江浙人占25人之多，其中来自无锡的就有5人。经过激烈争论，最后决定会议实行一省一票制度，而不是每个会员一票。这个一省一票的制度是解读会议结果的关键。该会从清代李光地的《音韵阐微》中选出一批比较常用的汉字，对每个字都用每省一个表决权、多数票决定的办法，在1913年审定了6500多个汉字的读音，又对"俚俗通行"的汉字和化学新字、度量衡译音字等600多个，同样审定了读音。这样审定的汉字读音用当时新制定的注音字母注音，称为"国音"。

国音统一会议在5月22日闭幕，由于会议期间争吵激烈，会议的议长吴敬恒在4月22日辞职，接任的王照也在5月7日后请了病假，临时由直隶的王璞主持会议。当时对于浊音和入声的争论尤为激烈，江苏代表汪荣宝夸张地说："南人若无浊音及入声，便过不得日子。"同样是江苏的代表、会议议长吴敬恒也语出惊人："浊音字甚雄壮，乃中国之元气。德文浊音字多，故其国强；我国官话不用浊音，故弱。"整体来说，最后的结果还是以北京语音为"基础"，同时吸收其他方言的语音特点（主要参考南京语音），如区分尖团音和保留入声。这次会议审定的汉字读音被后人称为"老国音"，并从1918年开始推行。

1918年，钱玄同发表《中国今后的文字问题》，号召"废孔学不可不废汉文"，提出以国语罗马字代替汉字的主张。1923年，钱玄同在《国语月刊》第一卷《汉字改革专号》上发表〈汉字革命〉长文："我敢大胆宣言：汉字不革命，则教育决不能普及，国语决不能统一，国语的文学决不能发展，全世界的人们公有的新道理、新学问、新知识决不能很便利、很自由地用国语写出。何以故？因汉字难识、难记、难写故；因僵死的汉字不是以表示活泼的国语故；因汉字不是表示语音的利器故；因有汉字作梗，则新学、新理的原字难以输入于国语故。"紧随其后，一大批留过洋的知识分子，诸如蔡元培、黎锦熙、赵元任、林语堂、周辨明、许锡五等人，纷纷发表汉字拉丁化的文章，提出罗马字拼音的方案，掀起了"国语罗马字运动"的浪潮。所谓国语罗马字，就是用26个拉丁字母表示汉语的声、韵、调。但这并不是件容易的事，"老国音"的比较复杂的语音成分就成了它的最大障碍。因此，主张国语罗马字的学者，要求统一汉字语音，以北京音为标准，修改国音，去掉"老国音"的尖音和入声等语音成分。

2."京国之争"

1920 年，国语推行不到两年就爆发一场当时名为"京国之争"（指京音和国音）的大辩论。问题的起因就在于国语标准音，支持国音和支持京音的分成两派。国音是主要"以京音为主，兼顾南北"，京音是"纯以北京话为标准"，两派争吵非常厉害。于是张士一发表文章，主张"注音字母连带国音都要根本改造"，应"先由教育部公布合于学理的标准语定义，以至少受到中等教育的北京本地人的话为国语的标准"。这个主张得到许多人的支持，特别在南方引起了强烈的反响，纷纷开会响应，甚至通过决议："不承认国音，主张以京音为标准音"，"请教育部广征各方面的意见，定北京语音为标准音"。1920 年，"国语统一筹备会"在北京召开大会，通过了马裕藻、周作人、刘复、钱玄同、胡适等人提出的议案《国语统一进行方法》，其中第三项为"统一国语既然要从小学校入手，就应该把小学校所用的各种课本看作传播国语的大本营，其中国文一项尤为重要"。全国教育会联合会和江苏全省师范附属小学联合会相继做出了定北平语音为标准音的决议，最后由"增修国音字典委员会"将国音确立了"以北平读法为标准音"，即"新国音"，并开始在全国学校推广。1921 年，中华国音留声机片及国语留声机片先后发行，确定了国音声调。中华国音留声机片由王璞在上海发音，阴阳上去依北京声调，入声短而不促，仿自北京读书音。

胡适在教育部第三届国语讲习班、南开学校、南开大学、教育部第四届国语讲习所讲授《国语文学史》。1927 年 4 月，北京文化学社以南开油印本讲义做底本出版《国语文学史》。胡适说："我以为中国将来应该有拼音的文字。但是文言中单音太多，决不能变成拼音文字。所以必须先用白话文字来代替文言的文字，然后把白话的文字变成拼音的文字。"胡适 1918 年写《建设的文学革命论》将文学革命的目标归结到"国语的文学，文学的国语"十个大字，又加以解释曰："我们所提倡的文学革命，只是要替中国创造一种国语的文学。有了国语的文学，方才可有文学的国语。有了文学的国语，我们的国语才可算得真正国语。国语没有文学，便没有生命，便没有价值，便不能成立，便不能发达。""真正有功效有势力的国语教科书便是国语的文学，便是国语的小说诗文剧本。中国将来的新文学用的国语，就是将来的标准国语。这就是说：我们下手的方法，只有用全力用白话创造文学。白话文学被社会公认之时，标准化的国语自然成立了。"《教育部令第八号》通令小学读本"宜取普通语体文，避用土语，并注重语法之程式"。北京大学国文系以胡适、周作人、俞平伯的散文以及徐志摩的诗歌为教材，极大地推动了新文学运动。

到了五四运动以后，文学革命和国语运动高潮掀起，北京教育部也竭力提倡国语，白话语体彻底占领了小学教育的阵地。

1924 年，北京临时政府成立，章士钊任司法总长兼教育总长，反对国语运动和新文学，与以南京东南大学为中心的学衡派形成夹击国语运动与新文学运动的声势。钱玄同的学生魏建功在《国语周刊》上发表《打倒国语运动的拦路虎》一文。

1928 年，钱玄同提出"请组织《国音字典》增修委员会案"。7 月 12 日，国语统一筹备委员会成立"国音字典增修委员会"，王璞、赵元任、钱玄同、黎锦熙、汪怡、白镇瀛等六人为起草委员，逐字审改《国音字典》，正式采用北平地方音编成《国音常用字汇》取代《国音字典》。后来，1913 年"读音统一会"拟定的国音就被修改为京音。1932 年，根据新国音编纂的《国音常用字汇》由民国政府教育部公布，在《字汇》的序言中又对国音以北京音为标准的含义作了进一步的说明，即所谓以现代的北平音标准音者，系指"现代的北平音系"而言，"并非必字字尊其土音"。1935 年，国语统一筹备委员会改组为国语推行委员会，开始进行国语的全面普及和推广教育工作。1932 年之后的国语广播都采取了以《国音常用字汇》为标准的形式。1937 年，中国第一部现代汉语辞典《国语辞典》由黎锦熙、钱玄同主编，中国大辞典编纂并出版。

第二节　普通话的推广与普及

一、普通话的确定

1949 年，主持教材工作的叶圣陶力主将小学"国语"科改称"语文"。

1950 年，《小学语文课程暂行标准（草案）》规定："所谓语文，应是以北京音系为标准的普通话和照普通话写出的语体文。""讲解用的语言，仍用以北京音系为标准的普通话，不用方言土语。"《小学语文教学大纲草案（初稿）》和《小学语文教学大纲（草案）》再次强调："教给儿童的语言必须是规范化的汉民族的共同语言。这种语言就是以北京语音为标准音、以北方话为基础方言、以典范的现代白话文著作为语法规范的普通话。推广普通话是小学语文科的一项重要任务。""第一是词的声音。这首先要求依照普通话的语音进行教学；在方言区域须特别注意正音工作。"

　　1955 年 10 月召开的"全国文字改革会议"和"现代汉语规范问题学术会议"，将汉民族共同语的正式名称正式定为"普通话"，并同时确定了它的定义，即"以北京语音为标准音，以北方话为基础方言"。1955 年 10 月 26 日，《人民日报》发表题为"为促进汉字改革、推广普通话、实现汉语规范化而努力"的社论，文中提到："新中国的共同语，就是以北方话为基础方言、以北京语音为标准音的普通话。"

　　1955 年 11 月 4 日，中国人民解放军总政治部向全军发出了《关于在军队中推行汉字简化、推广普通话和实现语言规范化的通知》。1955 年 11 月 17 日，教育部发出了《中华人民共和国教育部关于在中小学和各级师范学校大力推广普通话的指示》。

　　1956 年 2 月 6 日，国务院发出关于推广普通话的指示，并补充了对普通话的定义："以北京语音为基础音，以北方话为基础方言，以典范的现代白话文著作为语法规范。"这个定义从语音、词汇、语法三个方面明确规定了普通话的标准。"普通话"一词开始以明确的内涵被广泛应用。"普通话"中的"普通"二字有"普遍"和"共通"的含义。河北省承德市滦平县为普通话标准音的主要采集地。

二、普通话的标准音

　　河北省承德市滦平县为普通话标准音的主要采集地（一些语词当地极少使用，则在其他地方采音）。1953 年，中央人民政府政务院派出语言专家为制定中国通用语言规范进行取音考察，他们在滦平的金沟屯镇、巴克什营镇、火斗山乡三地进行了语音采集。作为全国规范，普通话需要音节口型顺畅，声调简明，易于分辨，甚至要求语速适中，气流连贯，韵味充足，适于广播、演讲和日常交流，如此才适合作为推向全国的公共用语。从后来普通话的规范来看，滦平日常的语言非常符合这些标准。滦平话音准分明，字正腔圆，语调比当时的北京话要"硬"一些，显得直接、清晰、明确，尤其是没有北京胡同音那种儿化、省字、尾音等发音习惯，易于学习推广。1955 年 10 月，"全国文字改革会议"和"现代汉语规范问题学术会议"召开，将汉民族共同语的正式名称定为"普通话"。

　　地理上并不属于中心的滦平，为什么人人能说一口标准的普通话呢？200 多年的历史断层，冲刷掉了滦平原先的方言，清朝旗民在滦平开田建庄，又让滦平成为北京官话的推广区。永乐年间，明成祖朱棣做出了一个对中国影响深远的决策：迁都北京，固守长城。在长城外很大范围形成军事隔离区，实际上也是一片无人区，而滦平就处在这个无人区的最南边。清朝，包括皇家内务府直管的皇庄、王府直管的王庄和八旗各级官兵所有的旗庄，纷纷建立"口外庄田"。"口外建庄"的过程恰好与北京官话的普及同步。这一过程也需要追本溯源。早在明朝，官方语言为南京官话，以金陵雅言为标准音，以《洪武正韵》为规范。永乐年间迁都北京，迁移人数十万人口，随之而来的南京官话又成为当时北京官话语音的基础。清入主北京以后，朝廷积极学习汉文化特别是语言文化。满族人学说的北京话逐步成为清代推广的新的北京官话。这个时期恰好是清代旗民在滦平开田建庄的高峰时期。

语言学者认为，庄田与京城交往密切，受当时北京官话影响较大。滦平既像是空白磁带，大量来源于多样的移民没有强势方言，通用的就是清朝推广的北京官话，可以说在清朝时，滦平就是北京官话推广的先行区。"在此基础上形成的滦平话，受北京官话影响很深，演变中也具备了自己的特点，比如直接、清晰、明确。也许这些恰好符合推广的标准吧。"从清末到民国，再经过新文化运动，影响广泛的北京官话最终成为新中国普通话的前身。

三、普通话的普及

1955 年全国文字改革会议的几个重要报告都指出，推广普通话是"有关国计民生的一项极其重要的工作"，是"为了适应全国人民的要求，加强全国人民的团结，提高全国人民的文化，为了适应社会主义建设的要求"而提出的"一个严肃的政治任务"。这样，在中国历史上，第一次在政府的大力提倡和积极支持下，开始了推广普通话的工作。

1978 年 12 月举行的中国共产党十一届三中全会，标志着我国进入了以经济建设为中心的社会主义现代化建设的新时期。在新的历史时期，国家对于语言文字工作的要求更高了，于是国家语言文字工作委员会和国家教育委员会（以下简称"国家语委"、"国家教委"）于 1986 年 1 月共同召开了全国语言文字工作会议。这次会议提出了新时期我国语言文字工作的方针，这就是："贯彻、执行国家关于语言文字工作的政策和法令，促进语言文字规范化、标准化，继续推动文字改革工作，使语言文字在社会主义现代化建设中更好地发挥作用。"同时还提出了当前语言文字工作的主要任务："做好现代汉语规范化工作，大力推广和积极普及普通话；研究和整理现行汉字，制订各项有关标准；进一步推行《汉语拼音方案》，研究并解决实际使用中的有关问题；研究汉语、汉字信息处理问题，参与鉴定有关成果；加强语言文字的基础研究和应用研究，做好社会调查和社会咨询、服务工作。"

十分明显，"大力推广和积极普及普通话"已是新时期语言文字工作的一项首要任务。全国语言文字工作会议的主题报告指出："20世纪50年代确定的'大力提倡，重点推行，逐步普及'的推广普通话的工作方针是正确的，今后仍然适用。"按照我们的理解，"大力提倡"就是通过报纸、刊物、广播、电视等传播媒介和各种形式的文艺作品，广泛地宣传推广普通话的意义和作用，宣传在"对内搞活，对外开放"的形势下推广普通话的重要性和迫切性，从而帮助人们克服种种思想障碍，破除"方言优越论"之类的错误观念，真正树立起以说普通话为荣的新风尚。"重点推行"是指推广普通话的工作要抓住重点。在我们这个人口众多的大国，只有抓住了推普工作的重点，才可能更好地取得成效。1982年，语言学家吕叔湘在《人民日报》上呼吁推广普通话，提出"所有学校都应该是推广普通话的阵地"，"中学是推广普通话的重点"。1986年，全国语言文字工作会议指出："各级各类学校，以及与群众接触面较广的部门仍然是推广普通话的重点。"毫无疑问，各级各类学校仍然是推广普通话的重点，其中师范院校和中小学又是重点中的重点，党政机关、商业、服务业、邮电、铁路、旅游、公安等与人民群众联系密切的部门和"窗口"行业也是推普的重点。从年龄上说，青少年应是推普的重点。"逐步普及"是指要由学校向与群众接触面较广的各有关战线和"窗口"行业推广，进而向全社会普及。

1990年，国家语委明确以广东、福建两省和上海市作为南方方言区推广普通话的重点地区。

1991年，七届全国人大四次会议通过的《中华人民共和国国民经济和社会发展十年规划和第八个五年计划纲要》也明确提出要"大力推广普通话"。1991年，派出专门的调查组深入广东、福建的一些地区作了较为深入的调查研究，就两省推广普通话的工作提出建议。

1992年，国家语委将新时期推广普通话的工作方针调整为"大力推行，积极普及，逐步提高"。贯彻、执行这一方针，就是要把全国推广普通话工作的重点放在普及上。在普及方面要更积极些，同时要在普及的基础上逐步提高普通话水平。

1997年12月举行的全国语言文字工作会议是继1986年全国语言文字工作会议之后又一次重要的会议。这次会议总结了过去12年来我国语言文字工作的基本经验，布置了跨世纪的语言文字工作，在全国范围内不断将推广普通话工作推向前进。特别是2000年10月31日第九届全国人民代表大会常务委员会第十八次会议审议通过了《中华人民共和国国家通用语言文字法》，2001年，《中华人民共和国国家通用语言文字法》正式施行，确立了普通话为"国家通用语言"的法定地位，规定"学校及其他教育机构通过汉语文课程教授普通话和规范汉字"，"广播电台、电视台以普通话为基本的播音用语"。这是新中国建立五十多年来，也是中华民族五千多年的文明史上第一部关于语言文字的专门法律。这部语言文字法以法律的形式确定了普通话作为国家通用语言的地位。这部法律的诞生和施行，标志着我国的语言文字工作正式步入法治轨道，并在全国范围内营造了更好地推广普通话的语言环境。在 21 世纪到来之初，我国政府有关部门按照"以城市为中心，以学校为基础，以党政机关为龙头，以新闻媒介为榜样，以主要服务行业为窗口，带动全社会不断提高语言文字应用的规范化水平"这一基本思路积极开展工作，使推广普通话工作不断迈上新台阶，并为推进国家的统一、民族的团结、经济的繁荣和社会主义文化建设的发展，做出更多更大的贡献。

2014 年 9 月 21 日，由教育部、国家语言文字工作委员会与河北省政府共同举办的全国推广普通话宣传周重点活动在河北省滦平县举行。2014 年是国务院确定全国推广普通话宣传周的 17 周年。国家语言文字工作委员会主任李卫红说："17 年来，国民语言文字应用能力显著增强，目前全国有 70% 以上的人口具备普通话应用能力，95% 以上的识字人口使用规范汉字，中华民族几千年书同字、语同音的梦想正在逐步成为现实。"

普通话是以北京话语音为标准音，以北方话为基础方言，以典范的现代白话文著作为语法规范的现代汉民族共同语。大部分语言专家认为，推广普通话不是要人为地消灭方言，而是为了消除不同方言的隔阂，以利于社会交际。

四、特殊说明

1949 年，新成立的北京中央政府确定现代标准汉语由国语改称普通话，作为国家通用语言向全国推广并写入宪法。现代标准汉语为中国的官方语言。由于政治原因，大陆与台湾的称呼不同但内涵一致，均为现代标准汉语。

台湾所用国语与大陆普通话的存在相同和差异。因为民国国语读音主要由北京官话和南京官话混合提取，而新中国普通话读音主要是北京官话（异于北京胡同话）并加以滦平话特征，所以，台湾推行的民国国语语音柔软一点，新中国在全国推行的滦平话，语调比当时的北京话要"硬"一些，清脆一点，显得直接、清晰、明确。所以，人们在电视上看到现代台湾人国语发音比大陆普通话语音柔软一点。可以说，大体相同，小有差异。

第三节 河北方言与普通话的接触讨论

一、关于地方普通话

在我国多人口、多民族、多语种、多方言的复杂的语用环境下，我们在现实的语言交际中不难发现，普通话的运用呈现出的是一种层级变化的状况。从普通话运用的具体实践来看，并非所有的汉语使用者都是一口流利标准的普通话，带有汉语方言特点或说话者母语特点的普通话大量存在。在我们的研究中，我们将其统称为"方言口音普通话"。对于这一现象，诸多的研究者有不同的名称，例如"中介普通话"、"地方普通话"、"非标准普通话"、"大众普通话"、"过渡语"等等，而我们需要选择一个确定的、符合实际语言运用状况并与我们主要研究内容一致的名称，以达到"名副其实"。在特拉斯克编著的《语言学和音系学词典》中，"口音"被解释为一种语言发音的特定方式，它对于个人、地区或社群来说具有典型性，每个人使用语言都会有某种口音。而在《朗文语言教学及应用语言学辞典》中，"口音"则被解释为能说明说话者背景的一种特殊的说话方式。我们主要研究的是因为地域差异所引起的"口音"问题。这种地域差异的最直接的体现就是母语的不同，也就是不同地域的人说不同的方言。

我们把完全符合普通话标准的普通话称为标准普通话，把与普通话标准有一定差距的不完全标准的普通话，即带有汉语方言特点或说话者母语特点的普通话统称为"方言口音普通话"。对于带有方言口音普通话的研究，是一个既有理论意义又有实践意义的课题。普通话是我国法定的汉民族共同语，也是我们国家的标准语。普通话的学习和教学的提高离不开对普通话自身的研究和推广，也需要对语言学习过程中所产生的这种带有方言口音的普通话进行研究。在语言的三大组成要素语音、词汇、语法中，语音学习是最困难的。语音是带有方言口音普通话的非常重要的特征。从对带有方言口音普通话语音的研究中，一方面我们可以对这种带有方言口音的普通话的本体有深入的认识和了解，另一方面我们也可以通过研究方言和普通话这两者碰撞过程中所产生的各种各样的变化，进而对于语言系统本身，影响语言发展变化的原因等诸多方面有更深入的了解。要进一步了解方言与普通话的接触、渗透和发展，首先就是要知道方言口音的普通话。

二、方言与普通话相互影响

方言与普通话的接触其实是语言系统中一个由两种语言碰撞而不断自我调整的系统，从语言内部来看，语言的自然融合是语言结构的互协过程。语言学家陈保亚根据对傣语和汉语的接触进行的追踪研究，认为语言接触是一种互相协调的过程，即两种语言有规则地相互协调，趋向同构，形成有系统的语音对应关系。在这个互相协调的过程中，有的语言成分会首先达到一致，而有的语言成分会很难达到一致。每种语言都有一个自给自足的语言系统，系统中的各个要素相互协调，共同起作用，使用者很难感受到哪种成分更强势或哪种成分更弱势。但是在方言与普通话两个语言系统相互碰撞并发生变化的过程中，这种语言系统中不同成分的强势和弱势之分就显现出来了。同语言存在强势语言与弱势语言一样，语言成分也存在强势成分和弱势成分。从普通话的角度看，强势成分是方言区的人容易掌握的成分，弱势成分是方言区的人不容易掌握的成分。从方言的角度看，强势成分是语言中不易放弃的成分，弱势成分是容易放弃而变得与普通话一致的成分。语言的强势成分与弱势成分在语言的融合过程中主要是通过"对抗"和"入侵"两种方式对语言起作用的。

方言与普通话接触最典型的方面就是方言口音普通话的形成。方言口音普通话的形成过程实质上是方言与普通话长期自然融合的过程。所谓"融合"，并非方言和普通话之间所有语言成分的简单混合，而是各自语言成分之间的对抗和侵入。其结果是一部分方言成分被保留，一部分方言成分受到了普通话的强烈影响，还有一些方言成分发生了更为特殊的变异，但其过程却是非常复杂的。每种语言成分都在不同因素影响下有不尽相同的变异方式，引起这些变化的原因有外部的，也有语言自身内部的。从语言内部来看，语言的自然融合是语言结构相互协调的过程。方言与普通话相互融合的过程中，二者相一致的地方自然不会发生变异。这里所说的一致需要有两方面的相同，一是成分相同，二是成分之间的对应关系相同，一般来说这样的成分是比较少的。例如中古音在不同语言中的发展演变一致，就应该属于此类成分，在方言和普通话中基本都有这个音，主要来源于中古明母字，明母字在不同的语言中基本没有太多变化，而且明母自身几乎没有分化也不和其他声母发生合并。这样一些成分因为在不同的语言中不发生碰撞，无所谓是强势还是弱势。如果一定要确定是强势还是弱势的话，这类成分从方言的角度来看属于弱势成分，从普通话的角度来看则属于强势成分。

在语言中还有这样一些成分，方言与普通话是存在差异的。有的是方言特有的，有的是普通话特有的，还有的虽然方言与普通话共有，但是中古音的演变不一样。这样一些成分的存在使得语言内部产生碰撞，从而引发对抗式变异或侵入式变异。前者指在两种方言中有不同表现方式的同一种语言成分相互碰撞之后发生的变异；后者则指一种语言存在而另一种语言不存在的语言成分发生的变异，对抗式和侵入式是方言变异的主要方式，而对抗双方的关系或侵入者的情况则决定了方言变异的主要过程。有学者认为，每种语言系统里的语言成分中都会有强势与弱势的不同。就侵入式变异来说，如果侵入者在自己的语言系统中处于强势地位，就很容易侵入对方的语言系统，发生侵入式变异。而对抗式变异，情况则较为复杂。如果对抗双方一个处于强势地位，另一个处于弱势地位，其结果通常是强势语言成分得以保留；如果对抗双方均为自身语言系统中的强势语言成分，则要进一步考察更多的因素。此时，对抗双方越相似，对方言区的人来说，越不容易放弃自己语言中的成分；反之，差异越大，则越容易放弃自己语言中的成分，习得对方的语言成分。但如果这个差异较大的音比较难发，则不易习得；反之，较易习得。考察方言口音普通话会发现那些被保留的方言话语言成分放弃的困难度高就是其强势语言成分。反之，容易丢失的就是其弱势语言成分，而容易习得的难度低的普通话语言成分就是其强势语言成分，不易习得的就是其弱势语言成分。可见，方言口音普通话就是方言与普通话语言成分强弱对抗的产物。在普通话与方言两者的碰撞和互协中，强势成分与弱势成分就是通过对抗和入侵两种方式产生了方言口音普通话。对抗与入侵的程度不同，造成了方言口音普通话的口音程度存在不同。

语言成分间的强弱对比应是一个动态、连续的集合，而非静态、离散的简单个体。也就是说，语言内部语言成分的强弱对比都存在一个连续的等级，而且这种强或弱不是绝对的，都是相对而言的。我们可以把这些分等级的、逐渐过渡的、持续不断的成分排列出来。语言成分的这一连续统一体可以叫作连续系统，认为在语言变异的实际过程中，每种语言成分的地位都是平等的，都是作为整个语言系统的一个独立子系统面对同样的语言变异环境，并不因为层次、性质的不同而有区别。我们认为方言中语言成分间的强弱对比很大程度上是相对普通话而言的，其中既有语音上的特点，也有词汇语法上的特点。语音方面既有音值上的特点，也有音类对应的特点。将不同系统、不同层面上的成分分开来谈强势和弱势应该更为科学，将不同系统、不同层面的语言成分综合在一起来谈强势成分和弱势成分会有些混乱。

三、方言与普通话的兼用现象

方言与语言是人类最重要的交际工具，人与人的接触和交往主要是通过语言这一重要工具。世界上任何一个民族都不可能是孤立存在的，总要和其他民族发生或多或少的联系，不同民族之间有了往来，语言也就随之产生了接触。因此，语言的接触是历史发展的必然结果。传统的语言接触理论认为，语言接触的结果有两种：语言兼用和语言转用。不同的语言使用者发生接触后，使用者的某一方会感觉到有必要使用对方的语言直接进行交际，从而自觉不自觉地学会了另一民族的语言，并且根据不同的场合进行交替使用，这就是语言兼用，也叫双语现象。有的民族在兼用另一民族语言一段时期后，可能部分或全体民族放弃母语而转用另一语言，这种现象称语言转用。语言兼用和语言转用是语言接触不同层次的表现，语言兼用是在语言转用之前实现的。

由此看来，目前方言与普通话应该是属于语言兼用阶段，如果再深入到方言与普通话两者的本体来看，方言与普通话的接触除了产生语言兼用这一结果外，还使接触的两个本体——方言和普通话都发生了变化：方言影响普通话，产生不标准的、僵化的普通话，也就是带有方言口音的普通话；普通话影响方言，会使方言的语音不断向普通话靠拢，也就是方言的新派。方言与普通话语言兼用所使用的并不是普通话和方言，而是带有方言口音的普通话和方言，这和传统的语言兼用有一定的差异。

四、方言与普通话接触产生的语言变体

社会语言学中提出了"变体"的概念。语言变体是分析社会语言现象时所采用的基本单位。语言变体可以用来指语言、方言或语体，也可以用来指单个的语音、语法和词汇项目。语言变体中一个非常重要的变体就是语言的地域变体，传统上对语言的地域变体的研究也就是方言学的研究，而方言口音普通话也是和方言紧密联系在一起的，所以学者认为，方言与普通话的接触问题实质上就是普通话的地域变体，其特点主要表现在以下几个方面：

1.多样性

方言口音普通话在语言上最大的特点是它的多样性。整个方言口音普通话是一个从方言到普通话逐渐过渡的集合，各种不同程度的普通话都可能出现。另外，同一个说话人的语言也不是完全固定的，往往在读书面语时靠近普通话，说口语

时靠近方言口语，注意时靠近普通话，不经意时靠近方言，心平气和时靠近普通话，气急败坏时靠近方言，在某些环境里对某些对象说话靠近普通话，在另外一些环境对另外一些对象又靠近方言。

各个方言区都会有普通话的地域变体，它们之间有不同的表现形式、不同的构成方式。但是不论从历时还是从共时的角度来看，普通话的地域变体都表现出层级性。从历时的角度来看，不同历史时期，大众的普通话水平是不一样的，随着社会和经济的发展，大众的普通话水平越来越好。从共时的角度来看，在同一时期，大众的普通话水平也不是完全一致的，由于各种原因，普通话的水平存在差异。

2.地域性

普通话的地域变体非常丰富：从大的方面来看，吴语区、湘语区、西南官话区的普通话都是不一样的：从小的方面来看，湘语区的长沙和湘潭，两地虽然相隔不远，但是所使用的普通话也是有差异的。也就是说，因为地域的不同，普通话就会存在差异。当然，尽管各地的普通话都不尽相同，但是这些地域变体还是会显示出一定的共同特点。语言的这种地域性不仅仅在普通话有体现，在英语也有体现，英语在不同的地域有着不同的特色，例如英式英语、美式英语和澳大利亚英语在语音、词汇、语法方面都存在一定的差异，但它们都还是英语。

3.可变性

普通话地域变体内部的语言成分并不是一成不变的，而是随着层级性的变化而呈现出可变性。随着普通话水平越来越高，普通话地域变体语音系统中的方言成分会逐渐减少，普通话成分会逐渐增多。

4.新派方言

语言是不断发展变化的，几乎所有的语言都存在新老的差异，新派与老派在发音上的差异是由两方面的原因引起的，一方面是语言自身内部的发展规律，另一方面就是其他语言的外部影响。

这两方面原因所起的作用是不一样的，在现阶段，新派方言的产生主要由于普通话的影响。"普通话影响是外部竞争因素中的主流，其作用深远，在音变中与普通话相近的变化因子往往获得在选择上的优势。"由于普通话的影响产生了新派方言。

五、河北方言与普通话接触情况

河北省地处华北平原东北部，东邻渤海，西倚太行，南接河南、山东，北有内蒙古、辽宁、中心环抱北京、天津。这一特殊的地理位置确定了河北方言的特殊地位。普通话以北方话为基础方言，河北方言应当属于北方话的基础；普通话以北京语音为标准音，河北的承德、廊坊两市所属各县大多属北京官话区。这一切都表明了河北方言与普通话密不可分的关系，也说明了河北人学习普通话有着得天独厚的条件。

但是，由于历史和社会以及地域的原因，这些独有的条件并没能使河北方言与普通话等同起来，河北方言仍然保留着河北的特色，仍然与普通话存在着较大的差异。

这种差异首先表现在语音上，而语音差异又首推声调。就调类而言，普通话有阴平、阳平、上声、去声四个调类，而河北方言系统中，有的只有三个，有的又多达五个，有的虽然也是四个调类，但其调值在不同区域中也各不相同，比如：普通话的阴平调调值为55，可河北的沧州、衡水等地，这类声调调值则大多为324或213，石家庄所属各县则又表现为23、21、33等不同调值；普通话的上声调值为214，张家口等地的方言中，这一调类的调值又大多为55或44。显然，调值差异是河北方言与普通话的区别所在。因此，河北人学习普通话，改正声调的调值当是关键。

语音差异的另一个重要方面是声母。这种差异有二：一是"无中生有"。普通话中的开口呼零声母音节，例如 [an]、[ən]、[au]、[ou] 等，河北方言中大多加上了声母 [n] 或 [ŋ]。像普通话音节"袄 [au]"，在河北方言中读成了"[nau]"或"[ŋau]"。二是"改头换面"。普通话中的合口呼零声母音节，本来是元音 [u] 做韵头或韵腹，而河北方言中却大多将 [u] 换成了浊辅音 V。普通话中的分辅音声母 [n]，当与齐齿呼、撮口呼韵母相拼合时，河北方言大多将 [n] 读成了 ȵ。

语音差异最复杂的是韵母。如韵母 [yɛ]，在河北方言中大多读作 [iɑo]，但因此而读错的字却仅仅二十几个；韵母 [ɤ] 与声母 [ts]、[ts']、[s]、[tʂ]、[tʂ']、[ʂ'] 相拼合时，在河北部分方言中常常将 [ɤ] 读作 [ai]。但其涉及音节数量也很有限。虽然如此，在河北整体方言中，韵母差异类型也是相当普遍的。因此，河北人学习普通话，纠正韵母错误也是一个不可忽略的问题。

其次，河北方言词汇与普通话也有不少差异。这种差异有二：一是同一事物有不同说法。如普通话中的"太阳"，在河北方言中便有"爷爷儿、爷窝儿、老爷儿、日头、影影儿、暖儿暖儿"等不同名称。二是方言独有词语，这种词语在普通话中很难找到完全对应的词。如"硌应"这个词，在河北方言中含有"心烦、腻味、寒碜、令人作呕"等多种意义，而普通话中并没有完全等同的词。再如"半膘子"这个词，河北方言中指"缺心眼儿、行为鲁莽的人"，普通话中也没有完全对应的词语。

第三，河北方言与普通话在语法方面差异最小。其表现主要是个别语句的语序差异，如：普通话中的"不知道"，河北方言中常说成"知不道"；普通话语句"他回家了"，河北方言则说成"他家走了"。这种差异一般不影响交际。

六、河北人应该怎样学习普通话

河北人学习普通话有两利：一是地理位置之利。北京是我们祖国的心脏，河北省恰好环绕着北京，这就自然加强了河北省与北京的联系，从而增加了河北人与北京之间的更多的交往机会，这种交往有政治的，有经济的，有文化的，但任何一种交往都会包含着语言的交往。因此，这地理位置的便利，为我们河北人学习普通话提供了独特的条件。二是基础方言之利。从方言的角度来看，河北省大部分地区属于官话区，其中承德、廊坊又大多属于北京官话区，京广铁路线以东地区大多属于冀鲁官话区，只有张家口、邯郸等少数地区属于晋语区。这又自然拉近了河北方言与普通话之间的距离。但是，地理位置的便利和方言的接近，并不意味着河北人学习普通话就非常容易，河北人学习普通话仍然需要掌握一定的学习方法，仍然需要付出艰辛的努力。

1.掌握普通话语音知识是河北人学习普通话的基础

河北方言与普通话的差异包括语音、词汇、语法三个方面，其中词汇和语法差异较小，河北人学习普通话的主要难点是在语音上。因此，系统地掌握普通话语音知识，是河北人学好普通话的必要保证。实践证明，普通话光靠口耳是不够的，必须有一套系统而有效的记音符号作依据，这种依据便是《汉语拼音方案》和系统的现代汉语语音知识。掌握了《汉语拼音方案》和系统的语音知识，可以了解普通话语音声、韵、调的结合情况，可以借助工具书找出汉字的准确读音，可以给常用易错字注音，从而为学好普通话铺平道路，为巩固普通话打下基础。

同时，还应该熟记《现代汉语常用字表》中2500个常用字1000个次常用字的标准音，并做到在语言实践中加以运用，这样，才会使普通话学习落到实处。

2.了解本地方言与普通话的差异是河北人学习普通话的有效途径

学习普通话，应该掌握好普通话语音，更应该了解本地方言的特点，这样才会更有针对性，才会有效地去矫正自己的方言。就河北方言而言，从大的分区上看，虽然仅仅分成了晋语区、中原官话区、北京官话区、冀鲁官话区几片，但每片方言区内部也并不是完全等同的，根据自己的方言特点，每片又可以分成许多小片。因此，在掌握普通话语音知识的基础上，学会总结本地方言与普通话的对应规律，在实践中去认识普通话，去认识本地方言，掌握规律，利用规律，才会真正地提高学习普通话的效率。

3.以实践为基础，反复训练

俗话说："拳不离手，曲不离口。"学习普通话更应该把实践放到首位，大家知道，河北方言与普通话的主要差异是在声调上，由于有地利之便，即使文化水平不高的人，也能模仿着说几句京腔。正因为有这种便利条件，我们就应该充分利用它，首先把声调改过来，然后再有针对性地去修正声母、韵母错误。只要大胆而长期地坚持实践，每个人都可以学好普通话，用好普通话。

第八章 河北方言与普通话的协同发展

第一节 普通话与方言的关系

一、联 系

普通话的定义就对普通话与方言的关系进行了初步的说明，从整体上表明了普通话与方言是一般与特殊的关系。普通话是全民共同语，而方言是某一地区的代表性语言。哲学上讲一般存在于个别之中，一般只是大致包括个别即只包括个别的某一属性、某一特征或本质上的东西，个别不能被全包于一般中。普通话是建立在北京话的基础之上的，对北京话中的异读词和儿化作了进一步的规范后，才将其作为全民共同语推广使用的。方言是普通话词汇形成的重要来源之一，普通话在发展的过程中会吸收方言中特别典型的词语或表达等。比如："整"把东北方言"搞、弄"之义收录到词典中，例句为："咋整的？"这是近些年东北方言在全国各地受到广泛追捧之后出现的。随着影响的扩大，方言中那些比较有代表性的成分会被吸收进普通话里，进而推广到全国。方言也会借用普通话的一些成分，比如直接用从普通话借来的成分替代方言表达，或者借用的普通话成分与方言表达并用，或二者互补使用，或者只有少数书面情况使用借用成分。普通话与方言在一定时期内会共存在我国的语言活动中，所以，推广普通话必须坚持吸收方言中得到全国人民广泛认可的部分，我们觉得这是其中应该重视的原则。要重视方言中社会地位高的权威方言的发展，更要吸收其精华，进一步发展普通话。

二、区 别

一般来说，探讨两个事物之间的关系，目的都是要求得两者的和谐发展状态。如何才能使普通话和方言达到有序发展的状态，这就要求普通话与方言二者各有各的定位和角色扮演，即各司其职。

1.普通话和方言定位不同

普通话是全民共同语，可以解决全国各地区之间的语言交流问题，而方言则只能解决地区语言交流问题。

2.普通话和方言的使用领域不同

方言表达所蕴含的浓郁感情体现了一种生动、亲切的效果，即使普通话的词汇再丰富也不能达到。在现实交流和文学写作方面，方言强化了这种色彩。比如有河北邯郸的学生，在大学里无论与同学交流还是上课回答问题、写作业都是用普通话，但是当他接起家里人打来的电话，马上就说起了家乡话。人在异地想要与人交流必须使用普通话，但是与家里人沟通感情就会使用方言，两个老乡用普通话嘘寒问暖的情况是基本没有的。

3.指称功能不同

普通话的词义是全国通行的，而方言词义有明显的地域限制。

4.使用人数相差悬殊

普通话基本达到全民使用，而方言的使用人数少，仅限于该方言的流通区域。

5.普通话与方言涉及两种不同的权利

语言权是指个体因需选择使用语言的权利，属于人权的一种，应该包括语言的学习权、使用权和传播权，既包括群体语言权也包括个体语言权。使用普通话就是在行使群体语言权，运用方言就是获得个体语言权，人们有权利在官方场合说普通话，也有权利在个人对话中使用方言，其实二者并不矛盾，完全有各自的生存空间，有各自的发展方向，以满足不同方面的不同需求。人们只需在目标领域使用正确的语言，即是对推广普通话与保护方言做了最切实的贡献。

三、推广普通话与保护方言关系问题

在国家语言生活中涉及共同语与多种语言或语言变体并存的情况，这就要求我们必须对语言规划问题有清晰的认识。关于语言规划的定义，世界范围内存在多种定义方式和表达，我们只选取一种来明确概念，关于语言规划的内容分类才是我们关注的重点。语言规划即政府或社会团体等解决语言问题的各种活动和工作的总称。我们想要明确处理普通话与方言二者的关系，首先必须弄清二者应属于语言规划中的哪种规划。

（一）国内外的语言规划理论

1. 国外语言规划分类理论

（1）语言规划理论是 20 世纪 50 年代才开始出现的。1957 年，威因里希首次提到"语言规划"，豪根在 1959 年第一次公开使用该概念。

（2）1977 年，加拿大语言学家海因茨·克洛斯（Heinz klose）根据语言规划的级别、方法、终极目标、特性、目标语言和功能 6 个范畴将语言规划分为 12 种类型：国家级与非国家级，地位与本体，单目标与多目标，创新与保守，建设性与破坏性，保持取向与过渡取向。

（3）以色列学者罗伯特·库珀（Cooper. R. L）于 1989 年把语言规划分为语言的地位规划、本体规划和习得规划，并深入探讨了三者之间的关系。

（4）1990 年，芬兰学者哈拉尔德·哈尔曼（Harald Haarmann）按功能把语言规划活动分为三类，即地位、本体和声望规划。其中，地位规划是针对语言的外部目标来说的，本体规划是针对内部目标的，而声望规划是对目标做出的评价。

（5）2002 年，日本学者真田信治等根据语言规划的内容把语言规划分为三个阶段：第一阶段为地位规划；第二阶段为本体规划，文字创制、文字改革，标准化、现代化都是这一阶段的工作；第三阶段为推广规划，包括语言规划的主体和规划的推广范围、推广方法、推广对象的接受过程等。

2. 国内的语言规划分类理论

国内的语言规划问题在 1990 年以后才逐步得到我国学者们的重视。

（1）两分法

柯平、祝畹瑾、陈松岑、戴庆厦、陈章太等主要是在分类的叙述上有一些不同，将语言规划分成语言本体规划和语言地位规划。语言地位规划即给语言确定其地位，包括方言、少数民族语言和外语等。语言本体规划则是为了明确语言文字的标准和规范。徐大明、陶红印、谢天蔚将语言本体规划称为"语型规划"，冯志伟则在定名时加上"文字"二字，强调规划中重视文字方面的相关问题。

（2）三分法

苏金智语言规划分为语言地位规划、本体规划和声望计划。其中，语言声望计划包括语言计划者和语言计划接受者的声望。

胡壮麟先生的分类是语言地位规划、材料规划（即上文的本体规划）和元规划。元规划是对语言规划的规划，对语言规划的目的、方法等科学性的研究。2005 年，李宇明将语言规划分为语言地位规划、语言本体规划和语言功能规划。功能规划是对地位规划与本体规划的延伸，是对语言的全方位评价。郭龙生在语言的地位规划、语源的本体规划基础上新增了语言的传播规划，即对语言国际影响力的规划，建立传播机构，组建传播队伍来传播文化和价值观念等。该文还根据语言规划范围将其分为：国际级，解决世界共同语的问题；跨区级，解决共同体或多国等多语交流的问题；国家级，解决本国语言问题；省、州级，地区级，县级，企业级等等。还根据规划出发点将语言规划分为宏观语言规划、中观语言规划和微观语言规划。其中，中观语言规划既指从语言生态学的角度对语言平衡性的努力，也指上文所说的语言地位规划，省、地区的语言规划。学者们对语言规划进行了多方位的探讨。

（二）我国的语言地位规划

语言地位规划即国家决定国家内的各种语言在国家语言生活中的地位，包括国家共同语的确定与推广，少数民族语言和方言的地位以及外语教育的相关问题等等。外语教育的相关政策这里暂不涉及。斯大林说过，"有统一的民族语言的国家才是真正意义上的统一的国家"。国家确定普通话为全民共同语是必然之举，有利于国家经济建设的发展和社会的安定团结。从1956年开始，国家坚定不移地进行普通话的推广工作，成果显著。但是国家也同样给予方言和少数民族语言以发展机会。

1.少数民族语言发展

1991年发布的《关于进一步做好少数民族语言文字工作的报告》，鼓励各民族使用和发展本族语言文字，汉族官员可使用当地民族的语言文字更好地为人民服务。2001年开始实施的《国家通用语言文字法》，对普通话的使用做出了详细的规定，对少数民族语言也作出规定。《国务院实施〈中华人民共和国民族区域自治法〉若干规定》（2005）大力扶持少数民族语言文字的发展。2007年的《少数民族事业"十一五"规划》中把推进少数民族地区语言文字发展定为主要任务之一。《国家人权行动计划（2009—2010年）评估报告》（2011）也明确保护少数民族同胞的语言权利。由各个时期国家出台的相关法令可以看出国家对少数民族地区语言发展问题的重视，关注少数民族语言的建设，保障其公民权利。

2.方言的使用

少数民族语言的保护与发展的政策明显是和方言区不同的，少数民族自治区语言情况有相对统一的语言背景，而方言区则分散程度高，相对于少数民族语言有其特殊性，国家也对方言的使用做出了相关规定。

语言是一种权利，国家从法律的层面对每个公民的语言权利给予了保障。有些国家恶意攻击中国在语言使用问题上侵犯人权的说辞，可谓不攻自破。国家在语言地位规划的过程中，不只重视推广普通话，也对少数民族语言和方言的使用与发展作出规定，但是由以上的相关法律条文不难看出，方言的发展与少数民族语言的建设之间是有很大不同的，有很多问题都值得深入探讨，所以学界有很多学者都在密切关注推广普通话与保护方言二者的关系问题，这也引起我们的研究欲望，我们应先对有关提法进行梳理。

第二节　普通话与方言的共存情况

面对普通话推广的来势汹汹，方言发展确实有式微之象，但是保护方言还需理性思考。方言自身也有其发展规律，不能把方言的危险局势归罪于普通话推广，也并不是所有的方言都需要保护。

1.方言发展的自身规律

国家推广普通话从来不是以遏制方言的发展为出发点和基础的。目前，有些学者因为看到了"超方言人"的存在而感到了危机感。"超方言人"即不会说家乡方言而完全把普通话当作母语的人。随着普通话的推广，逐渐出现并可能将不断出现更多的"超方言人"。

方言发展有其自身规律。随着社会的发展，社会交流的日益频繁，就算国家不进行推广普通话的活动，方言的特殊性也在与其他语言或方言的接触中不断减弱。虽然"方言因子"的存在使得方言之间、方言与普通话得以区别开来，但方言传承中"方言因子"的锐减是不可避免的。世界万事万物总是在维持一种有序的平衡，存在客观减弱的趋势就会有内部保护的欲望来与之相抗衡。语言自身用内聚作用排斥其他语言或方言的干扰，所以人们必须做好长期为语言的规范而坚持的准备，高度统一的语言需要若干代中国人的努力才能达成，但普通话却始终是我们权衡各方最有利的语言意向。正如詹伯慧先生所说的：推广普通话仅能做到形成双语共存、有主有辅的语言运用局面，争取普通话起主导作用。

我们也要注意到受影响的不只是方言，还有普通话系统。只要存在语言接触，那么一定就有语言变异。人口交往和人口迁徙是语言变异的重要诱因，人们所说的每一种语言都是一个子系统。一部分人要掌握其他语言或方言才能与人交往，只会说一种话的人只有一个子系统，而会说几种语言的人，头脑里就有多个子系统。在社会语言学中，子系统就是一种语码，掌握多种方言的人常根据需要转换语码与他人交际。一般来说，掌握几种语言子系统的人，头脑中的语言子系统就会相互干扰；其他子系统可能会受到母语子系统的影响，会带有母语方言的一些特征；另一方面，母语方言也会受其他子系统的影响。这些受其他子系统影响的子系统就属于异质的。当地人的话中带有别的语言子系统的成分就会引起母语子系统的变异。

我们做不到把方言孤立起来加以保护，不如顺其发展规律，如果其有不适应社会发展之处，做出了自我调整甚至某些方言现象开始消失，退出历史舞台，但这都属于语言自身进化的正常历程。人是最为活跃的社会因素，在人口的接触和流动中，语言变异的现象是不可避免的。不同方言之间或方言和普通话之间都有某种相互作用力存在。我们要做的是客观记录这一时期的代表语言现象，还语言发展历程的全貌，为后人的语言研究留下证据。我们要以尊重这一规律为前提来客观看待推广普通话与保护方言的关系。

2. 保护河北方言的必要性

地域文化也是中华文化宝库中耀眼的明星，要想保护地域文化，就必须保护方言。方言是文化的最好体现者，不保护方言就意味着这个地区的文化不能得到传承。正如英国语言学家帕尔默强调的：语言是民族历史文化、休闲娱乐甚至信仰偏见的忠实体现者，要想了解一个国家或地区，绝对不能跨过语言这一对象。

语言和文化看似两个不同的客体，但在历史发展的过程中二者不断互相关照，相联系。研究语言不可脱离文化，研究文化也不能忽视语言，它们的研究又不可相互替代。方言与共同语的差异或大或小，主要取决于文化。对于方言和文化的关系研究，可以从微观着手，透过方言实例对文化进行寻根调查，或者从宏观角度归纳方言的整体特征的类型，具体考察这些类型与文化的关系。

最早探讨语言与文化关系的学者很少，讨论方言与地域文化关系的研究更是寥寥无几。罗常培先生曾在《语言与文化》（1989）中提到过客家迁徙与客赣方言的问题。关于方言与文化问题，李如龙先生对这个问题进行了深入的探讨。他首先把目光放在宏观研究上。在《方言与文化的宏观研究》一文中，他概略地说明了各大方言区在方言分布、接触、整合、运用和演变五个方面的不同表现及其与地域文化的历史背景的关系：方言区内部差异与向心、离心；从方言的分布看有扩散的、有收缩的；方言接触时强势、弱势方言有各自的表现；方言结构体系是或单纯或驳杂的多层次整合的结果；方言应用有活跃和正在萎缩之别；方言演变也有快慢之分。他强调在对具体方言现象的文化原因分析上要坚持具体问题具体分析的原则。

1995 年，学者吴璇在佛山大学学报发表《简论方言与文化》一文认为，地方文学艺术的多样化发展与汉语方言有紧密的联系，正是方言的使用让地方戏焕发了无限的生命力，方言词汇也使得中国小说有了更大的发展。正是小说中方言词汇的运用使得人物形象更丰满，更深入人心。此外，方言词汇更能体现时代差异，反映不同的地域民俗文化特征，方言区的禁忌现象更是展现了不同地域的文化传统和独特的民俗文化。曹志耘先生指出，词汇是与文化关系最密切的，因为它最易受文化影响，最能展现文化特点，所以一直受学者们的重视。方言与地域文化的研究涉及范围十分大，方言中蕴藏的文化或与方言相关的文化问题，研究难度也很大。李如龙先生在 2005 年发表文章《关于方言与地域文化的研究》认为，方言的成形与发展必须联系地区历史，要想对地区风俗和文化心态全方位掌握，必须对方言词语进行深入研究。地域文化的研究必须和方言的研究比较着进行，才能做出分类，划出分区，对方言与文化的宏观、本质才有可能了解。

一地方言形成的同时，地域文化也随即产生，二者都作为文化的载体在人类历史的发展进程中互相影响、不断促进着。方言为我们研究和了解地域文化敞开了一扇大门。方言词汇的出现总是和一段历史相联结的，是对一个历史事件、历史人物的记录。方言词汇的研究看似微小，却能在宏观上为方言定位。方言也反映该地域的地理环境，反映在这一地区生活的人们的生活方式。社会生活不同，对自然和社会的认识自然不同，方言词汇差异很大。我国各地有丰富多彩的习俗，通过方言词汇更能深入了解当地的生活。不同文化中的避讳现象也有天壤之别，通过对职业的称谓也能知道当地文化中的尊卑和价值标准。由方言能看出当地的文化心态即价值观和道德标准的认同，方言谚语更是把人们日积月累的社会理想高度地揭示出来。

按照文化属性的不同，我们从四个方面对方言进行如下分类，区分出多种方言的文化类型：按方言的整合力分为单纯型和驳杂型方言，按照方言的聚合力分为向心型和离心型方言，按照方言的竞争力分为扩展型和萎缩型方言，按照方言的稳定度把方言分为稳定型和变异型方言（其中，李如龙先生在 1997 年由福建人民出版社出版的《福建方言》一书中还按照方言的活跃度将方言分为活跃型和萎缩型）。虽然划分的标准不一，但是各个类型之间都有内在联系，要互相结合来进行分析。不同方言间的地域文化也有各种不同的类型特征，把它与方言的文化类型结合来研究方言与文化的关系，才能对这个问题有更透彻的理解。

朱建颂先生的《方言与文化》一书对方言和文字、艺术、民俗、经济等的关系作了论述，专门探讨了在非物质文化遗产的视角下方言的价值问题。非物质文化遗产可以是有形的，如文化场所、技能等，但包括的范围首先是"口头传统以及作为文化载体的语言"。方言作为民族语言的分支，经该地区居民的集体智慧和实践形成，后来通过口耳相传得以延续，是地方文化的表现形式，是一种资源，是地方文化和民族文化的瑰宝。周振鹤与游汝杰先生编著的《方言与中国文化》一书涉及方言与移民、民俗，方言地理与人文地理，方言和戏曲与小说等关系问题，并认为语言的产生意味着人类文化的诞生，语言是文化发展的关键。

随着人类的发展，思考的深入，学科划分更加精密。在语言学的演进过程中，学者们的目光逐渐脱离了语言的内部结构，开始向与语言有关的外部因素拓展。20世纪60年代兴起一门研究语言与社会关系的学科——社会语言学，从不同社会科学的角度来考察语言的使用与变异。由于特殊的文化背景和社会环境，中国20世纪80年代出现了文化热现象，使得语言和文化联系起来，从文化的视角看语言，把语言看成主要的文化现象的文化语言学应运而生。文化语言学认为语言是一种文化样式，将语言纳入文化的大范畴中，给人们提供了观察语言存在与演变的一个新的角度。20世纪90年代又出现了语言文化学，它把人、文化、世界看作一个在语言中融合的整体，以理解为目的，用阐释的方式将通过语言传承的文化信息作为研究对象，最终目的是把民族文化和民族精神的本质特征揭示出来。语言文化学认为，在每一种语言中聚集着该语言文化共同体历代的所有文化，所以，语言规定着他们过去和现在的行为，并且在某种程度上制约着他们的将来。比利时学者 W. A. 格鲁特斯（Grootaers）把方言称为"活的语言实验室"，只有语言资源的存续才能推动学科不断向前发展。我们不知道未来还能透过哪些角度或理论来研究语言，但是如果没有了研究对象，那么就没有发展可言了。所以，从我国学科发展的角度，也必须重视方言资源。

3.保护濒危方言

保护方言主要是针对濒危的方言，强势方言是十分安全的。比如粤语，它的每一个音都有字可写，是汉语方言仅有的奇特现象，它自身已形成了发展模式，但还是出现了我们论文开头所说的保护粤语的游行事件。我们觉得粤语使用者的语言意识、语言态度很强烈，这是值得肯定的，但是行为有些过激，粤语根本没有上升到需要保护的阶段，我们要把保护方言的资源和力量用到刀刃上。保护方言要有轻重缓急，什么样的方言需要马上、重点保护，什么样的方言当前要做好什么工作也是学者们关注的重点。明确方言保护的轻重缓急，就需要我们了解语言活力这一指标。2003 年，在巴黎总部举行的联合国教科文组织濒危语言国际专家会议对此问题进行了讨论，起草了《语言活力与濒危报告》（Language Vitality and Endangerment）的文件。文件提出了 9 条判断语言活力的标准：一是代际间语言传承；二是使用者的数量（这里指绝对数量）；三是使用者与人口总数的百分比；四是语言使用领域的走势；五是语言对媒体和新领域的反应；六是在教育教学方面口头和书面的使用情况；七是政府机构对语言地位、语言使用等的态度和采取的相关政策；八是以该语言为母语的人的语言态度；九是现存的对该语言的资料记录的数量与质量。孙宏开先生最先将"语言活力"这一概念引入中国少数民族语言研究中，将少数民族语言分为六个级别。虽然他是以研究少数民族语言情况为出发点的，但是我们认为所言问题是相通的，对濒危方言问题也有一定的借鉴意义，可以把它作为方言研究的新切入点。我们也可以按照全国方言活力排序的办法来确定方言保护计划实施的力度，最终花大力气研究保护那些已处在濒危边缘的方言。

《关于濒危语言问题》一文也是针对少数民族语言濒危问题而作的，对濒危方言研究也有很大帮助。文中对强势与弱势语言问题进行了说明，认为二者的判定需要一个综合的标准，包括动态和静态等多个因素的全面考量，有母语使用人口，使用范围及频率，有无文字记载，与周边其他语言的关系，还有动态变化等。对于弱势语言，人力所及的只是减缓语言消亡的速度，而不能逆转这一趋势。

可以说，从联合国教科文组织把 1993 年作为抢救濒危语言年开始，濒危语言问题就得到越来越多的关注，国际的、地区的抢救濒危语言组织广泛建立，1997年《世界语言报告》项目开始实施，各国语言情况调查也不断深入。按照多国多位语言学家的保守估计，21 世纪将会有一半的语言从地球上消失，也就是说，每两周世界上就失去一种语言，从此，这一个民族同世界的联系也就断开了，一代人与前辈的关联也就断了，人类学、生物学、历史学等相关学科失去了宝贵的探秘资料，全人类也将失去一笔巨大的财富。

人们开始注意濒危语言的分类。最早对语言进行分类的是 1980 年鲍曼提出的五分说，即兴旺期、维持期、衰退期、逐渐废弃期和灭绝期。后来，随着各国学者的深入研究，分层的标准越来越科学，越细致。1991 年，金卡德按人口数和使用者年龄也把濒危语言分为五类。2000 年，在德国科隆举行的濒危语言学会议，根据使用者的年龄段将其分为七类，分类更精细了。2000 年，也是在德国的一次濒危语言讨论会上，学者大卫·布莱德利给出更为详尽的分类标准和类别。

中国语言学家也开始对语言濒危现象进行深入探讨。李锦芳把中国处于危险状态的语言分为濒危与濒绝两种。民族杂居、通婚、人口少等是造成语言濒危的原因。研究濒危语言对我国语言史与语言谱系的溯源，还有我们的民族文化的传承，有着重要的意义。我国的濒危语言研究一定要调查语言濒危的原因，找到减缓语言濒危的方式，并对已经处于濒危状态的语言进行记录、留档。对濒危语言的保护要参考国外的办法，对其进行相关立法，政府要对学术部门的专项研究提供资金、技术扶持，建立相关网站，举行大型会议探讨保护方式，分等级保护濒危语言，应把建立濒危语言的示范点纳入议程。

曹志耘区分了濒危语言与濒危方言，探讨了什么是濒危方言，汉语有没有濒危方言，如何判断濒危方言，产生濒危方言的原因，濒危汉语方言的主要类型等，提出对濒危方言现象应进行人为干预，并对中国濒危汉语方言的现象提出了相应的对策和措施。曹志耘先生坦言，汉语方言的划分目前还有不明确的地方，标注出濒危方言更是无处下手。我们只能说哪个地方的方言是濒危的，而对于我国每一地区有多少濒危方言，它们的濒危情况是怎样的，无法尽数说出。对濒危语言所做的分类也只是归纳相关已经出现的、按规律可能出现的不同类型，并给予举例性分析而已。这是汉语濒危方言保护上的一个难题，没有量化的指标来区分哪个方言是亟待保护和抢救的，哪个还是相对安全的，即使是按照人口数量来衡量这个指标，也不见得能反映出该方言是否处于濒危状态，因为即使人口数量不足，如果处于封闭的地理环境，还在使用中，它也还是相对安全的。在有些地区，社会相对发达，交流频繁，各方言交互影响严重，那么处于这样环境之中的方言也是危险的。所以，中国濒危方言的研究还有很长的路要走。中国濒危方言产生的原因是方言的作用越来越小，方言的语言地位没有受到重视，使用的范围小而且几乎没有书面的文献记载。濒危汉语方言的主要类型有：一是处于强势语言包围且使用人口少的濒危方言；二是两种方言交界，弱势方言萎缩向强势方言靠拢，使用者由双语使用者向强势方言使用者转变的方言；三是多种方言共存的地区，在村镇中受普通话的冲击被放弃使用的弱势方言。对待方言不能简单地呼号"抢救"，而要理性审视，适当干预，这需要语言学家肩负起责任来。文化生态系统虽有自控力但十分有限，需要人类的努力才能达到动态的平衡。其他人只看到语言的工具性而忽视语言的人文等其他重要属性，语言学家更能充分认识语言没有可再生能力这些问题的严重性并多作努力，大声呼吁，引起广大民众的重视，开展方言使用情况的大调查，建立方言语料库、音像库等，希望国家能在语言政策中明确方言的作用，把濒危方言和消亡方言作为文化遗产进行保护开发，不要让方言成为只在宗教、祭祀中使用的语言。

从某种意义上说，人类的一切都是通过语言来储存和传承的。语言不仅包括文化现象，还有该语言使用者历史和现实知识的归纳。记录、保存我国语言资源不容迟疑。建立记录保存数据库，注意音档的留存，归纳教学方法，把该濒危语言教授给当地的知识分子，才能使方言得到存续和发展。造成语言濒危的原因也是错综复杂的，这些原因也不能孤立地去看待，但是无论怎么样，你都无法忽略三个原因：经济发展程度、语言运用的频率和使用者的态度。

语言使用者对该语言的态度问题会很大程度地影响该语言的存续与发展。相关文章有王红斌的《与普通话学习相关的语言态度的调查分析》（2007）、赵燕的《近二十年来国内语言态度研究考证》（2009）、刘艳的《高校学生语言态度研究——基于西南交通大学在校学生的调查》（2011）等。这些文章说明语言态度对语言使用有很大的影响，必须重视呼唤大众对于当地方言的积极语言态度，尤其要重视大学生在日常生活中的语言态度。要重视大学校园和大学生在推广普通话与保护方言中的作用。比如，暨南大学建立广东汉语方言研究基地，以大学老师为带头人，以学生为主体进行相关课题的调研，以期为政府等相关部门的决策工作提供必要的依据。

4.保护方言的办法

方言发展虽有自身的规律，但并不代表人为因素不能对其发展起到任何作用。语言消亡的趋势可以靠人为努力来使之速度减慢，或使之得以改善。1980年，日本北海道会说当地阿伊努语（或称爱努语、虾夷语）的仅剩8个年长的人，在这种情势下，日本专家学者开始了挽救虾夷语的运动。日本政府开始用日语的假名为他们创制文字，成立专门研究阿伊努语的机构，出版代表阿伊努民族文化的古籍，阿伊努族历史探究开始作为远东考古学家的重要研究课题受到了各国学者的重视。在多方学者历时十年的努力下，到1990年，学习阿伊努语的人逐渐增多，阿伊努语得以再次通行。

在我国的语言生活中，个人应有双语能力，社会也应营造出双语环境，这样才是为方言与普通话的发展分别留存领域。双语能力为个人发展提供更坚实的基础，双语环境为地区经济的发展也带来了可能。普通话与方言，一个驻守公共领域，一个作为私人领域语言，不起冲突，共同发展。这是理想的发展格局。但现在面临的困境是，根据经济诉求需要推广和实行普通话政策是利国利民的举措，是保证国家各项事业有序进行的重要保障，保护方言也是人文关怀的必要手段。如何处理经济发展与人文关怀就最终归结到如何化解物质与精神文明建设的矛盾，达到物质文明与精神文明和谐共进上。所以，提高人们使用方言的主动性的关键不是反对提高普通话能力，而是大力发展方言区的经济。

张积家、张福荣等人的调查也为这一观点提供有力佐证。他们调查了当地大学生对当地语言和普通话的评价，数据表明：方言态度与经济发展基本是成正比例的关系，经济发达地区人们对当地方言的评价就高，反之则低。人们发展当地方言的态度也成正比例关系，经济发达人们就更有发展方言的积极性。为什么粤语地区"保护"粤语的呼声高，也正是这个道理。在无强烈宗教信仰的地区，经济发展对语言发展的作用十分显著。所以，把方言保护与发展地方经济建设结合起来，这才是方言保护的根本途径。

什么样的方言是安全的？使用中的方言是最安全的。也就是说，人是方言保护工作中最重要的因素，必须要让人们在方言保护与传承中得到切实的经济利益才会自发地为方言的保护与发展出力。这一点，东北方言为全国的方言发展做出了表率，赵本山利用春晚这一平台走入民众视野，又创办本山传媒拍摄一系列东北方言电视剧，使东北方言的影响力扩展到中国各地区。利用东北方言的幽默功能不但使东北方言焕发了生机和活力，也使得东北二人转这一艺术形式得到了全国观众的认可，让东北方言的使用成为时尚，也为地方经济的发展做出了巨大贡献，搞活了当地的相关产业，促进了地方经济链的形成，真正地使方言成为地方增收的重要手段。

保护方言就是要保持其独立于其他方言和普通话的特性，也就是防止其被同化。因此应该做到以下十方面：

第一，方言受法律保护。《中华人民共和国国家通用语言文字法》还没有增订条款对方言受保护的地位做出相关规定，在方言保护的法律途径方面还有缺失，大有可为。第二，推广普通话一定要坚持保护方言重要性的教育。保护方言不要成为学者们的专利，要明确小众的努力是不能扭转全局的，一定要民众自觉为之努力。第三，要从孩子抓起。大力推广普通话的同时，不对小学生课后讲普通话作硬性规定，鼓励孩子们在生活中使用方言，并能够进行普通话和方言自如地语码转换，这是为孩子今后的生存打基础，要让双语能力成为孩子必须掌握的能力。第四，国家可以为方言设置专门频道，让全国人民乃至海外华侨都可收看到乡音的节目。此举不但可以弘扬中华文化，还增强了伟大祖国的民族凝聚力。对濒危方言区也可增设方言节目时段。但是所有的举措还是要保证在不撼动广播电视节目中普通话唱大戏的总体格局的前提下进行。第五，全国的语言学者要在广泛调查的基础上为方言创制科学的文字或审定现有文字，编订方言词典，使方言区人民更有运用方言的热情、积极性和自豪感。第六，组织语言学家在广泛调研的基础上为方言制订拼音方案，使之形成语音系统，方便记录、教学与使用。第七，为方言创制文字库和方言语音识别输入软件，扫清人们沟通交流的技术性障碍。第八，在学科基础知识的学习上，注重知识结构的合理性，为学生开设乡土教育，编写相关教材。第九，国家应加大人力、物力的投入，进行大规模的方言记录工作，并要制订中长期的计划，还要做好跟踪记录和研究的工作。第十，民谣民歌作为非物质文化遗产具有很高的研究价值，但也很容易失传，所以，一定要用最科学的手段赶快做好整理保存工作。

马庆株先生提出保护方言的四种方法：在已有基础上继续进行方言调查和记录；地方曲艺采风可以用方言记录民间故事；对境外的广播中可以使用重要的方言；在家庭等非正式场合可以使用方言。

对于"保护方言"的问题，袁钟瑞先生强调，方言是需要保护的，国家也一直在相关调查、资料收集、拯救戏曲等传统艺术上采取必要的措施，但是保护并不意味着推广，保护的是方言的文化价值和美学价值。在现今社会中，人们的需要就是事物发展的关键原因，方言的弱势地位是因自身不被需要的局限造成的，不应把一切都归咎于普通话的推广。保护方言也不等于使其在任何层面都与普通话完全相等。

其他学者也对保护方言文化表达了自己的见解：（1）普通话自身也不是完美无瑕的，所以我们要尊重方言，尊重其文化。当然，方言也要找到传播途径来强化其文化支撑。（2）倡导实行多元化语言体系，使方言与普通话并存。（3）使保护和传承实现多元化。一是重视保护方言文化的地域文化基础。二是使方言发展与旅游业相结合。方言依赖旅游业进行传播，旅游业凭借方言增添特色，实现双赢。三是要激发使用者的自豪感、使命感以保存使用中的方言。摄制宣传的影视作品，以及舆论要反复强化保护濒危方言的重要性。与此同时，利用舆论的作用引导社会团体参与到方言保护的工程中来，广泛唤起公众的保护与参与意识，鼓励民间团体举办各类文艺活动，可以适当播出方言类电视节目，鼓励方言歌曲的创作，开设网上论坛并加强网站建设等。

上文提到的虾夷语的濒临灭绝的状况，其实日本学者早就开始重视了。早在1970年他们就着手做录音及词汇记录的工作，但是在1980年还是出现了危机。我们不否认方言记录与留存这一工程对方言保护的重要性，但是显然这种记录只是留存方言资料的手段，方言也是在不断更新换代中的，为子孙后代记录下我们的语言生活，也是文化传承必不可少的工作，但是做最坏的打算，不可能从根本上起到保护方言的效用。保护语言使之重新流通使用，这才是最重要的。方言保护工作是要求多方努力、全方位保障、多种资源综合作用的一项见效时间长、投资大的系统工程。方言保护功在当代，利在千秋。相信在全社会各阶层共同的努力下，我们一定可以坚定不移地把工作做好，使普通话与方言共同发展。

第三节 普通话与河北方言协同发展的必要性

1.河北方言与普通话就其自身特点而言，有着共同存在的必要性。普通话是汉民族共同语的标准语，是国家法定的语言，又是全国通用的语言，它是在北方话和北京话基础上长期形成的，又不断吸收方言成分丰富发展自己，它有比较明确的规范标准，语言规范程度比较高，语言声望最高，在社会语言生活中发挥重要的全局性作用。而汉语方言是汉民族共同语的地域变体，为各自地域的居民服务，是地域文化的载体，记录、保存、传播地域优秀文化；它在普通话之下，受普通话的影响，又吸收普通话成分增强自己的活力，同时又丰富普通话。因此，广大学者赞同"普通话在方言之上，又在方言之中"的说法，也可以认为普通话与方言是相依共存、互补分用的关系，它们既互相影响又互相丰富，而不是互相对立，互相排斥。

2.中华民族众多地域的文化特征与多种方言的语言背景决定了普通话的推广无法消灭方言的存在与发展。中华民族是一个拥有大文化传统和众多地域文化传统的民族，由于地域、经济社会发展局限等多方面原因，形成了纷繁复杂的地方方言，有粤、闽、吴、湘、赣、客家、北方、西南等大的方言区域，还有许多种次方言和数不清的地方土语。灿烂博大的中华文化正是为丰富多彩的汉语方言所体现。方言承载的这种多元文化特征，具有浓厚的乡情，刻录了民系族群的精神，负载着不可轻视的向心力、凝聚力，长期以来一直拥有其显要的认识价值和现实价值。普通话和汉语方言都是中华民族文化的品牌，是了解民族文化本源、增进文化认同的桥梁。在汉语方言这么复杂的国度，迄今为止，90%以上的汉人的母语仍是从父母那儿继承过来的方言。可以这样说，丢失方言将丢失一个地域的传统优秀文化，失去一个地域的历史本源。但与此同时，不少方言彼此间不能互通，存在着严重的语言隔阂和语言障碍，对发展经济、建设现代化是不利的，因此，需要大力推行、积极普及国家通用语言——普通话。从这个意义上说，方言与普通话是一条长河的支流与主流的关系，它们之间总是在互相补充，互相促进。人类的全部文化完全依靠这条历史长河的运载，方言承载的是民系族群的地域文化，普通话承载的是整个民族的大传统文化。

3. 实践证明，河北方言的存在与发展不仅有其市场依据和现实土壤，而且具有文化承传和认同建构价值。著名的媒介经济学家皮卡德曾经说过，受众最欢迎的节目是本土化的节目，其次是临近地域文化的节目，排在第三位的才是好莱坞之类的以世界娱乐为舞台的节目。本土化的节目因为切合了受众的接近性要求而受到受众青睐。

以方言为表现形式的歌曲、影视甚至新闻类节目的发展也在一定程度上说明了这一点。当雪村的《东北人都是活雷锋》火红了以后，平时被人视为歪瓜裂枣的方言忽然摇身一变，成为一种全新的时尚。每个人都以把那句"翠花，上酸菜"说得最准确最地道为自豪。不搭界的武汉居然就此把服务员小姐通通改称"翠花"了！和过往春节联欢晚会的小品上赵本山所念叨的东北话不同，现在这种东北腔倒不再是被人埋汰的对象，而成为一种新趣味，一种新的时尚。河北方言在影视传媒中的体现并不多，只有唐山话在电影、电视中稍微有所表现。如果你在一口流利的普通话之外还能说上点方言，那将会成为你的亮点。

正像十八九世纪的英国上流社会以讲话中糅合法文或拉丁文为荣一样，中国也曾以中文里夹着半生不熟的英文为时髦。不过，现在时不时蹦出两个英文单词的行为已经太平庸了，能在几种不同的方言中游刃有余才会更让人羡慕他的见多识广。最有说服力的是，几位年轻、最小资的优秀导演都不约而同地钟情于方言的表现力：王家卫的《花样年华》中上海话和广东话弥漫，香港的小房子里飘荡着一种欲望的芬芳；关锦鹏在《阮玲玉》中用国语、上海语、粤语甚至英语把20世纪的几位大明星和大导演的身份拿捏得恰如其分；侯孝贤的《悲情城市》也是用国语、闽南语、日语、粤语昭示几种不同人生的对接。方言情景剧的风暴正席卷中国大地。一种以方言为诉求的本土化趋势正在公众传播的新媒体概念下流行。

由著名演员赵本山创作的一系列东北乡村剧已在全国多个城市播出，从头到尾说的全是东北话。连中央电视台也上映了古装情景喜剧《武林外传》，其中同福客栈的女老板佟湘玉以及捕头燕小六分别使用了陕西话和天津话作为对白，很多观众看后觉得方言的融入给这部戏增添了不少喜剧效果。这股"方言风暴"的发源地无疑是在广州。粤语情景剧无一例外地表现的都是广州人在广州独有的生存状态与生活方式，具有强烈的不可替代的地域色彩，跟粤语搭配起来显得天衣无缝，相得益彰。所以说，粤语情景剧的成功，粤语本身立下了汗马功劳。对于粤语情景剧来说，粤语不仅仅是其内容的一种载体，更是其内容本身不可分割的一部分。套用一句俗语来说，就是越是地域的，越是全国的（世界的），也是最有竞争力的。此外，以方言为载体的艺术形式为建构一个文化地域想象和文化认同提供了一条有效的途径。语言和文化总是紧密相连的，它既是一种文化得以传播的有效方式，更是这种文化的载体和表现形式。方言是语言的一种，它与特定的区域范围相联系，表现的是一种更加区域化、更加狭窄范围内的文化，这种文化往往是被区域范围内的普通民众普遍接受的文化，该区域的民众也对承担这类文化的方言有着强烈的认同感。

因此，方言作为一种古老的地域文化，必然与特定地域内的受众有天然的心理上的接近感，也就比普通话更能引起本地受众的共鸣。

第四节 推广普通话与保护方言的思路阐释

普通话作为全国通用语的地位不可撼动，但是我国多方言并存的现象也不容忽视。

1.关系概说

关于普通话与方言二者问题，学者们进行过比较细致的探讨。学者们普遍认为普通话与方言二者是能够和谐发展的，也都承认这样一种事实：推广普通话的强制性必然会冲击方言，尽管普通话推广的目的从来不是以消灭方言为目的的。在我国，根据语言功能来划分的层次表现为高层语言是普通话，低层语言是方言。当然，这里的高低指的是语言的威望和地位，并不是指优劣。普通话用于公共场合，方言用于非正式的场合，二者互补使用，缺一不可。生活圈子当中方言的内聚作用与外围普通话扫清生存障碍的功用二者不违背，不冲突，因此，普通话和方言是可以和谐并存的。普通话和方言的生存空间、使用范围和适用语境决定了二者相辅相成：普通话是国家标准语言，它是公务、交际语言，而方言则是乡土、家庭语言；一为全国群众，二为地区群众，二者共同满足我国人民的交流需求。教育部副部长、国家语委主任袁贵仁在 2005 年度语言文字工作会议上的讲话《树立和落实科学发展观，促进语言文字工作的协调、可持续发展》指出：重视方言在人类发展史上的重要地位，对其进行挖掘、记录、整理、研究，属于文化事业，与推广普通话并不矛盾，更不应影响推广普通话的进程。但在目前和今后一段时期内，解决我国语文生活中共同语的普及滞后于经济文化发展的要求仍然是政府的主要职责。所以，只要推广普通话和保护方言二者都在法律允许的范围内进行，就是对国对民发展都有利的。对二者关系的认识一定不要过于绝对、死板，既不要过分强调方言作用，也要辩证看待普通话的性质和面貌。对二者关系的处理最重要的是必须在语言规范的思想上解决问题，不要僵化思想，硬性解决。在语言的存在与使用方面，应充盈着柔性与运动。

　　这是对推广普通话与保护方言关系在思想层面的基本要求。在《标准化和多样性》一文中，陶寰认为，中国的方言分歧造成的语言障碍极大地影响经济和社会的发展，也不利于教育的普及和整体文化素质的提升。但也要看到，如果一味推广普通话必然会造成方言生存空间的萎缩，语言多样性的丧失，最终影响到普通话的活力。方言绝不只是交际工具，更是方言区民众自我认同的烙印，是沟通区域历史的链条，是地域文化的载体。有形文化财产已经引起人们的重视，方言这种无形财产可能短时间我们无法估计它消失的利害，但是在一定程度上方言的萎缩会影响传统文化的传承和民系的认同，造成地域文化特色的丧失。目前，各地戏曲走向衰微与方言走下坡路有直接关系。

　　普通话只有推广到各方言区中去，在人们日常运用中转化为言语变体，才能发挥它作为全民通用交际工具的职能。当然，方言也以自己特有的方式对普通话施加影响，在语言接触中弄清楚普通话与方言的关系及其变化规律，才能更好地促进普通话的推广。对此，众多学者也是持相同的观点。普通话是共同语，它不是孤立存在的系统，普通话在使用过程中会与方言接触产生"双语"交互作用，方言的发展会促使普通话地域变体的出现，变异程度越大就越难懂。因此，规范普通话的推广很重要。要明确各地区推广的普通话是标准普通话，而不是在地区内已然进行过改良的变体普通话。如果推广的普通话没有标准可言，那么推广到全

173

国各地区的普通话就会成为"普通话变体"，阻碍国家的进一步发展。

当然，也要在语言规范的过程中重视作为普通话基础的权威方言的作用。学者李宇明的主要观点是：权威方言的"权威"性具有双重含义，既应是具有权威性的地域方言，又应是权威的社会方言，语言规范应按照这种双重的参照形成复合参照系。目前，社会方言的权威性没有得到充分的认识，今后应加强权威社会方言的地位，培植权威方言样本。推广普通话是为了让人们在教育教学、公务活动和公共交际中适应现代社会生活的需要，谈不上歧视方言，更非消灭方言。很多学者都把目光对准了学校，认为其应该是推广普通话的重要基地。学者吴春玲也认识到了这点，在提到正确认识贵州汉语方言与推广普通话的关系问题时，认为推广普通话高校责无旁贷，普通话的国语地位不可撼动，应在教学上编写相关教材，改进教学方式并加强教师队伍建设。当然，也应看到方言的地域文化特质，坚持推广普通话与保护贵州汉语方言并举，和谐发展。保护方言与推广普通话二者之间是相互作用的，应努力在推广普通话和保护方言二者的关系中找到平衡点，辩证看待二者的发展，合理安排。学者储岚璐就曾在《普通话推广中的问题与对策》中提到了方言对普通话推广广度的影响和普通话推广与各民族方言文化保护之间的矛盾。所以，我们要做的就是既要认清推广普通话过程中对方言的消极影响，也要借助推广普通话的大环境为方言创造积极效应。推广普通话要体现对方言特点的针对性，要利用推广普通话来扩大对汉语方言的调查研究，给方言留存适当的生存空间，使二者都能健康发展。

理论上讲，普通话与方言二者是互补的关系；在语体上，普通话是官方的、正式的，方言是家庭等非正式场所的随意的、亲切的；在指称功能上，普通话的词义是全国通行的，而方言词义有明显的地域限制；在使用人数上，普通话基本达到全民使用，而方言使用人数有限。但从实际看，普通话的效应是显著的。在各方利益的考虑下，人们选择普通话放弃方言基本不会对生活产生什么影响，所以，普通话以压倒性的优势逐渐取代方言，出现方言家庭的后代不会说方言的现象就太正常不过了。

2.使用领域

学者们的主要观点是认为普通话与方言二者是和谐共处、各司其职、共同发展的关系。二者各有自身的使用领域。

按照使用领域，语言状况可分为"流通"、"语言交替"、"使用领域萎缩"、"有限或高度正式领域"、"极有限的社会领域"、"灭绝"6个等级。目前我国的语言实际应属于"语言交替"状态，有方言"使用领域萎缩"的趋势。"语言交替"是人们按场合选用语言，非统治语基本是私人场所使用，统治语在正式、公共场合运用。如果人们按需选择语言不会导致语言的消亡，但是一旦统治语领域膨胀，非统治语的形势就危险了。目前，我国的整体语言状况基本处在方言"使用领域萎缩"阶段。这个问题跟我国一段时期的政策导向没有与语言发展实际紧贴或者说存在政策空窗期有很大关系。针对前一时期制订的政策，无法适应后一时期的发展，调整政策需要一定的时间，这个空窗期即前一政策还在起作用，后一政策尚未出台之前，前一政策会产生一定的负面效应。我们认为，出现普通话过多地进入私人领域有很大程度正是由此造成的一种负面效应。

1955 年 10 月 26 日《人民日报》社论指出：普通话和方言一个为全国服务，一个为地区服务。推广普通话不是要把方言消灭，只是在使用范围上控制方言，而这符合社会进步的客观法则。普通话与方言必然长期并存，但普通话的应用范围必须不断地扩大。按照当时的国情来说，实施这样的一种策略无可厚非，在自给自足的小农经济基础上，不同地区之间的交流与往来不多，语言互相隔阂，基本上呈现一种社会性多方言和个人性的单方言状况。

在过去那种生产力发展水平低下的农业经济下，刚从解放战争的硝烟战火中走出来的中国，全力扩大全民共同语的使用范围是巩固政治体制、促进经济发展的重要举措。随着时间的推移，普通话得到了很好的推广，作为全民共同语的地位也得到了巩固。到了 20 世纪 80 年代，语言生活呈现的是这样的面貌：普通话成为起主导作用的工作用语、教学用语和宣传用语，同时在大部分大中城市和一部分农村地区，普通话也发挥了巨大作用，甚至变成家庭用语，基本上取代了地域方言。

语言生活的发展是一定要与社会的发展相适应的，目前的社会发展势头正猛，物质、精神世界极大繁荣，发展无止境，民族共同语在社会发展的过程中作用巨大，有了普通话，交流就不成问题，在社会发展的过程中普通话的功能无可替代。那么按照客观趋势，为了发展和交流，方言似乎就没有存在的必要了，这就是普通话过分进入家庭等私人领域所产生的社会问题。国家也已看到了方言发展式微这样的一种局面，所以应力挽狂澜，维护方言发展的这一小块阵地，即在家庭等私人领域的统领地位，维持整个语言生活的基本和谐。目前正是缺少这样一种指引性言论来引导民众自觉地在私人领域做好方言的传承工作。只有保障了方言在家庭等私人领域的位置，才能使方言保护工作落到实处。

3. 双语问题

普通话和方言各有生存和使用的领域与长期并用这样一种复杂的语言情况使学者们开始重视双语双方言问题的研究。陈恩泉在《双语双方言问题论略》（2004）一文中对双语双方言现象和研究问题作了比较深入的论述。

双语现象或称双重语言制，指个体受家庭言语环境影响掌握两种语言或者通过教育习得外语或外族语的现象。双方言现象是指方言区民众会母语还能使用普通话或其他方言的现象。陈恩泉先生根据我国的实际情况对概念划分作了微调，把双语现象归属于传统范畴的双语制，而把民族共同语和方言，方言和方言现象称为"双语双方言"，它是双语和双方言的总称，不是为了区别于单语、单方言，而变成指使用多种语言或方言的现象了。截至 2010 年 8 月 9 日，已经召开了 10 届双语双方言研讨会，可见学界对这个问题十分重视。到底采取怎样的理论，运用什么样的方法，还是需要今后进一步解决和完善的。当然，也有学者对双语制存有疑虑，持反对态度。双语能力虽然能够给人带来更多的发展机遇，但是对语言自身来说，双语使用会让人们逐渐因利而抛弃自身方言的使用。外国一些专家也认为识字教育可能会让语言更快地消亡，因为通过文字来阅读自己的母语，就可以更容易地掌握另外一种语言，所以，双语人往往更轻易放弃自己的母语。广大学者认为双语是有可能引起弱势让位这种情况的，但这是语言发展的必然过程（我们会在"方言发展的自身规律"一节进行具体阐述）；如果不实行双语制，弱势语言消失的进程可能会更快。大多数学者也都认为实行双语制是处理普通话与方言二者关系的正确思路。

面对普通话推广之后的方言地位式微有两种截然不同的观点：一种观点主张使用普通话，认为方言影响交流，阻碍工作效率的提高，影响经济发展；另一种观点维护方言的生存，更强调其纯洁性。这两种做法都是不可取的。现如今，社会双层语言现象普遍存在，双重语言人也非常多。双层语言现象是按社会功能来说的，即分场合按层次使用两种或几种语言的现象。有这种能力的人称为双重语言人（bilinguist）。方言对于一个人的语言能力和大脑发育的作用是不可替代的，放弃使用方言是十分不明智的，放弃在双层语言环境下成为"双重语言人"更是不明智的。但是像其他语言的消失衰亡一样，对待方言的变化也不是尽在掌握中的，我们需要的是"Leave your language alone"。方言表达能够最完全地展示现实生活，若方言消失，普通话也将无法发展。在呼吁保护政策的同时要放宽对方言的限制，在语言领域也应让人们按照发展机制成为双言人。尤其面对濒危语言，更应该坚持对民众进行双语能力的培养，着重从儿童入手。语言学家应该发挥专长，做好收录和保存的工作，为文字记载的语言设计记录系统，对其成员进行教学，增强其对该语言的自我认识，主动保护。中小学应该进行双语学习。还应为该语言培养专业型人才。学者石汝杰也指出，从实际行动上对孩子双语能力的培养比单纯地呼吁"抢救"方言更有效。另外，我们要在推广普通话的同时为方言留存发展空间，需要保护的、以方言为主要载体的戏曲艺术才有生存的可能。学者李宇明认为，培养双言双语人是解决当代语言生活两大课题即语言沟通与语言保护的重要途径。他也对培养双言双语人存在的问题进行了分析，并提出对相关课题建设的意见。中国语文现代化学会秘书长袁钟瑞先生在2009年回答《语言周报》记者问时强调，普通话与方言都是交际工具，推广普通话从根本上说是让人们成为"双语"人。方言在沟通感情和弘扬传统文化方面的作用是普通话难以取代的，普通话在公共领域唱主角，方言在日常生活继续发挥作用。新加坡学者林万菁看到了新加坡实行双语制所带来的一些问题，也值得我们思考。新加坡华人占人口总数的四分之三左右，但是总体上为多语多文化的社会。因此，新加坡实行华人子弟小学、中学学习华文和英语的教育体制。在双语的环境之下，语言运用很便利，但是语码夹杂的混乱现象也不容忽视，尤其是词汇异化现象更是逐渐增多。方言用语和普通话用语并存，新加坡本土化词和原有词并用这种语码混用严重。我国和新加坡的国情不同，可能双语制会带来一定的问题，但是我们认为维持和谐的社会双语环境，培养个人的双语能力，在我国应该是比较合理的应对普通话与方言关系的方式。

第五节　普通话与方言的共存的可行性

1.普通话的推广势在必行。世界上一般国家、民族都不同程度地重视、推广共同语和标准语，以利社会交际和事业发展。我国也是如此，自古以来就推行共同语"雅言"、"通语"、"官话"和"国语"，以适应各个历史时期的社会需要。新中国成立几十年来，国家一直致力于推广普通话，这是国家统一、民族团结、社会进步的需要，是政治、经济、文化、教育、科技等各项事业发展的需要，是社会交际的需要。政治生活、经济生活、文化生活和社会生活都不能没有普通话，国家当然应该重视并加强推广普通话，使普通话在社会语言生活中很好地发挥主导作用，以满足各方面的需求，促进国家、社会的不断发展。不难想象，如果没有推广全国通用的普通话，我们国家现在会是什么样子，社会生活、政治生活、经济生活、文化生活会是什么样子。现在，国家昌盛，民族团结，社会进步，经济繁荣，事业发展，交际便利，普通话功不可没。然而，尽管我们国家推广普通话已经取得很大的成绩，普通话在社会语言生活中的主导作用越来越大，但在我国深化改革开放和加速建设现代化，进一步发展、完善国内统一市场的今天，普通话还不能满足各方面的需要。普通话在我们国家远没有普及，社会交际中还存在不同程度的语言障碍；即使是在比较发达的东部地区，社会语言生活中使用方言还是相当普遍的现象，该使用普通话而没有用普通话的也有不少，如行政、司法、警务、公共服务等。因此，普通话的推广势在必行且任重道远。

2. 推广普通话不是企图消灭方言，方言不可能人为消灭，方言有其自身的使用价值，将在一定领域和特定地区内长期存在，并发挥其作用，为各地人民群众服务。推广普通话是我们国家的基本国策，这是根据国家、社会的实际情况和需要而确定的。长期以来，国家推广普通话一直采取积极而稳妥的方针和做法，在政策上与实际工作中一再申明，推广普通话是为了克服语言障碍，让方言区的人在使用方言的同时多掌握一种全国通用的普通话，以利社会共同交际。《中华人民共和国国家通用语言文字法》中明确规定了方言可以使用的情况，具体包括公务、播音、艺术、出版、教学、研究等需要使用的，范围相当广泛。至于个人言语活动中使用方言，属于公民语言权利，不是《国家通用语言文字法》调整的范围，国家不予干涉。

国家对方言的态度十分清楚，并在法律、政策、要求上作了明确规定，给方言的使用与发展保留了相当的空间。而在实际工作中，总的来看没有发生限制、挤压方言的情况，没有影响方言的存在与发展，方言在一定领域或特定地区一直在自由使用，没有受到侵犯，方言的变化并未引发危机，方言与普通话存在的一些矛盾不是对抗性的。因此，可以说，方言与普通话各有分工，应该也可以在特定范围内根据各种需要充分合理地发挥各自应有的作用。

第六节　普通话与方言在具体领域的协同发展

明确我国新时期的推广普通话工作思路后，如何在这些领域之内处理普通话与方言的关系，应引起我们再度思考。

1.学　校

以学校为基础，在教学活动中，一定要坚持普通话的主体地位。现在，有些地方学校不重视普通话授课，教师普通话不过关或坚持方言教学，这会严重影响学生今后的发展，所以，必须对教师的普通话教学做出硬性要求。整个课堂教学活动，一定要使用规范的普通话，如有必要可以适当使用方言对一些问题进行针对性解释，比重不应过大。《中华人民共和国义务教育法实施细则》、《国务院关于基础教育改革与发展的决定》中对教育教学的普通话使用也做出明确要求。在高等教育阶段，也应坚持普通话教学，把普通话作为工作的语言，但不代表不可以研究方言。高校开设方言类课程，其实在20世纪20年代就已经出现，但是这种方式在全国范围内相对较少，没有形成学习方言、研究方言的风气。要把方言研究成果编纂成书，开设相关课程，而不应把方言研究仅作为高校研究生的论文方向，可能由于工作与此领域无关而使研究就此中断，没有了下文。方言研究不仅仅应是某一个人的任务，更应该作为广大学子努力的方向。当然并不是要求所有学子都从事方言相关研究，很大程度上是让他们发挥自身的带动作用，对周围人产生影响。学校是推广普通话和保护方言的一个重要阵地，学生是国家的希望，对国家的政策更是坚定地支持和拥护，是推广普通话和保护方言的重要力量，我们一定要对学生的作用重视起来。学校的社团建设中有很多老乡会，当然，他们有自选主题的权利，但是学校也应以老乡会为契机，让学生关注家乡语言并推广普通话的使用。学生也是热情最高的群体，最有毅力的集体，推广普通话和保护方言是一个需要长期坚持的工程，我们谈双语能力的培养，谈让普通话和方言有各自的生存空间，大学生应该最有可能在其家庭生活中做到这样的要求。以后大学生逐年增多，这种教育理念被大规模推广，祖国的语言情况才会越来越好。只有努力做到让大学生都普遍关注这个问题，才能对普通民众的关注寄予厚望。总之，一定要重视对大学生的语言传承教育。坚持以高校学生为点，辐射开去，带动周围人关注我国语言生活，那么一定会在某一方面产生不容忽视的潜移默化的影响。

2.广播电视

媒体在推广普通话和保护方言过程中的作用也引起了学者不小的关注。焦点体现在方言新闻是否具有合理性和正确性，以及影视剧的方言使用等问题。《广播电视管理条例》（1997）对媒体和电视工作者推广普通话提出了要求。中国语文现代化学会秘书长袁钟瑞先生在2009年回答语言周报记者问时对这一问题作了一系列阐述。对广播电视节目，他认为自诞生之日起，它就是推广普通话的一个重要窗口和交流平台。但那并不意味着广播电视里一点方言都不能有。科教、新闻等严肃正式的节目必须使用普通话，那么娱乐领域使用方言博人一笑又何尝不可。方言小品和方言电视剧的出现，是历史的发展，人们欣赏水平的要求，一律的普通话节目或小品、电视剧也需要让方言来调味，使文化语言生活更加丰富多彩。

邵培仁先生痛斥广播电视媒体用方言播报新闻节目的现象，坚持普通话传播才应该是媒体的责任。广播电视不应因传播地区文化，使用地方土语而对民众产生诱导，使民众效仿，利用方言主持新闻节目是在挖中华文化的墙角，广播媒体一定要认清自己在传播先进大众文化中的特殊位置。台湾"清华大学"人文社会学院院长曹逢甫认为方言流失的主要原因在于电视节目的国语化，国语化的后果就是家庭丧失族语方言的传递能力。广播电视的影响力要远远超过学校的教学影响力。所以，要重视广播电视媒体在推广普通话与保护方言之间的战略位置。学者才让卓玛指出了大众传媒对方言传播的认知误区及其存在的种种负面影响，并指出方言传播现象由于其媚俗化和符合地区诉求的特点将会长期存在，广播电视节目一定要坚守推广普通话的责任，杜绝不和谐的方言节目的播出。唐从华、左昕对方言节目热的原因进行了分析，并对普通话节目的发展提出建议。方言能够激发人们的情感共鸣，彰显地方的文化魅力，创造轻松活泼的氛围，而这些是普通话本身难以做到的，所以，方言节目火了起来。方言节目的火热也使普通话节目必须思考应对的策略，在表达时尽可能地向群众的生活方式和情趣品味靠拢。

《语言文字周报》（2005年5月18日第001版）针对浙江省级以上方言节目过多的现象进行讨论，强调要对方言节目严格审批过程，绝对禁止用方言写报刊新闻，为国家通用语言文字的规范努力。面对新闻节目的激烈竞争，不能单靠形式，不能戏说新闻，要在内容上注重提升。相关文章还有陈长旭的《语言生活共同化视角下的方言电视节目探析》（2012）等，人们对这个问题的探讨还将继续。

电视媒体是语言交流的重要平台，推广普通话应该坚决。主持人一定要说最规范的普通话，要坚决杜绝港台腔等现象的出现。但电视节目中也存在一些方言类节目。如果栏目的定位就是东北方言节目，那么对于主持人的普通话水平当然就不会要求太高，如吉林电视台的《说实在的》等。但像江苏卫视《非诚勿扰》，它作为全民大型综合服务类节目，受众为全国大众，节目中的语言就必须是规范的普通话。电视媒体的定位是面向大众的，这就注定了它既是推广普通话的媒介，又是保护方言的重要阵地。既要有政策性推广普通话的节目，也要有打地方感情牌的方言节目，二者缺一不可，共同配合才能使电视媒体魅力无限。

3. 国家机关

《中华人民共和国国家通用语言文字法》、《2001—2005 年国家公务员培训纲要》和人事部《"十一五"行政机关公务员培训纲要》（2007）都对国家公职人员应该使用普通话作出规定。国家始终把抓好公务人员的普通话能力作为培训的重要内容，因为公务人员代表国家形象与国家权力，一定要在全国范围内做好示范工作。但是，《国家通用语言文字法》又规定公职人员可适当使用方言。普通话为民服务是大方向，但是为民是根本，如果使用普通话真的不能为人民解决好问题，国家允许公务人员履行为人民服务这一更基本的职责，使用方言更好地为民服务。

4. 公共服务行业

《中华人民共和国国家通用语言文字法》对普通话在公共服务业的推广提出要求，服务用语应是普通话。《中国改革报》2007 年 8 月 9 日发表文章《上海语委叫停地铁服务用多种方言》，引发了地铁站等各种公共场所是否应该使用方言问题的广泛讨论。上海市地铁 3 号线外地客流较多，交流障碍十分突出。为提高服务质量，该公司拟向社会征集五种代表性方言作为工作人员的询问语。此举被上海市语委叫停。语委联系该公司方面，要求其服务应更好地推广普通话。2007 年 8 月 18 日《人民公安报》发表文章《上海地铁"方言服务"惹争议》，对相关方面专家进行了采访。上海大学社会学教授胡申生认为，使用方言服务不是反对推广普通话，反而这种做法不失为一种"以人为本"的体现，也体现了地铁站为提升服务质量所做的努力，现在有些"一刀切"，有"语言歧视"之嫌。暨南大学赵维江教授对此不认同：我国幅员辽阔，服务人员听不懂某些方言不足为奇，不应迁就说方言的顾客，推广普通话不容动摇，必须督促不会说普通话的人走出家门，主动学习普通话。网上投票显示，对地铁公司这一举措持反对意见的网友人数为 1086 人，同意的只有 163 人。有网友表示，推广普通话和推出方言服务不是二选一的题目，没有矛盾，如何让两者结合是我们应该考虑的问题。上海地铁公司相关人员表示，方言服务只在 3 号线上海站推广，这是根据该站的特点而推出的，正如在 4 号线东安路站推出的方便乘客就医的服务一样。此举只是公司营销的手段，推广普通话不会受到任何影响。上海社会发展研究院院长卢汉龙认为，推广普通话的大方向不动摇，增加方言服务也是应该的。他还建议向外来旅客提供方言服务时，将常用的普通话讲给他们听，至少让他们学几句普通话。卢汉龙先生的观点看似能解决两方的矛盾，但是，他忘记考虑上海地铁站的人流与时间。近 40 万人次的客流，大量外地方言乘客沟通格外困难。据专项调查，为那些乡音较重的外地乘客提供售票、咨询等服务时，如遇到语言障碍，一般需要 30—60 秒，而无须找钱情况售出一张单程票仅需 5 秒。

在推广普通话的大环境下，效率和特色都被看重，我们应该怎样权衡利弊伯仲？事情过去了，思考还在，讨论还在。如果不会使用普通话却得到了特殊的服务，是不是会有更多的人不去学普通话了？应该让他们知道，不学普通话在公共场所会十分不便，所以，大家应该主动学习在公共服务领域中使用普通话。

参 考 文 献

[1] 黄伯荣，廖旭东 . 现代汉语：增订五版 [M]. 北京：高等教育出版社，2012.

[2] 叶蜚声，徐通锵 . 语言学纲要：修订版 [M]. 北京：北京大学出版社，2010.

[3] 祝畹瑾 . 新编社会语言学概论 [M]. 北京：北京大学出版社，2013.

[4] 李小凡，项梦冰 . 汉语方言学基础教程 [M]. 北京：北京大学出版社，2010.

[5] 王洪君 . 历史语言学方法论与汉语方言音韵史个案研究 [M]. 北京：商务印书馆，2013.

[6] 王力 . 怎样学习普通话 [M]. 北京：中华书局，2014.

[7] 刘明，赵会莉，樊雪君 . 普通话与口语交际 [M]. 沈阳：东北大学出版社，2014.

[8] 刘林 . 河北盐山方言研究 [M]. 苏州：苏州大学出版社，2015.

[9] 侯精一 . 晋语与官话方言研究 [M]. 北京：中国社会科学出版社，2015.

[10] 段亚广 . 中原官话音韵研究 [M]. 北京：中国社会科学出版社，2012.

[11] 李雅翠 . 普通话教育研究 [M]. 北京：中央编译出版社，2011.

[12] 教育部语言文字信息管理司，中国语言资源保护研究中心 . 中国语言资源调查手册·汉语方言 [M]. 北京：商务印书馆，2015.

[13] 孙莉 . 方言与普通话不该对立 [J]. 语言文字，2009.

[14] 吴继章 . 河北方言语法特点及河北方言语法调查研究的独特意义 [J]. 燕赵学术，2014.

[15] 樊晓菲 . 方言与普通话：以平山城区方言为例 [J]. 语言文字，2012.

[16] 刘纯博 . 试论普通话的推广对汉语方言的影响 [J]. 内蒙古农业大学学报：社会科学版，2011.